반드시 읽어야 할
경제학 베스트 30

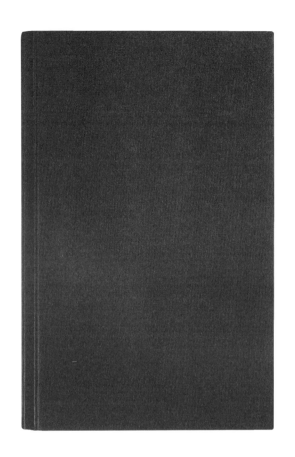

반드시 읽어야 할
경제학 베스트 30

마츠바라 류이치로 지음   조미량 옮김   더 디퍼런스

들어가며
경제학 고전의 세계에 오신 것을 환영합니다

이제부터 당신이 방문할 풍요로운 사색의 공간을 어떤 방식으로 안내할 것인지 소개하겠다. 내가 세운 안내 방침은 각 고전별로 저자의 의도를 충실하게 재현하고, 역사적 경위를 함께 소개하는 것이다. 당연한 말을 한다고 생각할지도 모르겠다. 그러나 한 저자가 저술한 '경제학설사'라 이름 붙여진 책에서 이 방침이 지켜진 일은 거의 없다고 해도 과언이 아니다. 정치학, 사회학, 종교학 같은 다른 분야의 학문에서 보면 이상한 일이라 생각할지도 모르겠다. 원작자의 의도를 엄밀히 이해하는 것이 학설사가의 사명이며, 여러 학설이 구성한 사색의 전체가 각각의 학문이기 때문이다.

그러나 경제학은 다른 학문과 사뭇 다르다. 고전의 해설(예를 들어 폴 새뮤얼슨의 『경제학』의 학설사 부분과 마르크스파의 교과서)이 대부분 특정 학파의 우위를 나타내거나 그 유래를 설명하기 위해 쓰였기 때문이다. 이런 경향은 학파의 공존에 대한 관용이 아니라, 단독 학파의 독점을 일부러 기피하지 않는 경제학 특유의 풍조에서 유래했다.

그중에서도 예전의 마르크스파, 근대의 신고전파와 그 분파인 신자유주의파(속칭으로 말하면 시장원리주의파)는 일정 기간 독점 상태를 유지했다. 그리고 이런 독점 상태를 지속시키기 위해 다른 학설을 배제했다.

　그러나 이런 식으로 독서를 하는 것은 바람직하지 못하다. 고전이 고전인 이유는 다른 시간과 장소에서의 관찰과 사색을 바탕으로 현재를 지배하는 생각에 대해 다른 논리를 제시하는 것에 있기 때문이다. 논의가 담긴 지평 그 자체가 다르므로, 먼저 그것을 이해해야만 반론도 할 수 있다. 그러나 독점지향이 강한 탓일까? 경제학에서는 너무 많은 학자가 오해한 채로 반론을 시작한다. '경제학의 진보'라고들 말하지만 학자들의 반론은 대부분 다른 학설을 오해하여 배제하고 자신이 지지하는 학파의 학설을 체계화하는 것에 지나지 않는다.

　상징적인 예를 들어보자. '임금 하방경직성[1] 때문에 비자발적 실업이 생긴다'라며 존 케인스John M. Keynes를 공공투자의 필요성을 주장한 사람이라 생각하는 것은 신고전파의 해석이다.

노동시장의 수급 불균형, 즉 임금(가격) 증감에 의한 수급 조정 작용 원리가 외적 요인으로 작용하여 기능 부전을 일으켜 비자발적 실업이 일어난다는 것이 신고전파의 주장이다. 즉 그들은 수요와 공급의 관계를 통해 시장을 이해한다. 여기서 신고전파에 속하는 아서 피구Arthur C. Pigou[2]는 임금을 내리지 않는 노동조합을 규탄했다.

이에 대해 케인스는 임금을 내리면 유효수요가 축소되고 비자발적실업이 더 많이 늘어난다고 비판했다. 하지만 신고전파는 케인스가 피구와 같은 주장을 한 것처럼 받아들인다. 케인스는 피구

---

1 노동의 공급이 초과되더라도 임금이 내려가지 않는 상태.

2 1877~1959. 신고전파 경제학의 대가인 영국의 경제학자. 주요 저서 『후생경제학(The Economics of Welfare, 1920)』을 통해 후생경제학의 기초를 닦았다. 임금과 물가가 내리면 사람들이 가지고 있는 화폐적 자산의 실질가치는 올라가 소비를 증가시키는 원인이 될 수 있다고 한 '피구효과'를 『실업의 이론(The Theory of Unemployment, 1933)』에서 저술했다.

와 다른 '지평'에서 논리를 펼치고 있는데도 아집에 사로잡혀 이를 간파하지 못했기 때문이다.

자신의 학파와 전혀 다른 발상이 있음을 깨닫는 것이야말로 고전을 읽는 매력이다. 케인스의 『고용, 이자 및 화폐의 일반이론The General Theory of Employment, Interest and Money, 1936』[3]을 통독하면서도 제12장은 읽지 않고 넘어가거나 애덤 스미스Adam Smith의 『국부론』을 읽으면서도 '자연적인 자본 투하의 순서'라는 개념은 무시한다면 고전을 읽었다고 할 수 없다. 비록 이해할 수 없어도 혹은 자신이 지지하는 학설과 맞지 않아도 그것을 인정하고 기억하는 겸허함을 갖추는 것이 고전을 읽는 예의이다. 이런 겸허함이 있었다면 시장에서는 자신들이 예측할 수 있는 '위험'만 일어난다고 생각하고 과도하게 금융시장의 규제를 완화해 금융공황을 불러일으키지는 않았을 것이다. 이미 프랭크 나이트Frank H. Knight

---

3   한글판 『고용, 이자 및 화폐의 일반이론』, 2012, 지만지

는 시장에서는 어떤 사태가 일어나는지조차도 명확하지 않으며 확률분포도 당연히 불명확한 '불확실성'이 존재한다고 지적한 바 있다.

따라서 나는 저자의 의도를 가능한 한 재현하고 책이 출간된 후 해설자에 의해 부정된 개념에 대해서도 긍정적으로 소개할 것이다. 데이비드 흄David Hume의 '문명', 레옹 발라Leon Walras의 '사회경제학'과 카를 멩거Carl Menger의 '판매 가능성', 앨프레드 마셜Alfred Marshall의 '경제적 국민주의', 칼 폴라니Karl Polanyi의 '이중운동'과 프리드리히 하이에크Friedrich Hayek의 '주관주의' 등 많은 학설사에서 부정적인 평가를 받았던 개념들은 오히려 경제학을 정치학, 사회학, 철학과 같은 다른 분야와 연관 지을 수 있도록 했다.

경제학 고전의 전체 체계를 잡는 틀을 제시할 수는 없지만, 페르낭 브로델Fernand Braudel[4]이 사용한 '시장경제'와 '자본주의'라는 대비가 편리하다는 것은 말해두고 싶다. 경제란 화폐와 상품의 연쇄 교환이다. 이때 이 연쇄를 상품과 상품을 교환하는 것으로 보는 것이 시장경제이며, 화폐가 보다 많은 화폐를 가져오는 것으로 보는 것이 자본주의라고 한다면, 시장경제라는 견해에서는 상품과 이와 관계된 기술과 욕망이 주역이며 화폐는 그다지 중요하지 않다. 그러나 자본주의라는 견해에서는 화폐와 생산이 중심에 있고 상품은 뒤로 처져 있다.

데이비드 흄, 애덤 스미스, 데이비드 리카도David Ricardo부터 신고전파와 하이에크까지 시장경제를 논했다. 기술과 욕망의 혁신을 다룬 조지프 슘페터Joseph A. Schumpeter와 소스타인 베블런 Thorstein B. Veblen, 장 보드라야르Jean Baudrillard, 개인이 아닌 집단에 주목한 프리드리히 리스트Friedrich List와 앨프레드 마셜도 이 계통에 속한다. 이들은 대부분의 경우 금융시장을 실물경제와

---

4 1902~1985. 프랑스의 역사학자. 경제학, 인류학, 지리학 같은 다른 분야의 효과를 고려한 연구로, 지구의 역사에 관한 20세기의 연구에 혁명을 일으켰다.

양립할 수 있다고 생각했다. 애덤 스미스와 같이 무역수지에 의해 화폐를 쌓는 중상주의에 대해서는 생산을 중시하는 입장에서 비판하는 것이 고작이었다. 막스 베버Max Weber[5]의 베르너 좀바르트Werner Sombart 비판도 이와 같은 취지에서 행해졌다고 할 수 있다.

한편 제임스 데넘 스튜어트James Denham Steuart와 마르크스 그리고 존 케인스와 같이 화폐 자체를 축적하려는 인간의 성향에 주목한 학자들은 자본주의를 비판했다. 화폐를 사용하려 할 때 개인의 결정이 불가능해지고마는 불확실성과 불안에 주목했다는 점에서 프랭크 나이트와 칼 폴라니도 이 계통에 속할지 모른다. 이 계통의 학자들은 자본주의와 시장 사회 사이에 모순이 존재해 자

5 1864~1920. 독일의 사회과학자로 강단사회주의자(講壇社會主義者)와 대결하였으며 역사학파가 가지는 이론적 약점을 지적하고, 그 극복에 노력하였다. 주요 논문에 『프로테스탄티즘의 윤리와 자본주의의 정신(The Protestant Ethic and the Spirit Capitalism, 1904-05)』이 있다.

본주의가 가끔 시장경제를 위협한다고 생각했다. 실물경제를 침해하는 현대의 금융위기는 20세기 전반의 대공황을 잇는 자본주의 시장경제에 대한 역습이다. 물론 이는 전적으로 나의 견해이며 나의 방식으로 해석한 것이다. 독자들은 자유롭게 고전을 접했으면 한다. 혼란스러운 현재의 경제 상황을 조금이나마 쉽게 이해하고 미래로 한 발 내딛기 위한 힌트를 고전에서 찾을 수 있을 것이다.

경제학
베스트
30

차례

3장

존 로크

데이비드 흄

애덤 스미스

제임스 데넘 스튜어트

데이비드 리카도

프리드리히 리스트

존 스튜어트 밀

1

통치론

Two Treatises of Government （1690）[6]

: 사적 소유권이 가져온 자유와 한계

　　한 사람의 인간이 밭을 갈고, 씨를 심고, 개량하고 재배한
다. 그 수확물을 이용할 수 있을 정도의 토지 한도가 바로
그 사람의 재산이 된다. 그는 자신의 노동으로 그 정도의 토
지를 공유지로부터 분리해 점유한다. 이때 다른 사람도 토
지에 대한 평등한 권리를 갖고 있으므로 모든 공유권자의
동의 없이 그가 그 토지를 점유할 수 없다고 할 수 있지만,
이런 주장으로 그의 권리를 무효라고 할 수는 없다. (제2논
고 제5장, 소유권에 대해서)

6　한글판 『통치론』, 쌤앤파커스(2018), 까치(2022)

1

존 로크
John Locke, 1632~1704

영국의 철학자이자 정치사상가. 그가 주장한 사회계약론은 명예혁명과 미국의 독립에 지대한 영향을 미쳤다.

자유민주주의의 사상적 원천

일반적으로 근대 경제학은 애덤 스미스의 이론에서 시작되었다고 알려져 있다. 하지만 스미스는 인간이 이성이 아닌 감정에 의해 행동한다고 간주하고, 국민의 합의로 국가와 제도가 탄생한다고는 생각하지 않았다. 이런 점에서 존 로크의『통치론』제2논고야말로 현대 주류파 경제학의 직접적인 사상의 기원이라고 할 수 있다. 로크는 보편적인 상황을 가정해 분석하고 자율적인 개인의 동의에 의해 국가를 포함한 사회제도가 만들어졌다는 '사회계약설'을 주장했다.

로크는 1632년, 영국의 서머싯에서 태어났다. 그의 집안은 소지주로 경건한 청교도였다. 로크가 소년이었던 1649년, 영국에서 청교도가 중심이 되어 청교도혁명(시민혁명)이 일어났다. 당시 올리버 크롬웰Oliver Cromwell이 인솔한 의회파가 국왕을 단두대에서 처형하는 등 왕당파를 물리치고 공화정치를 시행하면서 혁명이 절정에 이르렀으나, 1660년 크롬웰이 죽자 공화제도 오래가지 못하고 다시 왕정으로 되돌아갔다.

로크는 청교도혁명에 대해 "혁명을 가장하고 폭동을 일으켜 국정을 혼란시켰을 뿐인 백해무익한 획책"이라 단언했다. 그러나 명예혁명[7]에 대해서는 "사람은 동의에 의해 수립된 입법부 이외의 권력에는 복종하지 않는다"는 원리를 세웠다고 보았다. 또한 왕권과 회의의 관계를 둘러싼 분열과 싸움에 결말을 짓고 안정된 사회를 이끈 정치 사건으로 높게 평가하고, 그 정당성을 자신의 『통치론』에서 증명했다.

여러 혁명이 일어나기 전, 왕권은 전통과 습관을 이유로 신성불가침이라 여겨졌는데 사람들은 『통치론』을 이런 사상을 비판하는 민주주의 정치 혁명서로 읽었다. 특히 재산 억류 저항권과 동의에 의한 통치의 개념은 과세 거부 등의 근거가 되어 100년 후 미국 독립혁명 때 빈번하게 인용되었다. 로크는 제1논고에서 로버트 필

---

7 1688년 영국에서 피를 흘리지 않고 평화롭게 전제 왕정을 입헌군주제로 바꾸는 데 성공한 혁명.

머Robert Filmer[8]의 왕권신수설[9]을 비판했고, 제2논고에서는 그것을 대신할 사회질서를 제시했다.

이렇듯 『통치론』은 명예혁명을 정당화하는 정치적 문서로 읽혀 왔다. 그러나 책의 내용을 경제에 주목해 살펴보면, 민주화라는 정치적 문제보다도 시장 사회로 변해가는 시대의 흐름에 맞는 통치제도가 무엇인지를 규명하려는 의도가 더 명확히 드러난다. 토머스 홉스Thomas Hobbes[10]도 로크와 같은 분석을 했지만, 노동에 의해 자원이 늘어난다는 로크와 달리 그는 자원이 한정되어 있다고 생각했다. 즉 시장경제에 따른 분석은 로크가 창시했다고 볼 수 있다.

당시 영국에는 상품경제가 침투해 토지는 물론 노동, 자본이라는 생산요소에까지 시장화의 영향이 미쳤고, 양모업을 위한 인클로저enclosure[11]가 농업의 생산성을 상승시켜 젠트리gentry[12]로 승

---

8 1588~1653. 영국의 정치사상가. 왕권신수설을 주장했으며, 주요 저서로는 『파트리아카(Patriarcha, 1680)』가 있다.

9 절대주의 시대에 왕권의 절대성을 주장한 이론.

10 1588~1679. 영국의 철학자. 서양 정치철학의 토대를 확립한 책 『리바이어던(Leviathan, 1651)』의 저자로 유명하다.

11 서유럽에서 공유지와 초원, 목초지 및 그밖의 경작 가능한 토지를 오늘날과 같이 세밀하게 구획된 개인 소유의 농장 부지로 분할하거나 통합하는 것을 가리킨다.

12 영국에서 귀족으로서의 위계(位階)는 없었으나 가문휘장(家門徽章)의 사용을 허용받은 자유민을 이른다. 그러나 역사적인 개념으로는 중산 농민인 요먼 이상, 귀족 이하의 토지 소유자를 말한다. 즉, 부유한 차지농(借地農)과 법률가·성직자·개업 의사 등 전문적인 직업을 가진 자 및 부유한 상인 등을 핵심으로 한 중산계급의 상부층을 말한다.

격하는 층과 농민의 삶을 포기해야 하는 층이 나타나는 등 농민 계층이 분화되었다. 또한 신흥 산업자본가는 남는 노동력을 토지에서 분리해 공장제 수공업에 투입했다. 그리고 그에 따른 생산물은 노동과 토지, 자본 소유자에게 분배되었다.

이렇게 생산요소의 소유자를 봉건시대처럼 신분으로 정하지 않는 대신, 생산요소의 사적 소유권이 누구에게 속해 있는가가 분배 방법을 결정하게 되었다. 이런 결정 방법의 논리화를 시도한『통치론』은 봉건사회 관습경제에서 생산사회 시장경제로의 전환을 시도했다고 할 수 있다. 로크는 다수결, 민주주의, 국민 저항권 등 민주주의 원리를 개인의 자유와 법의 지배라는 자유주의 원리에서 끌어냈으며, 이는 동시에 생산요소의 사적 소유권 또한 확정했다. 즉 현재 세계를 지배하는 자유민주주의의 기본 원리를 처음으로 주장한 사람은 로크였다.

로크의 경제철학: 여섯 가지 원리

로크의 자유민주주의 경제철학은 다음과 같은 여섯 가지 원리에서 탄생했다.

우선 신은 인간에게 규범, 즉 자연법[13]을 따르라고 명했다. 자연법은 세계에 질서를 가져오지만, 로크는『인간오성론An Essay concerning Human Understanding, 1690』에서 인간의 인식 능력인 이성과 감각은 질서를 알기 위한 수단에 지나지 않는다고 했다. 인간은 이성과 도덕에 관련된 능력을 타고나지 않으므로 자연법을 따르면서 교육을 통해 자율성을 획득하고 자신의 신상(생명, 신체, 건강, 능력, 행위)을 지배하는 자유를 갖는다(자기 소유권). 이에 따라 타인은 본인의 동의 없이 자유를 박탈할 수 없다. 즉 타인이 나의 노동을 마음대로 팔 수 없다는 것이다. 그리고 이 책은 성인을 자신의 이성과 감각에 의해 의사를 통제하고 행위를 지배하는 '자기 결정의 주체'라고 정의했다.

인간은 인신人身의 소유권을 노동과 화폐를 통해 교환·계약·상속 같은 자연적 방법으로 확대할 수 있고, 소유권을 획득할 수 있다(재산소유권의 원리). 자연 자원과 생물은 신에게 받은 인류의 공통된 재산으로, 인간의 노동이 자연에 영향을 미쳐(나무의 열매 따기, 토지 개량 등) 노동과 자연물이 혼합되면 자연물에 대한 소유권을 가질 수 있다(소유권의 결합 원리).

인간이 신에게 받아 공유해온 자연 자원과 생물은 노동을 통해 분할되어 사적 소유권으로 분배된다. 즉 신체의 소유권을 출발점으로 해 모두가 공유하는 자연, 더 나아가 재산의 소유권으로 개인의 지배권이 넓어진다. 그러나 여기에는 간과해서는 안 될 제한이

---

13 모든 인간에게 공통으로 부여된 권리 또는 정의의 체계를 뜻하는 철학 용어.

있는데, 바로 다른 사람에게 위해를 가하지 않을 것, 즉 다른 사람에게도 자연 자원을 충분히 남겨야 한다는 것이다. 그리고 생명과 재산, 자유에 대한 소유권은 당사자가 동의할 때만 해제된다.

이상은 자연법 아래에서 사람이 누구에게도 복종하지 않고 자유롭게 생활할 수 있는 자연 상태이다. 그러나 생활이 활발해지면 충돌이 일어날 위험이 있다. 이런 충돌에서 자신의 안전을 확보하고 정당하게 획득한 재산을 보전하기 위해 법, 재판관, 집행권이 필요하다고 간주되면, 사람은 동의에 의해 정치사회를 형성한다. 이로 인해 다른 사람에게 복종하는 경우도 생길 수 있다(동의와 복종의 원리). 이렇게 시민의 동의에 의해 탄생한 정치권력은 정의 실현을 위해서만 행사되어야 하며, 자의에 의해 사용될 수 없다. 여기서 말하는 정의란 재산소유권의 침해라는 '부정의不正義'를 제거하는 것이다(정의의 원리). 권력도 법의 지배를 받지만 입헌주의의 관점에서는 '공공선(개인을 위한 것이 아니라 국가나 사회, 또는 온 인류를 위한 선)'이다(공공선의 원리).

로크는 자유주의자인가

로크는 자율적이고 이성적이면서 근면하게 노동하는 시민이, 관습적인 환경으로 인해 정체되어 있는 경제를 발전시키는 근대 농업사회의 담당자라고 칭했다. 말하자면 로크는 본래 자연이 갖고 있는 가치를 노동이 배가 시키는 근대의 시작에서 나타나는 분배 규칙의 발생 원리에 주목한 것이다.

그는 개인의 소유권을 보호하기 위한 최소한의 정부만이 필요하다고 주장했으나, '최대 정부'를 부정하는 로버트 노직Robert Nozick[14]의 『아나키에서 유토피아로』[15] 출간 이후의 자유지상주의에는 동의했다고 말할 수 없다. 토지의 소유권은 그 토지를 개발한 사람에게 귀속된다는 로크의 주장은, 17세기 영국에서 확산되던 국내 인클로저와 식민정책을 장려하는 논리로 인용되었다.

로크는 다른 책에서도 식민지는 어디까지나 본국에 자원과 잉여노동을 제공하는 곳이며, 국내 산업을 발전시키기 위해 수입 규제와 수출 장려가 촉진되어야 한다는 중상주의적인 견해를 밝혔다. 그는 시장의 질서 형성에 주목하면서도, 식민지를 혼란을 야기하는 요인으로부터 국가와 국민경제를 보호하고 자본축적을 진행하는 필요조건으로 생각했다.

---

14 1938~2002. 미국의 자유주의 철학자. 1974년에 발간된 유명한 첫 저서 『아나키에서 유토피아로(Anarchy, State and Utopia, 1974)』에서 무정부주의적 자유주의에 대해 국가의 역할을 인정했다. 그러면서도 국가의 권력이 더 이상의 자유를 제약해서는 안 된다는 자유주의 국가론을 주장했다.

15 한글판 『아나키에서 유토피아로』, 2000, 문학과지성사

사적 소유권의 분배 문제

"다른 사람에게도 자원을 충분히 남긴다"라고 주장한 로크. 그러나 과연 이런 주장으로 기회균등의 원칙이 지켜질까? 그에 대한 비판은 이런 의문에 집중되어 있다. 그는 다른 사람보다 먼저 자본을 축적할 것을 장려했다. 하지만 그로 인해 자원이 독점화되어 자본가와 노동자 사이에 대등한 동의가 이루어질 수 없다는 점과 보이지 않는 착취가 자본주의 시스템에 의해 은폐될 수 있다는 점이 의문으로 남아 있다. 이는 현재 로크의 사상을 계승했다는 신자유주의자에게도 해당되는 것이다.

먼저 토지와 자본을 포함한 자원을 확보하면 데이비드 리카도의 생각과 같이 자원의 개척지가 한정된 경우 문제가 생긴다. 그러나 로크는 아직 개발되지 않은 개척지가 발견되거나 그것의 일부만이 독점된 단계, 즉 자원의 한계가 없는 상태를 생각했다고 할 수 있다.[16] 시장경제의 원동력으로 기술 개혁이 이루어졌고, 이에 따라 예전에는 존재하지 않았던 인터넷이 개발되었다. 게다가 브라우저와 검색 엔진이라는 새로운 영역이 개발되어 순식간에 정보화 시대가 되었다. 이를 통해 『통치론』의 논리가 현재까지 그 생

---

[16] 자원의 점유가 한계에 달했을 때 고정자산세, 상속세, 기한이 있는 특허를 부여하는 등의 방법으로 한계를 조정할 수 있다. '세금은 도둑질'이라 생각하는 극단적 자유주의자는 독점의 폐해를 인정하지 않는다.

명력을 유지하고 있다는 사실을 알 수 있다.

　로크가 제시한 사적 소유권의 분배 문제는 소유권이 인정되지 않는 공공물이 사적으로 점유되었을 때 분규를 부른다. 미개척지나 분배 또는 소유의 한계가 있는 자연 자원은 이 문제에서 빗겨나 있다. 예를 들어, 후지산을 보는 일은 누구나 공유할 수 있는 공공재라 할 수 있다. 그런데 어느 날 자신의 집 앞에 있는 토지의 소유주가 고층 건물을 세워 후지산을 볼 수 없게 되었다. 이렇게 후지산을 바라보는 일에 사적 소유권이 할당되어 점유되고 말았다고 가정해보자. 건축기준법과 도시계획법을 완화하면 고층 건물의 주인만이 후지산의 절경을 조망할 수 있게 되어, 공공재에 사적 소유권이 배분되고 만다. 상황이 이렇다면 인격, 노동, 재산 소유권은 별개로 분리할 수 있을까?

　인간의 삶은 무엇을 먹고, 어디서 살며, 어떤 풍경을 보며 일하는가로 구성되어 있다. 도시의 풍경, 산천의 자연, 넓은 하늘 등을 공유하는 것을 전제로, 개인의 자율적인 행동이 가능해진다. 이것을 물리적으로 차단하면 공공성을 훼손하는 데다 개인의 자유마저 침해하고 만다. 칼 폴라니의 말처럼 토지, 자본이라는 생산요소는 노동과 같이 개인이 선택하는 대상이 아니라 생활하는 데 꼭 필요한 요소이다. 아마 로크라면 사적 소유권은 자연법의 제약을 받는다고 말할 것이다. 이렇듯 생산요소를 선택과 점유의 대상으로 삼으려는 것이 자유주의자이며, 그들의 로크관이다.

경건한 청교도였던 로크는 개인의 의사결정이 자연법의 구속을 받는다고 생각했지만 신이 없는 세상에서도 자유주의자와 같이 개인이 자유롭게 행동할 수 있다고 말했을지는 확실하지 않다. 같은 자유주의자라도 데이비드 흄과 애덤 스미스는 오히려 개인이 다른 사람과의 교류와 역사의 구속을 받는다는 견해를 제시하고 있다.

경제학
베스트
30

정치론

Poilitical Discourses (1752)

: 사치와 기술이 문명사회를 구축한다

> 사람은 이렇게 사치의 쾌락과 상업의 이익에 눈뜨게 된다. 사람들의 고상한 기호와 산업 활동이 한번 자각되면 내외 교역의 여러 부분이 한층 개량된다. 그리고 이것이 외국인과의 통상에서 얻을 수 있는 주된 이익이다. (상업에 대해)

'묵약'이란 무엇인가
— 데이비드 흄의 인간관과 제도관

1707년 스코틀랜드는 영국과 합방해 그레이트브리튼 왕국을 이루었지만, 사실은 상업적으로 발전한 영국에 흡수되었다고 할 수

2

데이비드 흄
David Hume, 1711~1776

경험주의 철학의 걸작인 『인성론(A Treatise of Human Nature, 1739-40)』으로 등단했으며 저서로는 『도덕정치학 논고(Essays, Moral and Political, 1741-42)』, 『인간의 이해력에 관한 탐구(An Enquiry Concerning Human Understanding, 1748)』가 있다. 『영국사(The History of England, 1754-62)』를 통해 역사가로서도 명성을 얻었다.

있다. 이에 불만을 품은 스코틀랜드인은 영국이 강요하는 상업주의에 거부감을 보였고, 특히 상업주의가 부른 부패에 대해서는 도덕적인 공화주의자의 언어로 저항했다. 공화주의는 제임스 해링턴James Harrington[17]이 제시한 사상으로, 로크가 주장한 개인주의, 자유주의, 상업주의 같은 근대적 가치관에 고전고대古典古代[18]의 논리와 정치를 떠올리면서 의문을 던진 것이었다.

1694년 역사상 최초로 영국 은행이 중앙은행으로 설립되었고,

---

17 1611~1677. 영국의 정치사상가. 오늘날 권력분립주의의 원형이 되었으며, 미국의 정치제도에 커다란 영향을 끼친 저서 『오세아나 공화국(The Commonwealth of Oceana, 1656)』을 출간해 공화주의를 주장했다.
18 서양사에서 고대 그리스와 로마 시대를 가리키는 명칭.

정부는 공채公債를 발행해 자금을 조달했다. 이로써 그레이트브리튼은 강력한 관료제도와 강대한 해군을 보유할 수 있게 되었고, 프랑스 외 여러 나라들과 전쟁을 벌여 승리하면서 상업주의 정책에 더욱 박차를 가했다. 중상주의자들은 무역을 통해 얻은 자산을 국력이라 생각했으며, 채권자와 투자가가 정치적 발언력을 높여 갔다.

이런 상황에서 공화주의자들은 부패를 방지할 제도를 만들고, 계급 간 세력을 균등하게 유지하기 위한 토지소유제의 쇄신을 꾀했다. 그러나 이미 주식, 채권, 화폐 등을 재산으로 보유할 수 있게 되어 부동산만이 권력의 기반이 되는 것은 아니었다. 이런 금융경제의 급속한 확대는 투기를 일으켰고, 결국 1720년 영국의 수많은 투자가들을 파산시킨 투기 사건인 남해회사포말사건이 터지면서 거품경제가 붕괴되어 영국 사회는 대혼란에 빠지게 되었다.

로크의 사상을 지지하는 자유주의자와 이에 저항하는 공화주의자가 대립하던 시대에 데이비드 흄이 등장했다. 흄의 가장 큰 특징은 자유주의, 공리주의로부터 거리를 둔 점이다. 흄은 로크의 급진주의나 해링턴의 수구주의[19]와는 다른 제3의 입장을 철학적 견지에 두고 『인간 본성에 관한 논고A Treatise of Human Nature, 1738-40』[20]를 저술했다.

---

19 정치, 경제, 문화에서 변화를 원하지 않고 기존의 것을 고수하는 입장.

사람의 지각은 인상을 하나로 묶은 것에 지나지 않는데 그런 인상에 질서를 정하는 것이 바로 경험이다. 소유권 등의 사회제도 역시 사람이 지성으로 창조하거나 신의 의지로 생긴 것이 아니라 인간의 필요와 경험에 의해 생겨났다. 사람들은 다른 사람과 교류하면서 각자 서로의 소유를 존중하는 것이 장기적으로 봤을 때 자신에게 이익이 된다는 것을 경험하고 배운다. 정의와 부정의도 편의적 결정인 '묵약convention'에서 생긴다. 묵약은 자연에 기인하거나 인공적으로 제작한 것이 아니다. 여러 사람이 통솔자 없이 배한 척으로 항해해야 할 때 자연스럽게 협조하는 것과 같이 자생적인 협조성을 띤다고 할 수 있다. 묵약은 공통의 이익과 관계된 일반적인 감각으로 약속과 계약에 선행한다.

　　로크와 마찬가지로 흄도 인간이 태어나서 그대로 자연 상태에 놓이면 감정의 노예가 되어 이성을 잃고 만다고 생각했다. 감정을 다스리는 것, 그것이 묵약과 역사를 거쳐 계승된 관행의 작용이다. 또한 묵약에는 '소유와 동의에 의한 이전 그리고 약속의 이행'이 있다고 했다.

20　한글판 『인간 본성에 관한 논고』, 2005, 살림출판사

사치와 기술 ― 흄의 상업론

흄은 『정치론』에서 앞서 말한 인간관과 제도관을 바탕으로, 부흥해가는 시장 사회의 여러 가지 문제를 분석하고 있다.

첫째, 소비의 욕망에서 기인한 사치와 이를 실현하는 기술이 경제를 발전시킨다는 견해다(상업에 대해서). 상업으로 산업이 발전하면 사람은 사교의 즐거움을 알게 되고 세련된 문화를 추구하며, 동시에 도시화와 국제화를 꾀한다. 사람들이 만남을 즐기는 이유는 탐구심과 허영심에 있다. 이러한 사교를 통해 산업과 학예가 발전하고, 보다 큰 무대에서 자신의 지식과 취미를 고양시킬 수 있다.

흄에게 '문명'이란 사치를 통해 감각을 세련되게 키우는 것이며, 일하는 데 필요한 기술과 기계적인 기술, 학예에 관계되는 기술, 부를 획득하는 기술, 통치의 기술 등 전반적인 기술이 진보하는 것이기도 했다. 즉 사치와 기술이 시장을 확대하면서 문명을 발전시킨다는 것이다.

흄의 묵약론은 전통을 고집하는 것도, 파괴하는 것도 아니었다. 그저 전통을 현실에 맞게 개편하는 것이었다. 공화주의는 농업을 중시한다는 점에서 프랑수아 케네François Quesnay[21]의 중농주의physiocracy[22]와도 통하지만, 흄은 농업만 존재했던 시대를 낮게 평가했다. 고전고대의 공화제는 상업을 기피했기 때문에 시민들은 덕德은 있었지만 거칠고 세련되지 못했다. 이 시대의 사람들은 토지를 경작하는 데 자신의 노동력을 모두 소비했고, 토지의 소유자와 토지에 예속된 임대인으로 계급이 분류되었다. 이로 인해 갈등과 항쟁이 반복되었다.

덕을 추구하고 끝없이 부패를 규탄하는 공화주의자는 "시민 중심의 정부는 부패, 무질서, 당쟁을 야기한다. 이러한 문제점은 모두 사치에서 비롯되었다. 그러므로 사치는 죄가 아니지만 비난받아 마땅하다"고 했다. 그러나 상업과 산업의 발전은 사람들의 이성을 일깨웠고, 정치적 지배자에게는 관용과 온건함을 싹트게 했다. 상업사회에서 덕은 보다 능숙한 사교 매너로 나타난다. 이것이 흄의 판단이었다.

인구증가론

둘째, 상업론의 배경이 되는 인구론이다. 18세기 후반, 프랑스와 그레이트브리튼 왕국에서 고대와 비교해 인구가 증가했는지 감소했는지를 따지는 '인구논쟁'이 일어났다. 인구 통계가 정비되지

---

21 1694~1774. 프랑스의 경제학자이자 의사. 초창기 경제학자로 농업을 중시하는 중농주의로 잘 알려져 있다. 흔히 그의 사상은 '농업은 국부의 원천'이라는 말로 요약된다. 또한 애덤 스미스 등과 함께 자유방임주의를 주장한 것으로 유명하다.
22 18세기에 한 나라의 부의 원천을 농업생산에서 찾으려 했던 경제사상.

않았던 때였기에 인구의 추정이 직접적인 목적이었는데 이와 더불어 사치스러운 상공업에 대한 판단이 화제로 떠올랐다.

몽테스키외Charles Montesquieu[23]는『어느 페르시아인의 편지 Les lettres persanes, 1721』[24]에서 로마 제국의 붕괴 이후 소토지 소유제가 와해되어 유럽의 인구가 1/50 정도까지 감소했다며 인구감소론을 주장했다. 이를 영국의 앨프레드 월리스Alfred R. Wallace[25]가 계승하여 근대사회가 야기한 불균등한 토지 소유와 사치스러운 상공업의 발전으로 인구가 감소했다고 주장했다. 토지나 노동력 같은 자원이 부유한 사람이 구입하는 사치품 제조에 집중되자 식재료의 생산량이 줄어들었고, 이 때문에 인구가 감소했다는 것이다.

이와 반대로 흄은 상공업이 발전한 사회가 인구 증가에 적합하다고 주장했다. 사치품 제조업이 발전하면 농업에 종사하는 사람들도 사치품에 대한 욕망이 생겨서 이를 갖기 위해 더욱 열심히 일하게 된다. 그러면 자연히 농업 생산량이 증가하고 인구도 증가한다는 것이다. 후대의 데이비드 리카도와 같은 인구감소론자가

---

23 1689~1755. 프랑스의 계몽사상가이자 정치철학자.『법의 정신(L'esprit des lois, 1748)』을 지어 삼권분립을 주장했다. 미국 헌법과 프랑스혁명에 영향을 주었고, 법률 제도의 원리를 실증적으로 추구했다. 사회과학 연구의 방법론을 개척했다.

24 한글판『어느 페르시아인의 편지』, 2022, 문학과지성사

25 1823~1913. 영국의 자연주의자, 탐험가, 지리학자, 인류학자이자 생물학자. 찰스 다윈과 독립적으로 자연선택을 통한 진화의 개념을 만들었다.

자원의 유한성을 전제로 정체론을 든 것에 대해, 흄은 욕망과 근면의 순환이 생산성의 향상과 발전을 가져온다고 주장했다. 즉 인구 증가론으로 맞선 것이다. 정체인가, 발전인가? 논쟁은 여기서부터 시작된다.

화폐 및 공공신용을 둘러싸고

셋째, 화폐수량설의 원형이 되는 이론이다(화폐에 대해서, 무역차액에 대해서). 중상주의자는 무역차액의 축적을 주장했지만, 이에 따라 돈이 유입되면 물가가 급등하고 수출이 부진하게 된다. '화폐 증가 → 물가 상승 → 수출 경쟁력의 저하 → 무역 적자의 증대 → 화폐 감소 → 물가 하락'으로 이어지는 순환이 추세가 되리라는 것이다. 이런 논리는 보호무역과 제국주의 전쟁을 통해 귀금속과 화폐를 보다 많이 축적하려는 중상주의를 배격한다. 그리고 사치품 제조업과 기술 진보를 통한 산업 활동의 활성화를 통해 인구가 증가하면 귀금속과 화폐는 자연히 분배된다고 주장한다.

흄의 상업론은 '화폐베일관'의 원형이라 할 수 있다. 화폐베일관이란 화폐(흄의 시대에는 귀금속)량이 증가해도 물가에만 영향을 끼칠 뿐 경제의 실체(생산과 소비)에는 영향을 끼치지 못한다는 주장을 말한다. 즉, 흄은 경제의 실체는 독립적이며 화폐로부터 분리되어 있다고 보았다.

넷째, 흄은 그레이트브리튼 왕국의 초대 수상인 로버트 월폴 Robert Walpole이 발행한 공채의 누적이 정치 부패보다 훨씬 위험하다고 주장했다(공신용에 대해서). 흄은 화폐의 유통액을 기술과 생산 활동의 수준에 비례시켜야 한다고 생각했지만, 유사 화폐인 지폐나 공채는 대개 그 비례를 깨고 분배된다. 또한 공채는 후대에는 부담을 주지만 현재의 국민에게는 부담을 강요하는 일 없이 자금을 조달할 수 있어 제국의 확대 지향을 재정적으로 받쳐주었다. 그러나 정권이 계속해서 국채를 발행하면 세련과는 거리가 먼 야만적인 제국주의 전쟁이 반복될 수밖에 없다. 이는 국민이 공채를 사는 한 멈추지 않는다. 공채는 반드시 상환된다고 맹신하는 투자가의 방임이 거품경제를 만들고 이는 결국 무너지고 만다. 흄이 미국의 독립을 주장한 것도 미국이 그레이트브리튼 왕국의 재정에 부담을 주는 존재라고 생각했기 때문이다.

문명사회로의 진보
— 흄의 역사관

흄의 경제론은 역사의 해석도 완전히 바꿔버렸다. 로크는 사회계약설을 통해 17세기의 시민혁명에 의해 과거의 절대왕정이 폐기되었고, 이성적인 인민의 사회계약에 의해 근대적인 자유민주주의가 나타나게 되었다고 주장했다. 이런 관점에서 보면 혁명으로 단절된 역사도 진화를 멈추지 않는다. 그러나 왕정은 복구됐다. 전통을 지키는 고대의 왕국도, 자연 상태에서 합리적으로 계약된 제국도 결국 자유의 기반이 되지는 못했다.

이것에 대해서 흄은 『영국사』에서 절대군주제의 튜더 왕조[26]와 왕권이 남용된 스튜어트 왕조[27]를 단순하게 혁명으로 부정된 암흑의 시대가 아니라 문명이 형태가 되어 나타난 요람기로 해석했다. 영국은 튜더 왕조의 장미전쟁[28]으로 국가 체제가 정비되고 질서와 통일을 이룩할 수 있었다. 산업이 발전하기 시작했고 생활양식도 바뀌어 봉건제가 무너졌다. 귀족 권력의 증대를 억제하기 위해 인권과 소유가 보장되었고, 인격적인 자유의 개념이 정착되었다. 또 흄은 명예혁명에 의해 법의 지배가 확립되자 자유주의에 근거한 문명사회가 발전하게 되었다고 주장했다. 자유로운 시장이 문명사회를 진보시켰다는 낙관론을 공유하면서도 영국사를 점진

---

26 1485~1603년 5대 118년에 걸친 절대주의 시대의 영국 왕조.

27 중세 말기에서 근세에 걸쳐(1271~1714) 스코틀랜드와 영국을 통치한 왕조.

28 1455~1485년 동안 영국의 랭커스터가와 요크가 사이에서 벌어졌던 왕위 쟁탈전. 전자는 붉은 장미, 후자는 흰 장미를 문장으로 한 데서 이 이름이 생겼다. 이 전쟁으로 많은 귀족과 기사의 세력이 꺾이고 왕권이 강화되어 영국은 절대주의 시대로 접어들게 되었다.

적이라고 생각하고 사회계약설의 혁명사관을 거부한 것이다. 이러한 역사관은 스튜어트 왕조에 대한 부정적인 평가를 역전시켰다. 또한 문명사회가 점점 발전해가는 것을 기대하면서도, 이로 인해 예부터 전해 내려온 제도와 관행을 끊어버리는 것에 경종을 울리는 역할을 했다.

중세 그리스도교와 공화주의는 소비에 대한 욕망을 부정했는데 흄은 이 소비 욕망을 시장 문명의 시발점으로 해석했다. 그리고 사회의 변동을 가져온 기술혁신 역시 문명사회를 구축하는 원동력이라고 주장했다. 즉 자유민주주의 경제론을 주장한 로크와는 다른 견해이다. 흄은 기술, 소비, 화폐가 모두 하나로 연결되어 있다고 생각했고, 후대의 경제사상은 흄 경제론의 일부에만 주목하게 되었다.

경제학
베스트
30

도덕감정론

The Theory of Moral Sentiments （1759）²⁹

: 공화주의와 상업주의를 잇는 동감

> 부와 명예와 출세를 둘러싼 경쟁에 있어서 그는 모든 경쟁자를 앞지르기 위해 할 수 있는 만큼 역주를 해도 좋으며 모든 신경과 근육을 긴장시켜도 좋다. 그러나 그가 혹시 그들 중 누군가를 밀어내거나 넘어뜨렸다면, 관찰자들의 관용은 완전히 사라진다. 이것은 페어플레이의 침해이며 그들이 용서할 수 없는 것이다. …… 따라서 그들은 주저하지 않고 침해당한 사람이 분개하는 것을 공감하고, 가해자는 모두의 증오와 분노의 대상이 된다. (제2부 제2편 제2장)

---

29 한글판 『도덕감정론』, 비봉출판사(2009), 한길사(2022)

3

애덤 스미스
Adam Smith, 1723~1790

스코틀랜드 출생으로 프랜시스 허치슨(Francis Hutcheson)[30]에게 사사했으며, 데이비드 흄과 친구였다. 글래스고대학교에서 도덕철학 교수로 일했다. 영국의 정치경제학자, 도덕철학자로 고전경제학의 창시자이다. 근대경제학, 마르크스 경제학의 출발점이 된 『국부론』을 저술했다.

시장 사회의 정의와 덕
― 페어플레이의 침해란 무엇인가

『도덕감정론』은 애덤 스미스의 출세작이다. 이 책에는 정의를 중심으로 하는 법론과 『국부론』이 포함될 예정이었다. 스미스는 자신의 주장 전체를 도덕철학moral philosophy이라 불렀지만, 이는 사실 도덕론, 법론, 시장론의 상관성에서 생겨난 것이다.

이 책은 1776년에 출판된 『국부론』보다 17년이나 앞서 출간되

---

30 1694~1746. 영국 계몽기의 사상가로, 인간이 도덕적 판단을 할 수 있는 근거는 이성이 아닌 도덕 감각에 있다고 주장해 이후의 공리주의에 영향을 주었다.

었는데 1790년경에 이를 대폭 수정한 제6판이 출판되어 '완전히 다른 책'이라는 평가를 받았다. 결국(책으로서 간행될 수 있을 정도로 정리된 것으로는) 스미스의 사색은 이 책에서 시작해 『국부론』을 사이에 두고 이 책의 개정으로 끝났다. 그는 더 말하고 싶은 것, 미처 말하지 못한 것을 모아 말년에 다시 이 책을 썼다.

『도덕감정론』은 '이타주의', 『국부론』은 '이기주의'를 주장한 책이라는 속설이 일부에서 강하게 제기되고 있지만, 사회사상사 연구자인 미즈타 히로시水田洋의 해설에 따르면 이는 19세기 독일에서 생긴 오해라고 한다. 스미스는 이 책에서 이기주의에 관계되는(고대 이후의) '신중함'과 이타주의에 해당되는(중세 그리스도적인) '자비'도 멀리하고 있다.

스미스는 그리스 로마 시대의 고전적 공화주의를 높게 평가했다. 그러나 공화주의가 한결같이 비판한 상업사회와 시장의 확대는 긍정했다. 플라톤과 아리스토텔레스의 논리학은 그리스의 도시국가를 모델로 구상되었다. 이 모델은 생업에 종사하는 노예는 시민의 자격이 없으며 지배자 계급만이 덕이 있다고 여긴다. 그러나 스미스가 활동했던 18세기에는 지배와 피지배 계급이라는 구분에서 탈피한 중산계급(상인과 제조업자들)이 사회 활동의 중심이었다. 모든 개인이 자연법의 원리로 권리가 보장되는 평등하고 도덕적인 존재였으며, 이에 따라 고전적 공화주의를 현실에서 그대로 적용할 수는 없었다. 여기서 스미스는 고전적 공화주의의 덕 이론을 대폭 수정하여 공화주의가 부정하는 시장 사회가 갖추어야 할 형태를 제시하고 있다. 그는 과거의 논리학설에서부터 차례차례 물 흐르듯 사고를 펼쳐나가는데 정말 놀라울 따름이다.

스미스는 책에서도 인용한 것처럼 '페어플레이 침해'의 기준에 관심을 기울였다. 18세기 중반에는 중세까지 인정되지 않았던 '부와 명예와 출세를 위한 경쟁'이 서서히 자리 잡아가고 있었다. 이 책은 이러한 경쟁에서 상대를 따돌려도 상관없다고 하면서도 일정선을 넘는 방법으로 타인을 밀어내는 경우를 페어플레이의 침해라고 정의한다.

그렇다면 여기서 일정선의 기준은 무엇인가? 스미스에 의하면, 인간은 사회생활을 영위할 때 서로에게 애정이 없어도 마치 상인처럼 손익을 따지는 마음으로 이해관계를 형성한다. 그러나 정의가 없으면 이러한 상업적인 이해관계를 형성할 수 없다. 사람들은 정의감이 없는 사람을 무조건 혐오하지는 않는다. 단지 정의감의 결핍에서 비롯되는 행동이 사회를 유지하는 데 방해가 되기에 이에 피해를 입은 사람과 제삼자가 함께 분하게 여길 뿐이다. 그럼 피해자의 분개는 어떤 형태로 제삼자와 공유되며, 무엇이 페어플레이, 즉 정의의 기준이 되는 걸까?

사람은 얼마나 '동감'하는가

스미스는 제6부 「도덕철학의 여러 체계에 대해서」에서 '덕의 본성'에 관한 기존의 학설을 검토했다. 스미스에 의하면 덕의 본성은 '신중prudence', '자비benevolence', '타당propriety'이라는 세가지 형태를 띤다. 에피쿠로스의 신중설에 따르면, 인간의 지고한 행복은 육체의 안락과 정신의 평화에 있고 쾌락과 고통에 관해 신중히 생각하는 것으로 달성된다. 그리고 부와 명예와 출세를 위한 경쟁도 신중의 직접적인 원인이다. 사람은 그 이외의 대상, 예를 들어 지식의 습득과 동료나 국가의 안녕에는 자신의 쾌락에 이바지하는 만큼만 관심을 갖는다.

그러나 스미스가 주목한 정의라는 덕은 오히려 후자와 더 관련이 있다. 프랜시스 허치슨은 인애설을 통해 순수하고 이타적인 것을 덕이라고 했지만, 스미스는 신이 아닌 인간은 세심함과 절제, 부동심, 근면, 분별 같은 자기이해와 관심을 덕으로 칭송해야 한다고 생각했다.

스미스는 이 책에서 타당성에 주목할 것을 당부한다. 플라톤에 따르면 덕은 '자제'이며, 덕이 있는 사람은 신의를 판단하는 힘뿐만 아니라 욕망과 의향의 타당함과 타당하지 못함을 식별하고, 자제하는 능력을 함께 갖고 있다. 또한 아리스토텔레스는 덕은 자제의 관행이라고 했다. 두 사람 모두 욕망을 자제하는 행위를 덕이라고 주장한 것이다. 그러나 고대 그리스 사회는 사람을 지배자와 노예라는 두 계급으로 나누어 지배자 계급만이 덕을 실천할 수 있다고 생각했다.

홉스, 허치슨, 흄은 타당설을 계승하면서도 근대의 덕이면서 정의를 실현하는 것을 '인정認定의 원리'라고 바꿔 말했다. 인정이란 특별한 판단력 없이 타당성을 판단할 수 있는 능력으로 다른 사람을 동감할 수 있는 능력을 일컫는다. 그렇다면 사람들은 페어플레이의 침해로 인해 경쟁에서 피해를 입은 사람에게는 얼마나 동감할까?

스미스는 인정의 근거로 '자애', '이성', '감정'을 들었는데, 스미스 이전에 홉스와 사무엘 푸펜도르프Samuel Pufendorf[31]는 자애에서 인정을 이끌어내려고 했다.

외아들을 잃어버린 사람이 있다고 가정해보자. 지금 당신은 그를 보며 그의 슬픔을 이해하려고 한다. 그러나 당신은 이때 '나의 외아들이 죽으면 어떤 기분이 들까?'라고 생각하지 않는다. '내가 당신이라면 얼마나 고통스러울까?', 즉 그 사건을 '나'의 경우로 여기지 않고 '타인'의 경우라는 전제하에 이해하려 한다. 이는 이기심으로 간주되며 자애라고 할 수 없다. 이를 이성으로 간주하여

---

31 1632~1694. 근대적 자연법을 창시한 독일의 법학자. 『자연법과 국제법(De jure naturae et gentium, 1672)』을 출판, 도덕과 구별되는 합리적 자연법을 제창하고, 국제사회가 자연 상태에 있다고 하면서 국제법은 곧 자연법이라 했다.

타당하다고 여기는 사람도 있다. 하지만 이러한 경우는 이성적으로 이해할 수는 있어도 감정적으로 받아들일 수는 없다. 스미스는 이렇게 생각하고 허치슨과 흄의 감정설을 지지했다.

자애심과 합리성을 강조하는 홉스의 사회계약설은 신고전파와 신자유주의의 원리가 되었다. 경제적 자유주의라는 공통점에서 스미스의 시장 사회관도 사회계약설처럼 자애와 합리성을 강조했다고 여길지 모른다. 그러나 "최초의 옳고 그름을 판단하는 지각이 이성에서 만들어진다고 가정하는 것은 도리에 어긋나며 이해할 수 없다(제6부 제3편 제2장)"고 한 것처럼 『도덕감정론』은 오히려 그에 대한 비판을 자세하게 설명하고 있다.

스미스의 설명은 다음과 같다. 피해를 입은 타인을 동정한다고 하자. 그러나 다른 사람의 감정을 직접 경험할 수는 없으므로 관찰자의 입장에서 상상력을 발휘해 자신이 그 사람의 입장이라면 어떻게 할 것인지를 생각한다. 이렇게 입장을 바꾸어 생각함으로써 피해를 입은 사람에게 동감할 수 있다.

흄의 공감설도 이와 비슷하지만, 흄은 공감하는 타인의 감정은 그 사람의 표정과 대화에서 나오는 외적 기호에서 추측(예를 들어 '행복해 보인다'와 같이)할 수 있는 것이라고만 생각했다. 그러나 스미스는 공감설에서 한 발 더 나아가 관찰자가 외적으로 드러난 것에서 다른 사람의 감정을 추측하는 것에 그치지 않고, 상대방의 마음속에 들어가 스스로 상황을 체험하고 품은 감정이라 간주했다.

동감은 '입장의 교환', 즉 사람이 감정을 주고받는 과정에서 형성되어, 최종적으로 정의로운 법과 내면의 양심으로 바뀐다. 정의와 양심은 덕이 없는 보통 사람이라도 다른 사람들과의 교류를 통해 마음으로 배울 수 있는 규범이며 사회적인 관행으로 굳어진다. 아이들이 학교에 다닐 수 있을 정도로, 혹은 같은 또래 친구들과 어울릴 수 있을 정도로 성장하면 아이들은 자연스럽게 친구의 호의를 얻으려 하고 친구들로부터 증오와 경멸의 대상이 되기를 거부한다. 이렇게 이들은 자기규제라는 위대한 학교에 들어간다.

사람들은 모두 여러 가지 감정을 지닌다. 이때 덕이 있는 어른은 각각의 사회에서 요구하는 규범을 따르고 스스로를 규제한다. 그래서 신과 같은 이성이나 사랑이 없어도 입장의 교환과 자기규제를 통해 자아를 형성하고 사회질서를 유지할 수 있다. 사람은 고립된 개인의 집합(자연 상태)일 때도 합리적으로 행동하며, 다른 사람과 현명하게 어울리려는 목적으로 사회를 형성하지는 않는다. 사람은 우선 다른 사람에 대해서 여러 가지 감정을 느끼고, 이로써 사회적 존재가 되며, 시간이 지나면 자신의 정체성을 확립한다.

흄은 상업사회가 사람들의 취미와 매너를 세련되게 단련시켜 문명을 발전시킨다고 주장했다. 그러나 스미스는 이러한 흄의 이론을 긍정적으로만 받아들일 수 없었다. 그는 일반 사람이 사회라는 학교 안에서 스스로 덕이 있는 존재로 자라 사회에 질서를 가져온다고 기대했지만, 그의 생각과는 달리 정치가와 교역업자의 부패가 더 눈에 띄었던 것이다. 이것이 스미스가 제6판을 크게 개정한 이유이다. 스미스는『국부론』에서 중상주의를 비판했지만『도덕감정론』제6판의 개정된 부분에서는 중상주의를 책임질 상인과 시장 활동에 눈을 뜬 제조업자의 부패를 의식했다고 할 수 있다.

시장경제에 만연한 '칭찬의 애호'

스미스는『도덕감정론』제3부 제2장에서 '칭찬의 애호'와 '칭찬에 걸맞은 행동 추구의 애호'를 엄격히 구별했다. 칭찬에 걸맞지 않는 경우라도 칭찬을 요구하는 부패한 사람들이 나타나기 시작했기 때문이다. 부유하고, 지위가 높은 사람에게 경의를 표하고, 가난하고 지위가 낮은 사람을 경멸하거나 무시하는 도덕 감정의 부패(제1부 제3편 제3장)가 일어난 것이다. 스미스는 타인의 눈(동감)만 신경 쓰지 말고 칭찬에 걸맞게 행동해야 한다고 덧붙였다. 입장의 교환에서 더 나아가 동감이란 절차를 계속 반복한다면, 최종적으로 자신이나 특정 당사자에게 편향되지 않는 '중립적 관찰자 impartial spector'의 경지에 도달할 수 있다고 결론짓고 있다.

새롭게 덧붙인 제6판 제6부(초판의 제6부는 제6판에서는 제7부에 해당된다)에서 오만과 허영을 스스로 '규제'해야 한다고 강조했지만, 이는 스토아학파 철학자의 말처럼 달관한 사람만이 가능하다며, 평범한 사회에서는 필요 없다고 말했다. 중상주의에 의해 일반 사람의 덕은 오만과 허영으로 전락하고, 시장 사회의 균형은 깨지고 만다는 것이 스미스의 견해이다.

19세기 말 소스타인 베블런은 미국인들이 사치품을 경쟁하듯 소비하는 모습을 '과시적 소비'라고 비난했다. 그러나 스미스는 이미 100년 전에 시장경제의 '칭찬의 애호'가 과시로 전락한 것을 목격했다고 할 수 있다. 그는 이렇게 말했다.

"우리는 자유로운 세상에서 존경받는 사람들이 지혜나 덕을 좇지 않고, 경제적인 안정과 지위를 좇는 것을 본다."

정치경제학의 원리에 대한 연구
An Inquiry into the Principles of Political CEonomy （1767）

: 거품경제와 불황의 원인을 사회심리에서 찾다

> 위정자는 생각대로 경제를 수립하는 주인도 아니며, 자
> 신의 최고 권력을 행사해 이미 제정된 경제의 준칙을 생각
> 대로 바꿀 수 있는 주인도 아니다. 그가 세상에서 가장 전제
> 적인 군주라고 해도 이런 사실은 변함이 없다.

최후의, 그러나 최대의 중상주의자

제임스 스튜어트에게는 '비극의 경제사상가'라는 수식어가 붙는
다. 그는 명예혁명으로 추방된 스튜어트가의 복권을 계획한 재커
바이트Jacobite[32]의 난에 연루되어 18년 동안 대륙을 유랑했다. 이

4

제임스 데넘 스튜어트
Sir James Denham-Steuart, 1712~1790

스코틀랜드의 경제학자. '최후의, 그러나 최대의 중상주의자'로 불렸지만, 최근 『국부론』보다 한걸음 앞서 다른 방면으로 경제학을 성립시켰다는 평가를 받고 있다.

렇게 암울한 시기를 보내며 집필한 『정치경제학의 원리에 대한 연구』는 스미스의 『국부론』보다 7년이나 먼저 경제학을 체계적으로 논했다. 그러나 그 명성은 하늘과 땅 차이이다.

　이뿐만이 아니다. 『국부론』이 중상주의자를 비판한 것이 크게 작용해 스튜어트는 오랫동안 스미스의 적, '최후의 그러나 최대의 중상주의자'라고 간주되었다. 경제주체의 자유로운 활동을 막는 위정자의 통제와 무역 흑자를 올리는 데만 급급한 중상주의는 책 어디에서도 찾아볼 수 없다. 실물경제와 시장의 자유화를 중시한

32　명예혁명 후 망명한 스튜어트가의 제임스 2세와 그 자손을 정통의 영국 군주로서 지지한 영국의 정치 세력.

스미스가 압도적인 지지를 받은 탓에, 시장에 개입할 것을 논한 모든 학자가 중상주의자로 간주되었다.

그러나 스튜어트가 이 책에서 주장한 것은 중상주의와는 다르다. 근대에 들어서서 사회가 자유로워진 반면 시장은 불안정해졌다. 화폐의 유통이 시장의 불안을 야기한 것으로, 위정자는 이러한 불안 요소들을 제거해야 한다. 이는 자유를 간섭한다기보다 불안정함을 정책으로 억제해 자유를 보장한다는 뜻이다. 한 나라의 경제는 역사적 단계를 밟아 발전하므로 각각의 단계에 따라 채용해야 할 정책이 전부 다르다. 거기다 스튜어트는 발전 단계가 무역이 나아가야 할 길에 나타난다고 생각하고, 정책적 개입은 무역에 나타난 발전 단계를 어떻게 이해하는가에 따라 다르다고 했다.

스튜어트는 스미스와 마찬가지로 흄의 계보를 이으면서도 스미스와는 다른 길을 모색하고 있다. 마르크스와 존 케인스는 화폐경제의 불안정성과 유효수요의 창출에, 프리드리히 리스트는 발전의 단계에 주목한 점에서 스튜어트를 따르고 있다. 하지만 그는 여전히 주목받지 못했고, 그의 책을 읽은 사람도 그를 오해할 뿐이었다. 20세기 이전, 그를 높이 평가한 사람은 마르크스밖에 없었다.

근대사회를 어떻게 이해할 것인가

스튜어트에 의하면 인간은 사회적 동물이다. 그리고 중세 이전에는 통제가 사회 편성의 원리였다. 이후 미국과 인도라는 신대륙이 발견되었고, 산업과 학문이 부흥했다. 사치스러운 공예를 도입하여 상업이 발달했다. 또 공신용제도와 조세제도가 확립되면서 유럽은 큰 변화를 맞이했다. 3세기에 걸쳐 일어난 변화에 의해 유럽은 봉건적이고 군사적인 통치에서 자유롭고 상업적인 통치로 탈바꿈했다. 근대의 통치는 자유에 기반을 두고 있었다. 근대의 사람들은 중세의 권위에 근거한 위에서 아래로 명령하는 통제 원리를 벗어던졌다. 그들은 상호의존적인 경제활동을 펼쳤고, 정치는 상업경제에서 파생된 조세와 국가 신용을 바탕으로 발전하고 안정되어 갔다.

스튜어트는 이런 복잡한 근대사회에 대해 단순한 부품을 차례로 쌓듯 묘사하고 있다. 이 책은 다음과 같이 구성된다.

1. 인구와 농업에 대해서
2. 교역과 근로에 대해서
3. 화폐와 주화에 대해서
4. 신용과 부채에 대해서
5. 조세와 조세수입의 적절한 사용에 대해서

유효수요론과 발전단계설의 선구

우선 스튜어트는 흄의 인구론과 상업론을 계승한다. 근대에 들어서서 노예제도가 사라지자 농민은 자신에게 필요한 양 이상을 생산할 필요가 없어졌다. 그리고 농민에게 식량 생산을 강요할 수도 없다. 노예 노동과 자급자족이 아닌 이기심을 바탕으로 한 노동은 '근면'이라고 불리는데, 농민이 자신의 의지로 필요 이상의 식량을 생산하는 경우도 있다. 이는 비농업 부분에서 생산되는 재물을 갖고 싶은 욕망 때문이다. 이러한 재물은 생존에는 직접적인 연관이 없으며 사회적인 습관과 교육을 통해 생긴다. 이렇게 소비 욕구가 높아지면 농민의 식량 생산량이 늘어나고 이로 인해 인구가 증가한다는 이론이다.

그러나 흄과 스미스가 낙관했던 것과는 달리 이런 과정을 통해 경제가 발전하지는 않았다. 수요는 화폐를 사용했을 때 충족되는 것이지, 실물을 교환했을 때 충족되는 것은 아니다. 수요는 화폐적 개념이다. 사람들이 화폐를 쓰지 않을 때, 즉 소비가 증가하지 않으면 공급된 상품 가격과 수요에서 제시된 금액이 달라진다. 스튜어트는 이런 상태를 '유효수요effectual demand[33]의 부족'이라고 부르고, 이것이 인구 감소와 실업의 원인이라 생각했다. 이런 상황

---

33 재화와 용역을 구입하기 위한 금전적 지출을 수반한 수요.

에서 위정자는 교묘한 수법을 궁리해야 한다. 유복한 사람이 사치를 즐기도록 자극해 소비수요를 확대하고, 공공사업을 일으키는 등 유효수요정책을 강구해야 한다.

이것이 스튜어트가 흄과 다른 점이다. 흄은 귀금속이 국내에 더 많이 유통되면 물가가 상승할 것이라며 화폐수량설을 주장했다. 그러나 화폐가 아무리 많아도 그것이 소비에 지출되지 않으면 상품의 가격은 상승하지 않는다. 이는 화폐수량설이 성립하지 않는다는 것을 의미한다. 이런 스튜어트의 이론은 '화폐는 시장균형과 관련해 비중립적'이라는 케인스의 유효수요론의 시초라 할 수 있다.

흄의 화폐수량설은 '물가 하락 → 수출 증가(해외 수요 증가) → 화폐 증가(수출 초과) → 물가 상승 → 수출 경쟁력 저하 → 무역 적자화(수입 초과)'와 같이 순환해 수출입의 초과액이 자동으로 해소된다고 가정했다. 반면 스튜어트는 화폐 보유액이 증가해도 그것이 소비를 자극하지 못하면 물가는 올라가지 않고 수출입의 초과가 자동으로 해소되지 않을 것이라고 주장했다. 이런 상황에서 생산구조가 변화하고, 경제는 '무역 삼단계'를 거쳐 발전한다.

후발국이 '초기상업'의 단계에서 유치산업幼稚産業, infant industry[34]을 보호하면 사람들은 근면해지고 이윤이 증가한다. 그러나 생산량이 많아져 국내 수요를 넘게 되면 외국과의 교역에서 생기는 무역차액으로 부족한 수요를 메워야 한다. 이것이 '외국무역'

단계다. 이때는 사치를 멀리하고 근검절약에 힘써 수출재의 가격을 낮은 수준으로 유도해야 한다. 이미 발전한 산업을 보호해서는 안 되며, 배타적 특권을 완화하는 것이 위정자의 의무이다. 마지막으로 유입된 화폐가 인플레이션을 일으켜 수출이 어려워지는 '국내상업' 단계에 이르면 국제 경쟁력이 저하되므로 적극적인 무역은 삼가고 국내의 사치를 자극하는 정책으로 전환해야 한다. 이는 리스트의 발전단계설의 시초가 되는 이론이다.

앞에서 살펴본 바와 같이 스튜어트는 위정자는 단계에 따라 정책을 실시해야 한다고 주장했을 뿐, 끊임없이 무역 흑자만을 추구하는 중상주의를 논하지는 않았다.

거품경제와 불황의 구조
─ 사회심리와 경제정책

스튜어트는 외국에 결제할 때와 태환준비 兌換準備[35]에만 주화를 사용하고, 국내 유통 전반에는 은행권을 사용할 것을 주장했다. 은행

---

34 장래에는 성장이 기대되나 지금은 수준이 낮아 국가가 보호하지 아니하면 국제 경쟁에 견딜 수 없는 산업.

35 정부나 태환 은행이 태환의 요구에 언제든지 응할 수 있도록 정화(正貨)를 준비하는 일.

권은 어음할인을 통해 영국 은행이 발행한다. 이를 실행하면 금광의 채굴 상황에 따라 주화가 부족해질지 모른다는 압박에서 해방되고 자본 부족 또한 위정자의 배려로 해소될 수 있다. 이 또한 태환권兌換券[36]을 시중에 있는 금의 양에 맞춰 발행해야 한다는 통화주의를 비판한 것으로, 통화의 재량적 발행을 주장한 은행주의의 시초라 할 수 있다.

하지만 미개발국에는 중앙은행이 정비되어 있지 않았다. 여기서 스튜어트는 신용에 주목했다. 그는 토지를 담보로 대출을 해주는 은행을 구상했는데 토지대금만으로 통화수요를 충족시키지 못한 지주가 부동산을 담보로 은행에서 화폐를 빌리고, 그것이 신용으로 유통되면 귀금속 주화의 부족분이 보충된다고 생각했다. 또한 이 과정을 통해 토지의 유동화(융해)도 촉진된다고 전망했다.

존 로John Law[37]는 이와 같은 구상을 바탕으로 사적신용 원리에 맞는 은행을 프랑스에 설립했다. '로 체제'는 토지와 주식을 담보

---

36 정화(금)와의 태환이 보증된 은행권. '태환은행권'이라고도 한다. 태환권은 금본위제 도하에서 각국의 중앙은행에 의해서 발행되었는데, 발권 은행인 중앙은행은 정화태환의 의무를 가진다. 이러한 정규 태환권은 과잉이 되면 퇴장(退藏)되고, 국외로 수출되며 또는 국내에 퇴장되어서 불환지폐와 같은 폐해를 동반하지는 않는다. 관리통화제도가 일반화된 오늘날에는 불환은행권으로 바뀌었다.

37 1671~1729. 프랑스에서 활동한 영국의 재정가. 프랑스의 루이지애나 회사를 설립했으며 이를 서인도회사로 발전시켰다. 이와 같은 로의 재정 체계는 프랑스에서 일대 붐을 일으켰다. 조폐권과 무역독점권을 둘러싸고 '로 체제'를 확립했다.

로 은행권을 발행하고, 그 은행권으로 국채를 상환했다. 스튜어트는 신용을 담보로 은행권을 발행하는 은행이 설립되면 주화에만 과도하게 의존하지 않아도 된다고 평가했다. 그러나 은행권을 남발하면 주식이 폭등하고 이로 인해 새로운 은행권이 필요해져 결국 거품경제가 형성된다. 이것이 1720년 로 체제가 파탄하게 된 이유이다.

스튜어트는 로 체제의 붕괴에서 다음과 같은 교훈을 얻는다. 신용이란 계약의 의무가 확실히 이행될 것이라고 기대하는 것으로 국민의 정신적 성숙도에 따라 높아질 수도, 완전히 사라질 수도 있다. 또한 화폐를 쓰지 않고 저축하거나 사치품에 대한 욕망을 드러내는 일은 '생활양식의 심리'에 따른 것이며, 생산은 '노동의 심리'에 따른다. 사람들의 심리가 과도하게 낙관적이면 경제에 거품이 생기고, 비관적이면 불황을 부른다. 위정자는 사람들의 사회심리를 관찰하고 정책을 만들어야 한다. 급격한 변혁은 사회심리를 동요시켜 정책의 전제가 바뀌는 결과를 초래하고 만다. 그러므로 급격한 변혁은 삼가야 한다.

이와 같이 사회심리를 관찰하라는 스튜어트의 주장은 100년이란 시간이 지난 후에 케인스의 화폐경제론으로 계승되었다. 흄을 시작으로 리스트와 케인스로 이어지는 스튜어트의 이론은, 스미스와는 다른 길을 열었다고 할 수 있다. 인용문에서 볼 수 있듯, 시장을 자신의 뜻대로 조작하는 권력은 있을 수 없다.

국부론

An Inquiry into the Nature and Causes of the
Wealth of Nations (1776) [38]

: 자연스러운 시장 활동을 부르는 풍요로움

모든 사람이 사회 전체의 이익을 위해 노력하려고 하지는 않으며, 자신의 노력이 사회에 얼마나 공헌하는 일인지 전혀 알지 못한다. 외국의 산업보다 자국의 산업을 중요하게 여기는 것은 안전하게 이익을 얻으려는 것에 지나지 않는다. 생산물의 가치를 높이기 위해 노동을 늘리는 것은 자신의 이익을 늘리려는 의도 때문이다. 누구나 이런 목적에 따라 보이지 않는 손에 이끌려 자신이 전혀 의도하지 않은 목적의 달성을 촉진시킨다. 다른 경우도 마찬가지다. (제4편 제2장)

---

[38] 한글판 『국부론』, 2007, 비봉출판사

5

애덤 스미스
Adam Smith, 1723~1790

스미스는 프랑스로 건너가 중농주의자 케네를 만나면서 자유주의 경제학에 흥미를 갖게 된다. 1776년에 『국부론』을 출판하고 중상주의를 비판한 고전파 경제학의 창시자가 되었다. 다른 법론도 있지만 현재는 강의록밖에 남아 있지 않다.

시장에 대한 소박한 낙관?

스미스는 『도덕감정론』에서 "누구나 교환을 하며 생활한다. 바꿔 말하면 모두 어느 정도 상인이라 할 수 있다"라고 주장했다. 그는 이런 근대 상업사회는 동감을 통해 타당성을 실현시키는 한편, 중류계층은 신중하게 행복을 추구하고 재산을 쌓는 길을 걸으며 덕과 부를 함께 실현시킨다고 했다. 그리고 이에 이어 『국부론』에서 신중한 이기심을 발동시켜 부를 창출, 즉 경제를 성장시킨다고 설명했다.

　시장이 잉여생산물을 거래하는 주변적 성격에서 벗어나 생산물뿐만 아니라 노동, 자본, 토지 같은 생산요소까지 거래되는 중심적 역할을 맡게 된 것이 근대라면, 『국부론』은 근대 경제의 동향을 가장 빨리 포괄적으로 분석했다고 할 수 있다. 바로 이런 점에서 『국부론』은 경제학의 막이 올랐음을 알린 책이라는 평가를 받는다.

사실 이 책의 내용을 살펴보면, 시장에 대한 소박한 낙관이 책의 전반에 고루 담겨 있음을 알 수 있다. 이 책에는 가격에 따라 자본과 노동을 이동시키는 시장의 조정 기능 분석, 정부는 국방·사법·도로·다리·운하 같은 공공시설을 건설하는 데만 힘을 쏟으면 된다는 작은 정부론, 노동 이전을 원활히 진행하기 위한 도제법[39]의 철폐, 정부의 무역 개입과 식민지 소유를 부정하는 무역 자유화론 등 현대의 신자유주의자가 주장하는 개념이 모두 담겨 있다.

그러나 스미스를 '경제적 자유주의자(낙관주의자)'라고 칭하는 것은, 정치사상가 도널드 윈치Donald Winch가 『애덤 스미스의 정치학Adam Smith's Politics, 1978』에서 평가한 것처럼 '19세기의 라벨'에 지나지 않는다. 고전이 묘사하는 세계관은 그 시대의 배경과 저자의 다른 책을 참고하지 않고는 제대로 이해할 수 없다. 현대 경제학의 알리바이 공작에 고전을 인용하는 것은 고전을 읽는

---

39 1563년 영국의 엘리자베스 시대에 제정된 산업 규제법. 농촌 공업을 억제하고 도시 공업을 보호했으며 노동시간, 임금 규정 따위를 정했다. 전국적으로 실시되었다가 1814년에 폐지되었다.

올바른 방법이 아니다. 『국부론』은 어디까지나 18세기의 역사적 배경을 바탕으로 읽어야 할 작품이다.

'풍요로움'의 작용 원리
― 분업과 시장 그리고 중상주의 비판

『국부론』의 논리 구성은 그다지 복잡하지 않다. 핵심 주장도 정책으로 균형을 깨지 않고 자연스러운 상태에 두면 시장경제는 물질적 풍요로움을 최대한 끌어낸다는 게 전부이다. 스미스의 풍요로움이란 소비자인 국민이 생활의 필수품, 편리품, 오락품을 가질 수 있는 힘을 갖는 것이다.

　당시 영국에서 지배적이었던 중상주의자들은 '금이나 은' 같은 통화가 이런 힘을 가지고 있다고 생각하여 통화를 모으기 위해 세금을 걷고 규제를 강화하며 식민지를 지배해 수출을 촉진하고 수입을 억제시켜야 한다고 주장했다. 그러나 스미스는 통화는 물건을 만들고 소비할 때 사용하는 매개체일 뿐 교환되는 가치보다 더 많이 모으는 것은 불가능하다고 설명했다. 광산이 발견되어 금과 은의 통화량이 증가한다 해도 풍요로움에는 변화가 없기 때문이다. 한마디로 스미스는 '화폐베일관'을 설명했다고 할 수 있다.

스미스는 이 책 제1편의 첫머리에 '풍요로움'이란 결국 제품을 생산하는 힘으로, 그 크기(생산 능력)는 분업의 정도와 투입되는 생산노동량에 따라 결정된다고 단언한다(단 재판관, 군인, 성직자, 법률가, 의사, 댄서, 오페라 가수와 같이 물건을 생산하지 않는 서비스업은 비생산적 노동으로 분류된다).

어떤 상품이 있다. 그 상품을 시장에 가져오기 위해 사용된 토지대금, 자본에 대한 이윤, 노동에 대한 임금, 즉 재화의 생산에 투입된 모든 생산요소의 가격을 더한 원가에 평균 이윤을 가산한 가격을 '자연가격'이라 부른다. 자연가격은 인구가 늘어나 생산력이 높아지고 상품의 수요(시장의 규모)도 확대되는(반대도 있을 수 있다) 성장기에, 수요와 공급이 균형을 이룬 상태에서 나타난다.

이에 반해 일정한 시점에, 일정한 시장에서 실제로 상품이 거래되는 가격이 '시장가격'이다. 스미스는 자연가격과 시장가격의 차이가 벌어지기 시작하면, 시장이 움직여 시장가격이 자연가격에 맞춰진다고 했다. 예를 들어, 한 상품의 시장가격이 자연가격보다 비싸면 다른 상품에 투자하던 자본, 노동, 토지가 이윤을 얻기 위해 이 상품에 투자된다. 그 결과 공급량이 늘어나 시장가격이 내려간다. 이런 시장 논리는 자원의 이전으로 균형이 이루어진다는 앨프레드 마셜의 '수량 조정'을 미리 예측한 것이라고 할 수 있다.

자본가의 역할은 생산 공정의 분업이 활발하게 이루어지고 각 분야에 맞게 노동자를 고용해 상품을 생산하는 것으로, 제조업의 자본가는 이 책의 주인공이라 할 수 있다. 이는 이 책의 제2편을 보면 알 수 있다. 자본가가 이익률과 위험을 염려해 안전한 쪽으로 자본을 자유롭게 이동시킨 다음, 공장을 건설하고 분업을 진행해 노동력을 고용하면 생산력은 최대가 될 것이다. 만약 현실이 이와 같지 않다면 자연스럽지 못한 규제와 우대책이 있기 때문이다. 이렇게 부자연스러운 현상을 일으키는 원흉이 바로 중상주의이다.

여기서 스미스는 높은 이율의 관세, 완전한 수입 금지, 반환되는 세금, 수출장려금, 통상조약 같은 수출촉진책 그리고 식민지 소유를 비판했다. 이에 더해 노동의 이동을 저지하는 도제법, 동업조합법, 정착지에 한해 보조금이 지급되는 구빈법, 토지가 개량되지 않고 방치되는 원인을 만든 장자 상속관행의 철폐를 주장했다. 이런 주장이 중상주의를 비판하는 내용이라 알려진 제4편에 실려 있다.

자연스러운 자본 투하의 순서

지금까지 소개한 스미스의 논리는 전혀 모순이 없어 보인다. 이런 논리적 구성이 『국부론』을 경제학의 시초로 여기게 하는 데 일조했다. 제1편「노동 생산성을 향상시키는 원인과 생산물이 각 계층으로 분배될 때 나타나는 자연 질서」와 제2편「자본의 성격, 축적, 이용」에는 이론적 연구 결과가 담겨 있다. 그러나 제3편부터는 성격이 완전히 다른 글이 실려 있다. '나라에 따라 다른 국부 증진 과정'이란 표제로 발전의 사례를 소개한 제3편 이후, 제4편「경제 정책의 사고」를 거쳐 나라의 경비와 수입을 생각하는 제5편「주권자 그리고 나라의 수입」에 이르기까지, 실로 놀라울 만큼 방대한 경제 실태에 관한 자료와 지식이 담겨 있다. 하지만 이게 다가 아니다.

스미스는 제3편에서 자연스러운 자본 투하 순서를 제시한다. 이익률이 같다면, 자본은 먼저 토지의 개량과 경작 등 농업에 투자되어야 한다. 그리고 제조업에 투자되어야 하며, 마지막으로 무역에 투자한다. 이는 자연가격과 시장가격의 차이가 점점 커져가는 것이 시장이 제대로 움직이지 않고 있다는 신호이며, 부자연스러운 정책이 강구된 탓이라는 자유화 논리와는 전혀 맞지 않다.

이런 이유로 '자연스러운 자본 투하 순서'는 모순된 논리라는 혹평을 받았다. 그렇다고 이 부분을 건너뛰고 책을 읽지는 말자. 모순된 이론이긴 하나 스미스가 왜 이런 주장을 펼쳤는지 알아본다는 생각으로 꼭 읽어두는 것이 좋다.

스미스는 자연스러운 자본 투하 순서에 대해서 이렇게 설명했다. 농촌은 아름답고 시골 생활은 즐겁다. 농업과 제조업은 직접

감시하고 감독할 수 있다. 그러나 무역은 거래 상대의 인격과 그 사람이 처한 상황을 알 수 없는 상태에서 그에게 거액을 맡겨야 한다. 인간의 어리석음과 불성실함 같은 불확실한 원인으로 자본을 완전히 잃을 수 있는 것이다. 그런데도 유럽에서는 순서가 역전되어 식민지와의 무역이 중시되고 제조업이 발전하는 등 농업을 등한시했다. 이는 중상주의 탓이다. 스미스는 이 책에서 자연스러운 자본 투하 순서가 지켜지지 않는다는 이유를 들어 중상주의를 부정하고 있다. 하지만 자연가격과 시장가격의 차이가 벌어지는 원인과 중상주의와의 관계는 명확하지 않다.

세계 시장은 왜 부패하는가

스미스는 죽기 직전에 덧붙인 『도덕감정론』 제6판 제6부 제2편 제1장에서 '사람들이 자연스럽게 자신들의 배려와 주의를 베푸는 순서'에 대해서 언급했다. 스미스는 마지막 글인 이 장에서 동감이 어떤 순서로 주변으로 퍼져나가는지 기록했다. 동감은 먼저 아이에서 시작해서 형제자매와 가까운 친척 그리고 근처에 살고 있는 사람으로 점점 영역을 넓혀간다.

한편 『국부론』에서는 분업을 이루고 상품을 교환하는 것에 초점이 맞춰져 있다. 상품을 교환하는 것만이 시장의 역할이라면, 시장은 세계를 향해 점점 더 넓어질 것이다. 그러나 거래해도 되는지를 판단해야 할 상대와 입장을 교환해본다면, 이기적인 경제활동은 단순히 합의에 따른 교환이 아니라 동감에 따른 인정을 통해 이루어질 수도 있을 것이다. 세계로 뻗어가는 시장경제와 분명한 한계를 갖고 있는 인간성의 신뢰는 첨예하게 대립할지 모른다. 이 두 가지 사실이 대립하지 않을 때는 공동작업인 농업, 분업이 발전한 제조업, 외국과의 무역 같은 순서로 자본 투하가 이루어진다. 이것이 스미스의 판단이지 않았을까?

스미스는 말년에 세계로 뻗어가는 시장경제는 부패를 피할 수 없다고 생각했다. 세계화란 외국과의 거래가 일반화되는 것으로, 외국이 국내보다 우선된다면 입장의 교환으로 상대의 상황을 상상하는 것이 어려워진다. 이를 상징하는 것이 중상주의자들의 부패이다. 그리고 잘 모르는 외국 사람을 신뢰할 수 없다는 것이 스미스의 '자연스러움'이다. 스미스가 미국의 독립을 지지한 것도 바로 이런 이유에서였다. 스미스는 중상주의를 부정하고 자유무역을 주장했다고 알려져 있다. 그러나 그의 진짜 의견은 사람은 자연스러운 상태에서 공동 사회 경제와 국민 경제를 우선해야 한다는 것일 수 있다.

상업주의의 밝은 부분만을 부각시켰다고 알려진 책이지만, 분업이 진행되면 밤낮으로 단순 작업에 치여 사람의 마음이 황폐해진다고 하는 등 세상의 어두운 부분도 지적하고 있다. 후반부에는 이제껏 그리 많이 소개되지 않은 대학론과 종교론 등 다소 주제에서 벗어난 듯한 화제도 담겨 있어 아직까지도 많은 오해를 받고 있다. 자유시장은 교육과 종교로 보완되지 않는 한 유지되지 않는다는 내용 등이 이에 해당한다.

정치경제학 및 과세의 원리

Principles of Political Economy and Taxation （1817）**40**

: 자유무역과 계급사회의 속박

 임금의 저하만이 이윤율을 상승시킨다는 것, 임금의 저하는 임금으로 지출하는 필수품 가격의 하락으로만 일어난다는 것, 이는 이 책을 통해 내가 증명하려고 노력한 것이다. 그러므로 만약 외국과의 무역을 확장하거나 기계를 개선해 노동자의 식제품과 필수품을 낮은 가격으로 시장에 팔 수 있다면 이윤은 상승할 것이다. (제7장)

---

40 한글판 『정치경제학 및 과세의 원리』, 1991, 비봉출판사

6

데이비드 리카도
David Ricardo, 1772~1823

영국의 경제학자. 고전학파의 창시자인 스미스 이론을 계승해 발전시킨 고전학파의 완성자. 비교우위설[41]을 기반으로 곡물법의 철폐와 자유무역을 주장했다. 『인구론(An Essay on the Principle of Population, 1798)』의 저자로 보호무역을 주장한 토머스 맬서스(Thomas R. Malthus)[42]와 생애에 걸쳐 논쟁을 벌였다.

풍요로움의 분배에 대한 이해가 대립하는 시대

『정치경제학과 과세의 원리』는 앞선 시대의 학자들의 업적을 자세히 검토해 독자적인 이론 체계를 만들어낸 시도의 산물이다. 데이비드 리카도는 스미스가 『국부론』에서 명확하게 표현하지 않은 부분에 주목해 불필요한 표현을 삭제하고 재구성했다.

---

41 국제무역이 발생하는 원인과 그로부터 얻을 수 있는 이익을 같은 상품을 생산하는 각국 간의 상대적인 기회비용의 차이로 설명한다. 리카도에 의해 처음으로 개발된 경제 이론이다.

42 1766~1834. 영국의 경제학자이자 인구통계학자. 인구 증가는 언제나 식량 공급을 앞지르는 경향이 있으며, 엄격하게 산아 제한을 하지 않으면 인류의 운명은 나아질 가능성이 없다는 이론으로 유명하다.

이를 반영하듯 문장도 상당히 무뚝뚝하다. 스미스의『국부론』이 핀 제조공장의 분업이라는 경제 현상을 먼저 소개하고, 그것을 통해 생산성과 관계된 이론을 도출해낸 것과는 대조적이다. 예를 들어, '가치'라는 용어의 정의를 검토하고, 그 정의 안에서 한정적인 시장경제를 가정한다. 그리고 이를 토대로 이윤율, 가치, 생산율이라는 변수 간의 관계와 변화를 분석해 움직임을 가정한다. 방정식은 나오지 않지만 수치의 예는 주도면밀하며, 이론 전개 또한 기계처럼 철저하다. 무엇보다 그 시대의 경제학자가 인간을 도덕적 존재로 여겼는데, 그런 시각이 전혀 보이지 않는다. 그런데도 이 책이 아직까지 읽히는 이유는, 타당한 전제를 논리적으로 반복해서 말했을 뿐인데도 허를 찌르는 결론이 도출된다는 지적인 매력 때문이다.

그렇다고 스미스는 애매하고 리카도는 치밀하다고 판단하는 것은 너무 극단적이다. 무엇보다 두 학자의 집필 시기에는 40년 이란 간격이 있다.『국부론』이 나온 것은 18세기 후반으로, 경공업 분야에서 분업이 확대되어 자본이 축적되어 가던 시대였다. 스미스는 각각의 사람이 서로에게 허용되는 범위 안에서 자신의 이익을 추구하면 누구나 풍요로워질 수 있다고 생각했다. 그러나 영국은 프랑스혁명이 일어난 후부터 나폴레옹 1세[43]가 퇴위할 때(1814)까지, 프랑스와 전쟁(1792~1815)을 해야 했다. 물론 이때도 산업혁명은 계속 진행되고 있었다. 리카도는 이렇게 격동하는 시기의 영국 경제를 분석한 것이다.

영국의 곡물 가격은 나폴레옹 1세의 대륙 봉쇄(1806)와 흉작 때문에 공급이 줄어들어 일시적으로 폭등했지만 전쟁이 종결되자 다시 폭락했다. 이때 값싼 곡물의 수입을 금지해 곡물의 가격을 높게 유지하려는 곡물법(1815)이 개정되었는데, 이는 지주에게 유리하도록 곡물법을 강화한 것이라 산업자본가의 반발을 불러일으켰다.

리카도는 곡물법을 폐지할 것을 주장하며 영국의 경제학자이자 인구통계학자인 토머스 맬서스와 논쟁을 펼쳤다. 그는 이 책을 통해 영국 경제가 자본을 축적하는 것과 동시에 장기적인 이윤율 저하가 일어나 자본가와 노동자 계급 간의 소득분배에 대립이 생긴다는 견해를 제시했다. 이를 통해 이윤, 토지대금, 임금에 얼마만큼의 부를 분배하는가가 리카도의 최대 과제였다는 것을 알 수 있다. 또한 이 책은 '모두가 풍요로움을 만끽할 수 있는 시대'에서 '풍요로움의 분배를 둘러싸고 이해가 대립하는 시대'라는 시대 인식의 차이를 제시하기도 한다.

---

43 1769~1821. 프랑스혁명 이후 유럽 정복을 통해 혁명 사상을 전파한 프랑스 황제.

투하노동가치설

이 책은 7장 전반에 걸쳐 가치, 토지대금, 광산지대금, 자연가격과 시장가격, 임금, 이윤 그리고 외국무역을 다루고 있다. 이 일곱 가지 항목은 서로 관련이 있으며 하나의 체계를 구축하고 있다. 이런 상황에서 정부가 조세를 징수하면 어떤 일이 벌어질 것인가? 이것이 책의 나머지 24장의 주제이다.

리카도는 제1장에서 혼란을 일으키는 스미스의 가치론을 하나의 시점으로 정리하고 투하노동가치설을 도출했다. 중상주의자는 금을 부로 간주하고 무역흑자를 목표로 삼았다. 스미스는 이를 비판하기 위해, 부는 사용가치(재물의 유용함, 현재의 효용에 가깝다)로 무역수지가 균형을 이루고 있어도 잉여 재물을 수출하고 희소 재물을 수입하면 부가 증가한다고 가정했다. 그리고 스미스는 사용가치의 척도로 노동과 관계된 '고통과 번거로움', 즉 (마이너스의) 효용을 제시했다. 여기서 금을 부의 척도로 간주하지 않은 이유는 새로운 금광이 발견되어 유통량이 늘어나면 생산력이 높아지지 않아도 부가 증가하기 때문이다.

그러나 리카도에 따르면 사용가치는 질적인 것으로, 양으로 측정할 수 없다. 여기서 그는 상품의 가치란 얼마만큼의 화폐와 교환될 것인지를 나타내는 '교환가치'라고 했다. 그리고 상품가치는 효용과 관련된 수요와 수급 관계에서 파생되는 희소성과 관계없이 비용만으로 결정된다고 생각했다(이 점이, 교환가치는 균형가치이며 수요와 공급과의 관계에서 결정된다고 주장하는 신고전파와 가장 큰 차이점이다). 위에서 알 수 있듯 리카도는 교환가치(가격)가 투하노동량에 비례한다는 투하노동가치설을 주장했다.

스미스도 투하노동가치설을 주장했지만, 그는 토지대금도 이윤도 존재하지 않는, 자신이 얻은(채집한) 상품만을 교환할 수 있는 초기 미개사회에 맞다고 생각했다. 그러나 리카도는 투하노동가치설이 생산을 위해 남을 고용하고 자본과 토지를 이용해 임금과 이윤 그리고 토지대금을 얻을 수 있는 자본주의 사회에 맞다고 했다. 이 말은 마르크스를 크게 감격시켰고, 그가 잉여가치론을 생각하게 된 계기가 되었다.

임금생존비설, 차액토지대론, 자본축적론

제2장 「임금론」에서는 맬서스의 인구론을 본떠, 임금이 생존비용을 넘으면 인구가 폭발해 굶어 죽는 사람마저 나올 수 있으므로 임금은 생존에 필요한 만큼의 소비재를 구입할 수 있는 수준이어야 한다는 '임금생존비설'을 제시했다.

그리고 제5장에서는 가장 생산성이 높은 토지와 낮은 토지에서의 생산 차액만큼 토지대금을 지불한다는 '차액토지대론'을 설명했다.

100단위의 보리를 생산할 수 있는 토지 A와 90단위의 보리를 생산할 수 있는 토지 B가 있다고 가정하자. 자본가는 지주에게 토지를 빌리고 노동자를 고용해 보리를 생산한다. 비옥한 토지 A가 전부 개간되지 않았을 때 지주가 토지대금을 요구하면, 자본가는 A 내의 다른 토지로 이동해 생산활동을 하므로 토지대금이 발생하지 않는다.

그러나 자본이 점점 축적되고 비옥한 토지 A가 전부 임대되어, A에 비해 비옥도가 낮은 토지 B를 빌리는 자본가도 있다고 가정하자. 이때 토지 A의 지주가 토지대금을 요구하면, B의 토지를 빌렸던 지주는 토지 A를 빌리고 생산량의 5를 지불하겠다고 나올 것이다. 왜냐하면 토지 B에서 A로 이동하면 그의 수확량은 100 − 5 = 95로, 지금까지 수확한 90보다 늘어나기 때문이다. 그러나 토지 B를 빌렸던 자본가보다 더 많은 토지대금을 지불하겠다는 사람도 있을 것이므로 토지대금은 최대 10이 된다. 이때 어떤 토지를 빌리더라도 자본가는 90을 가지게 된다.

리카도는 이렇게 설명하고, 토지대금은 이용되지 않은 한계 토지의 비옥도 차이에 따라 정해진다고 주장했다. 즉 토지의 수익과 생산성 그 자체가 아니라, 다른 토지와 비교해 토지대금이 정해진다는 것이다. 이렇게 허를 찌르는 그의 이론은 희소성이 가치의 원천이라고 주장하는 점에서 가치론에 새로운 견해를 더했다고 볼 수 있다.

리카도는 이에 앞서 자본축적과 함께 이윤율 저하가 일어나는 것을 증명했다. 자본가가 자본을 축적해 비옥도가 낮은 토지를 빌리면, 비옥도가 높은 토지의 지주부터 순서대로 높은 토지대금을 받는다. 그러나 노동자가 겨우 생존 가능한 수준으로 생활하는 것에는 변함이 없다.

토지 단위면적에 투입된 노동자의 수에 생활 수준에 맞는 임금을 곱하면 50이 된다고 가정하자. 당초 토지 A만 빌렸던 자본가는 100－50＝50단위의 보리를 이윤으로 가졌지만, 토지 B가 개간되고 누군가가 그 토지를 빌리면 10단위의 토지대금이 생겨 이윤은 40단위가 된다. 자본축적이 진행되어 자본가가 더 비옥도가 낮은 토지를 빌리면, 토지대금의 증가와 함께 이윤은 30단위, 20단위로 감소한다. 이렇게 자본축적에 힘을 쏟으면 쏟을수록 자본가의 이윤율은 저하된다. 이때 리카도는 지주만 배부르게 하는 곡물법을 철폐하고, 값싼 곡물을 수입하자는 정책을 내놓았다. 보다 많은 노동자가 고용되어도 토지의 비옥도가 내려가면(곡물의 수확 체감), 국내에서 임금으로 지불되는 곡물이 부족해진다. 비옥하지 않은 토지까지 경작되어 토지대금이 올라가는 것과 임금이 올라가는 것 때문에 이윤율이 낮아진다고 생각한 것이다.

무역자유화는 계급 간의 대립을 해소하는가

이 책은 이런 논리를 중심으로 한다. 그럼 현대를 살아가는 우리는 어떤 식으로 이 책을 읽어야 할까? 아마 시대와 맞지 않는 고전이라는 말이 나올 것이다. 여기에는 세 가지 이유가 있다.

첫째, 논리의 전제에 반영된 시대가 과거라는 것이다. '임금생존비설'은 최저 생활수준을 넘어 풍요로워질수록 인구가 증가한다고 하지만, 현재 풍요로운 나라에서는 오히려 인구가 줄어들고 있다. '노동가치설' 또한 마르크스처럼 노동자를 착취하는 것에 대해 규탄하는 정치적 의도가 없으므로, 상품의 수요와 자본과 토지가 상품 가격을 결정하지 않는다고 주장할 수 없다.

둘째, 리카도가 이론 체계를 만들 때 나온 수수께끼가 후에 밝혀지기 때문이다. 그는 토지대금이 존재하지 않을 때 수익은 임금과 이윤으로 분배되므로, 임금이 상승하면 기술과 같은 요소가 변하지 않는 한 이윤율은 감소한다는 관계식을 만들었다. 스미스는 문명사회에서는 노동과 자본의 희소성 등에 따라 임금과 이윤율이 각각 독립적으로 결정된다고 주장하고, 임금이 높아지면 이것이 이윤율에 더해져 가격도 상승한다고 했다. 이를 두고 리카도는 빈약한 논리라고 말했다. 하지만 후에 리카도는 자본보다 노동의 비율이 큰 노동집약적 산업에서 임금이 높아지면 이윤율이 낮아져도 상품의 가격은 다른 산업보다 상대적으로 높아진다는 것을 알게 되었다. 즉 이윤율과 임금의 관계식은 상품 가격과 독립적이지 않았다. 이로써 리카도의 스미스 비판은 힘을 잃고 만다.

리카도는 노동과 자본의 수입 비율에 상관없이 가격이 변하지 않는 상품을 '진짜 척도'라고 말했지만 그것이 무엇인지는 발견하지 못했다. 이를 발견한 사람은 『리카도 전집The Works and Correspondence of David Ricardo, 1951-73』을 펴낸 피에로 스라파Piero Sraffa이다. 그는 『상품에 의한 상품의 생산Production of Commodities by Means of Commodities, 1960』에서 몇 가지 상품의 합성(표준상품)으로 '진짜 척도'를 산출해냈다.

셋째, 리카도가 주장한 이윤율의 저하가 오늘날에 이르기까지 장기적으로 일어나지 않았다는 것이다. 이는 자유무역 때문이라기보다 기술혁신이 일어났기 때문이라고 하는 것이 타당할 것이다.

그러나 아직도 이 책에는 읽을거리가 충분히 남아 있다. 현대의 세계화는 스미스의 무역자유화론의 방향으로 진행되고 있다. 즉 자유화을 통해 누구나 풍요로워질 수 있는 것처럼 선전되고 있다. 그러나 리카도가 이 책을 통해 제시한 전망에 따르면 무역자유화는 계급 간의 대립을 일시적으로 완화시킬 뿐이다.

요즘에는 경쟁도 세계화가 된 탓에 비정규직이 생겼고, 이것이 외국의 빈곤층과 연동하면서 주식에 투자해 자본가가 될 수 있는 국내의 정규직과 대립하는 양상을 보이고 있다. 즉 한 나라 내에서 정부가 부를 재분배하고 노사와 노동자가 협동 조직을 구성한다고 해도 세계화의 가속화로 전 세계를 통해 계급 대립이 재연되고 있다고 할 수 있다. 이런 '새로운 계급화'는 리카도가 묘사한 것에 가깝다.

계급이 대립해 자본이 축적되지 않는 것을 개선하기 위해 무역 자유화를 진행한다. 이런 방법을 통해 일부 대기업과 부유 계급이 풍요로워졌다. 하지만 이윤이 저소득층에까지 돌아가지 않아 겨우 생존할 수 있는 수준의 생활을 하는 사람이 늘었다. 그리고 이들이 연명할 수 있도록 값싼 냉동식품을 중국에서 수입한다.

이 책이 스미스의 『도덕감정론』은 무시하면서도 스미스 경제학을 재구성했기에, 오늘날 경제학이 전문 분야로서 자립의 길을 걸을 수 있는 것이다. 그러나 그 과정에서 리카도는 과거의 사람이 되었다. 하지만 시장이 동감을 통해 조화되기보다 대립하게 된다는 것을 시사했다는 점에서 리카도의 논리는 요즘 들어 더욱 주목을 받고 있다.

경제학
베스트
30

정치경제학의 민족적 체계

Das Nationale System der Politischen Okoonomie (1841)[44]

: 생산력과 국민문화의 전형

역사는 이렇게 가르친다. 최고의 부와 세력을 추구하는데 필요한 수단을 자연에서 얻은 국민은 계획과 다른 결과가 나오지 않도록 자신들의 현실에 맞게 제도를 바꿀 수 있고 마땅히 그렇게 해야 한다. 그리고 자유무역을 통해 자신들보다 훨씬 진보한 국민들과 접해 미개한 상태에서 벗어나 농업을 발달시켜야 한다. 또한 이때부터 제한을 두고 자국의 제조업, 어업, 해군, 외국무역의 번성을 촉진시켜야 한다. 마지막으로 최고 단계의 부와 세력을 확보했으면, 자유무역과 내외 시장에서 자유경쟁 원리를 차츰 회복시켜 자

---

44 한글판 『정치경제학의 민족적 체계』, 2016, 지만지

7

프리드리히 리스트
Friedrich List, 1789~1846

독일의 경제학자. 반국가운동을 선동했다는 이유로 클레멘스 메테르니히(Klemens Metternich)
에게 낙인찍혀 미국으로 이주한다. 광산사업에 성공해, 독일에도 철도를 깔기 위해 미국 영사의 자
격으로 귀국했다. 이후 자신의 주장이 실현되지 못한 것을 비관해 자살했다.

> 국의 농업자, 제조업자, 상인이 태만해지는 것을 막아야 한
> 다. 그리고 자신들이 구축한 부와 세력을 계속 유지할 수 있
> 도록 그들을 자극해야만 한다. (제10장)

자유무역론에 저항하다

요즘 세계 각국의 경제는 말 그대로 세계화되어 상품과 자본뿐만
아니라 노동까지도 국경을 자유롭게 넘나들고 있다. 하지만 이에
대한 반발도 거세져 WTO(세계무역기구)의 교섭과 G8[45] 회담마저
경계 태세에서 이루어지고 있다. 그러나 무역의 자유화와 이에 대

한 반발이 요즘 시작된 것은 아니다. 대항해 시대로 막이 올랐던 근대에 시작되어 현재까지 해결되지 않고 계속 이어지고 있는 것이다. 이런 무역자유화의 옳고 그름을 둘러싼 대립은 기업가와 관료들뿐만 아니라 경제사상가들에게도 영향을 미쳤다.

경제사상사에서 줄곧 우위를 지켜온 것은 무역자유화, 즉 프랑수아 케네의 중농주의, 스미스와 리카도의 고전파, 그리고 밀턴 프리드먼Milton Friedman의 신자유주의이다. 특히 리카도의 비교우위설은 무역자유화를 정당화하는 논리로 교과서에도 실려 많은 사람들에게 지지를 받았다. 이와 반대로 국가의 간섭을 주장한 학자로는 스튜어트나 리카드와 논쟁을 펼쳤던 맬서스가 대표적이다. 이런 학자들 사이에서도 '유치산업보호'로 알려진 프리드리히 리스트는 단연 돋보인다. 그는 특히 스미스와 장 바티스트 세이 Jean-Baptiste Say[46]를 격렬하게 비판했다.

리스트는 프랑스혁명이 일어난 1789년, 현재의 독일에서 태어났다. 독일은 당시 200개 이상의 영토로 분열되어 있어서 도량형과 통화가 제각각이었다. 또한 엘베강 양쪽 기슭을 중심으로 생산물을 분배하는 방법도 달랐다. 동쪽에서는 봉건영주가 세력을 갖

---

45 독일, 러시아, 미국, 영국, 이탈리아, 일본, 캐나다, 프랑스 등 선진 8개국의 모임을 말한다.

46 1767~1832. 프랑스의 경제학자이자 실업가. 그는 자유주의적 관점을 정식화했으며 경쟁, 자유무역 그리고 경제적 규제 철폐를 주장했다. 그의 대표적인 이론적 성과물은 '세이의 법칙'으로 알려져 있다.

고 농민이 추수한 농산물을 수출했지만, 북쪽의 라인 지방에서는 이미 공업이 싹트고 있었다. 물론 아직 유치 단계라 국가적 차원의 보호가 필요했다. 그러나 프로이센이 주도하여 결성한 독일 관세 동맹[47]으로 곡물 수출에 유리한 낮은 관세가 채용되어, 생산혁명의 가장 중심에 있던 영국의 공업제품이 엄청난 기세로 독일에 수입되었다. 이로 인해 독일의 공업은 엄청난 타격을 입었다.

이러한 상황에서도 자유무역으로 모든 나라가 부유해질 것이라는 사상이 너무나 지배적이었다. 리스트에 따르면, 이는 모두 스미스 때문이었다. 스미스는 "국가가 가장 미개한 상태에서 최고로 부유한 단계까지 높아지는 데는 평화, 적절한 조세, 올바른 사법만이 필요하다. 다른 것은 모두 자연스러운 추세에 따라 스스로 진행된다"고 말하고, 국내의 규제 완화뿐만 아니라 무역의 자유화도 꾀했다.

이 책은 관찰, 이론화, 비교, 정책 제언의 네 가지 항목으로 구성되어 있다. 리스트는 이 책에서 자유무역에 대항하기 위한 교두보

---

47 1834년 프로이센 주도하에 결성된 독일 관세동맹은 역사상 가장 유명한 관세동맹이다. 이 동맹은 그 후의 자본주의적 발전과 프로이센에 의한 독일의 정치적·군사적 통일의 중요한 전제(前提)가 되었다. 이 동맹으로 대내관세(對內關稅)가 철폐되고, 화폐·어음·도량형·교통제도 등의 국내적 경제 영역의 통일이 이룩되었으며, 철도망의 발전과 더불어 광범위한 국내 시장의 형성을 보게 되었는데, 이것은 중공업을 중심으로 한 독일 자본주의의 본격적인 발전을 준비하게 하였다. 한편 대외공통관세(對外共通關稅)는 수입 금지적인 고율의 육성관세까지는 이르지 않았으나, 국내 산업의 성장을 크게 도울 수 있었다. 이 동맹은 1871년 독일제국의 탄생과 함께 정치적으로 통일되었다.

를 구축하려고 했다. 이탈리아, 한자동맹[48], 러시아, 스페인, 네덜란드, 영국, 프랑스, 독일, 북미 등 각국의 역사를 자세하게 관찰하고, 거기서 정치경제학의 논리를 만들어냈다. 그리고 자신의 논리를 스미스와 세이의 학설사 체계와 비교하면서 정책을 제안했다.

관찰, 이론화, 비교, 징책 제인의 네 가지 항목은 사회과학의 필수요소이다. 어떻게 유출한 것인지 알 수 없는 전제를 마치 하늘에서 떨어진 양 서술하고, 차례로 기하학적인 유출을 해나가는 현대 미시경제학微視經濟學[49]의 무미건조한 교과서와 비교하면 리스트의 방법에는 설득력이 있다. 거기다 서술 방식 또한 다양하며 열정적이다.

유치생산보호론

리스트는 다음과 같은 두 가지 논점으로 자유무역을 비판했다.

첫째, 발전에는 단계가 있다는 점이다. 리스트가 살았던 시대의 농업은 그다지 기술을 요하지 않았다. 그러나 공업은 농업과 달

---

48 13~15세기에 독일 북부 연안과 발트해 연안의 여러 도시 사이에 이루어진 도시 연맹. 해상 교통의 안전 보장, 공동 방호, 상권 확장 따위를 목적으로 했다.
49 소비자, 기업, 산업 부문의 경제 행위를 각각 개별적으로 분석하고, 그들 사이에 이루어지는 총생산 및 소득의 분배를 연구하는 경제학의 한 분야.

리 지식과 기술을 필요로 해서 보호를 받지 않아도 될 만큼 자립할 때까지 시간이 걸린다. 그런데도 초기 발전 단계 때 경제선진국과 자유경쟁을 벌이면 어떤 결과가 나오겠는가? 결과는 불 보듯 뻔하다. 유아 또는 소년이 건장한 청년과 싸우면 이길 수 있을까? 즉, 스미스의 자유무역은 유아인 독일과 청년인 영국을 싸우게 하려는 것과 마찬가지였다.

리스트는 경제가 '개발 상태 → 목축 상태 → 농업 상태 → 농·공업 상태 → 농·공·상업 상태'의 다섯 단계를 거쳐 발전한다고 가정했다. 그의 말에 따르면, 먼저 국내 농업을 발전시킬 필요가 있다. 이 단계에서는 농업을 보호해서도 자유무역에 노출시켜서도 안 된다. 그러다 자유로운 교역으로 어느 정도 경제적인 기반이 확립되면 국내 공업을 발전시킨다. 공업이 발전하려면 지식과 기술, 경험과 능숙함이 필요하므로 국가 차원의 보호가 반드시 필요하다. 단 너무 많이 혹은 급작스럽게 공업을 보호해서는 안 되며, 국내 공업이 국내 수요를 충족할 수 있게 되면 관세를 점차 내려야 한다. 즉 경쟁에서 버틸 수 있도록 시간을 들여 단련시켜야 한다는 것이다.

스미스는 농업이든 공업이든 비교우위에 있는 상품의 생산을 특화해야 한다고 주장했지만, 리스트는 수입을 제한하고 새로운 발명을 할 수 있도록 장려금을 지원해 제조업, 무역, 농업이 균형을 이루게 해야 한다고 주장했다. 이렇게 국내 공업품을 다른 나라에 수출할 수 있을 때까지 시간을 주고, 공업이 성장하면 다시 자유무역을 개시해 외국산 원료와 농산물을 수입하고 교환하게 한다는 것이다. 리스트는 이를 실현하려면 수송 수단이 중요하다며 철도의 발전에 힘을 쏟았다.

정신적 국민자본에 주목하다

지금까지의 내용은 '유치산업보호론'으로 정식화되었으며, 훗날 리스트는 이 이론의 제창자로 여겨진다. 그러나 이 책에는 잘 알려지지 않은 두 번째 논점이 있다. 리스트는 이를 '정치경제학', '생산력 이론', '국민경제학' 등 여러 가지 명칭으로 불렀다.

리스트는 스미스와 세이의 학설에는 '물질주의, 세계주의, 개인(분열)주의'의 특징이 있다고 했다. 미리 말해두지만 리스트는 이러한 특징을 부인하지 않았다. 그는 그것들이 현실적인 경제사회의 단면에 지나지 않는데도, 스미스와 세이는 전체로 생각하고 있다고 말한다.

경제에는 물질적인 면과 함께 정신적인 면도 있다. 세계성과 함께 지역성이 있으며, 개인성과 함께 사회성이 있다. 농업과 공업을 통해 물질을 상품으로 만드는 데는 정신적 작업도 필요하다. 기업에는 소비자를 기만하지 않는 도덕심이 필요하며, 노동자는 종교로 근면함을 유지해야 한다. 공업을 번성시키려면 기술적 지식을 노동자에게 교육해야 하며 계몽과 자유사상을 공유해야 한다. 각자의 개인적인 재능과 논리만을 생각하면 생산성은 높아지지 않는다. 개인의 생산성은 사회 상태에 의존하는 것으로 과학과 기예, 제도와 법질서, 도덕과 지성, 역사와 언어, 생명과 재산의 안전성, 자유와 정의에 좌우된다.

리스트가 꼽은 경제의 이면은 훗날 '사회관계자본', '제도', '지식' 등으로 불린다. 리스트는 이런 이면이 개인과 인류(세계) 사이에 있는 국가의 관행으로 정착되어 있다고 말했다. 그리고 개인이 국민이 될 때는 이면을 공유했을 때라고 말했다. 리스트는 스미스가 말하는 분업이 이면의 결합, 즉 관행이 공유될 때 비로소 성립된다고 생각했다.

자유무역론자는 교환가치를 만들어내는 물질적 국민자본에만 주목했지만 정신적 국민자본 또한 중요하며, 이를 중시했을 때야말로 생산성이 높아진다. 청소년 교육, 법의 유지, 국방 등 공적 지출은 언뜻 보면 민간의 교환가치를 빼앗는 것 같지만, 장기적으로 보면 공적 지출이 있어야만 사회 전체의 생산성을 높일 수 있다. 스미스는 서비스업을 비생산적이라 간주하고 이에 비해 돼지를 기르는 노동이 오히려 더 생산적이라고 했다. 하지만 지식, 사회관계자본, 제도를 축적한다고 생각하면 교사, 예술가, 의사, 재판관, 행정관 등의 서비스직이 소비자에게 제공하는 서비스야말로 고도의 생산이라 할 수 있다.

리스트는 장 바티스트 콜베르Jean-Baptiste Colbert[50]가 보호관세를 통해 번영시킨 프랑스, 분열 상태에서 통일을 이뤄 발전을 시작한 북미와 러시아를 관찰해 얻은 결론을 바탕으로 이렇게 주장했다. 그리고 영국을 주목하라고 당부했다. 영국은 스미스의 자유무역론을 전면에 내세워 자신들이 발전할 수 있었던 진짜 비밀을 감추고 있었다. 영국은 항해조례[51]를 통해 동인도에서 목면과 비단이 수입되는 것을 제한하여 아마, 목면, 비단, 철광 같은 국내 공업을 육성할 수 있었다.

또한 법과 자유가 국민에게 질서를 부여했기에 국민적 통일과 함께 활발한 기업활동과 대외적 지배를 실현할 수 있었다. 그러나 영국의 경제사상가들은 자신들이 발전의 정점에 선 이후 스스로 행한 보호정책이 처음부터 부정되었어야 한다며 너도 나도 목소리를 높여 자유무역을 주장했다. 하지만 리스트는 이것은 후발국을 발전시키지 않으려는 음모라고 외치며, 독일은 이런 속임수에 속지 말고 관세동맹을 구축해 국민적 통일을 이루고 공업을 보호해 육성해야 한다고 주장했다.

---

50 1619~1683. 프랑스의 왕 루이 14세 시대의 재무장관(1665~)이자 해군장관(1668~). 그가 실행한 경제 재건 계획은 프랑스를 유럽의 강대국으로 만드는 데 이바지했다.
51 1651년 영국 공화제 정부에 의하여 제정된 해운·무역의 보호입법.

자본주의에는 문화에 맞는 형태가 있다

이 책에서 알 수 있는 것은 무엇일까? 리스트는 독일의 국민적 통일을 촉구하는 것뿐만 아니라, 적극적으로 식민지를 획득하고 대륙제국과 연계할 것을 바랐다. 고바야시 노보루小林昇[52]는 이를 바탕으로 리스트의 '팽창주의(제국주의)'[53]를 볼 수 있다고 했다. 그러나 현재 EU는 물론이고 여러 경제권이 형성되어 있다. 이는 리스트 시대의 영국이나 현재의 미국과 같이 강력한 경제력을 가진 나라의 팽창주의를 방어하기 위한 수단으로 여러 나라의 연계가 필요하다는 뜻이다. 물론 19세기 후반, 유럽과 미국 열강이 제국주의를 전개한 것은 사실이지만, 국가 방위와 대외적 지배는 종이 한장 차이에 불과하다.

또한 발전단계론에 대해서 단일발전 경로밖에 가정하지 않았다고 비판할 수 있다. 하지만 '정신적 국민자본'과 연관 지어보면, 오히려 리스트가 '자본주의에는 문화에 따른 형태가 있다'고 주장했다고 할 수 있다. 이 시점은 각국의 뛰어난 생산품에 관한 마셜의 통찰력으로 이어진다.

---

52 1916~. 일본의 경제학자. 릿교대학교와 후쿠시마대학교 명예교수.
53 영토의 지배권은 물론, 경제적 지배권을 넓혀가는 것이 제국주의의 본질이다. 침략에 의해 영토를 넓혀나간다는 점에서 팽창주의, 패권주의, 식민주의와 비슷한 뜻으로 사용한다.

이 책은 미숙한 발전 단계의 공업을 보호해야 한다며 개발도상국에서 보호주의를 실행할 것을 주장했지만, 농업은 항상 자유무역이어야 한다고 주장했다. 리스트 또한 생산력이라는 경제의 단면만을 보고 있었기에 이런 발언을 했을 것이다. 식량이 안정적으로 공급되어야 한 나라의 경제가 안전할 수 있다는 주장은 소비라는 측면에서 나올 수 있다.

독일 역사학파의 선조라 불리는 리스트지만, 이런 의미에서 금융과 소비에도 신경을 쓴 베르너 좀바르트보다는 생산에 초점을 맞춘 막스 베버에 가깝다. 그리고 『도덕감정론』의 스미스를 개인주의 시장원리주의자로 단정한 리스트의 글은 정말로 거칠다. 물질주의는 리카도의 비교우위설과 딱 맞아떨어진다. 정신으로 사회관계를 파악하고 관습의 동적인 전개에 주목한 점에서 리스트는 흄의 계승자라 할 수 있다.

경제학
베스트
30

정치경제학 원리

Principles of Political Economy (1848)[54]

: 경제 정체와 환경의 제약을 뛰어넘어
정신적 성숙을 목표로

'자신의 지위를 개선하려고 분투하는 것이야말로 정상적
인 인간의 행위이다. 현대사회 생활의 특징은 사람들끼리
서로 밟고, 넘어뜨리고, 밀치고, 뒤쫓는 일이다. 하지만 그
것이야말로 가장 바람직한 인류의 운명이다. 이는 산업적
으로 진보하면서 나타나는 하나의 현상으로 증오의 대상이
아니다'라고 생각하는 사람이 품고 있는 인생의 이상에 나
는 솔직히 매력을 느끼지 못한다. (제4편 제6장 2)

---

54 한글판 『정치경제학 원리』, 2010, 나남

8

존 스튜어트 밀
John Stuart Mill, 1806~1873

영국 출생. 아버지 제임스(James Mill)[55]의 과잉 조기교육과 철학자이자 여성권리 지지자였던 해리엇 테일러(Harriet Taylor) 부인과의 결혼으로도 유명하다. 아버지의 공리주의 사상을 발전시켰으며, 저서로는 『자유론(On Liberty, 1859)』이 있다.

정체를 즐기자

고전파 경제학의 자유방임론은 1846년 곡물법의 철폐를 유도했다. 당시 영국은 계속된 생산혁명으로 물질적인 풍요를 만끽하고 있었다. 이런 시대에 쓰여진 이 책은 1890년 앨프레드 마셜의 『경제학 원리Principles of Economics, 1890』[56]가 등장하기까지 경제학의 대표적인 교과서로 보급되었다. 사회개혁의 메시지 또한 프롤레타리아 독재Dictatorship of the Proletariat[57]와 사유재산의 폐단을

---

55 스코틀랜드 출신으로 잉글랜드에서 활동한 영국의 계몽주의자, 공리주의 철학자, 정치학자, 경제학자, 역사학자.
56 한글판 『경제학 원리 1, 2』, 2010, 한길사

지적한 과격한 마르크스의 주장보다 자유주의적이며 점진적인 만큼 받아들여지기 쉬웠다. 그러나 존 스튜어트 밀의 이름은 경제 학설사에서 그리 크게 다루어지지 않는다.

노동가치설[58]과 잉여가치론을 중요시하는 마르크스파이면서 리카도의 계급론과 가치론을 출발점으로 삼고, 이를 계승했다는 점에서 밀은 좋은 평가를 받는다. 그러나 자본주의가 유지될 것이라 가정한 『정치경제학 원리』의 시도는 비과학적이며 사회운동의 지침도 급진적이지 않은 것으로 보였다. 또한 고전파와 같은 입장을 취하는 듯하면서도 생산에만 주목하지 않고 노동에 대한 수요도 배려한다. 비교우위설 또한 국가 상호 수요곡선에서 평균가격 (교역 조건)을 결정한다고 수정하는 등, 장기적으로 수요와 공급의 균형이 시장의 동향을 좌우한다고 주장한 점에서 긍정적인 평가를 받는다. 하지만 핵심인 한계효용과 한계생산력에 대한 논의까지는 도달하지 못했다는 이유로 한계혁명을 도출할 수 있게 한 매개 역할에 지나지 않았다고 평가받고 있다.

이렇듯 밀은 모든 일을 확실히 끝내지 않았다고 평가된다. 그러나 자본주의의 파멸과 순화를 주장한 마르크스주의와 신고전파

---

57 노동자계급이 혁명을 통해 부르주아 정치권력을 무너뜨리고 정치적 승리를 거두어 수립하는 정치적 지배권력.

58 상품의 가치는 그 상품을 생산한 노동에 의하여 형성되고, 가치의 크기는 그 사회에 있어서의 평균적인 생산 조건하에서 그 상품을 생산하는 데 필요한 노동시간(사회적 필요노동시간)에 의하여 결정된다는 학설.

의 '극단'이 끊임없이 경제성장을 지향하는 것이었다고 생각하면, 정체를 즐기자는 그의 생각이야말로 현대사회에서 재조명되어야 하지 않을까?

생산과 분배

이 책의 내용은 생산론, 분배론, 교환(가치·화폐·신용·무역)론, 성장론, 정책론의 다섯 편으로 구성되어 있는데, 밀이 책을 이렇게 구성한 데는 이유가 있다. 밀에게 생산은 생리적 진리로 마음대로 움직일 수 없는 것임에 반해, 분배는 법률과 관습을 통해 사회 지배층이 결정한다고 생각했다. 제러미 벤담Jeremy Bentham[59]의 공리주의를 접하고 '세계의 개혁자'를 꿈꾼 밀은 생산의 물리적 법칙을 설명한 다음 가부장제와 귀족층의 지배를 비판하고 분배가 제대로 이루어질 수 있도록 분배의 방법을 바꾸려고 노력했다.

밀이 그린 사회개혁은 생산과 분배의 수식을 기준으로 삼고 있다. 그러나 신고전파적 후생경제학의 기본정리를 상식으로 생각

---

59 1748~1832. 영국의 철학자이자 법학자. 인생의 목적은 '최대 다수의 최대 행복'의 실현에 있으며 쾌락을 조장하고 고통을 방지하는 능력이야말로 모든 도덕과 입법의 기초원리라고 하는 공리주의(功利主義)를 주장했다. 변호사를 하다가 나중에 민간 연구자가 되었는데, 의회의 개혁 같은 정치 활동에도 관계한 바 있다.

하는 현대에서 보면 이런 전망은 기묘하게 보인다. 현대의 경쟁시장은 자동적으로 자원분배를 효율화시키는 '파레토 최적'을 따르며 분배의 변경은 이런 점의 집합으로, 세금으로 보다 좋은 점으로 이끄는 작업에 지나지 않는다.

그러나 이는 어디까지나 현대인의 편견에 지나지 않는다. 밀의 다른 저서를 보면 현대인이 경제학적 측면으로만 밀을 평가했기에 이런 편견이 나왔다는 것을 알 수 있다. 밀은 여러 작품을 쓴 사상가였다. 그중에서 이 책을 이해하는 데 도움을 주는 책이 『논리학체계A System of Logic, 1843』와 『자유론』[60], 『공리주의 Utilitarianism, 1861』[61]이다.

밀은 『논리학체계』 제6권 「정신과학의 논리」에서 사회과학, 그중에서도 경제학의 방법에 대해 논하고 있다. 밀에 따르면 사회에서 인간 행위는 심리학적 혹은 성격학적 법칙으로 통제되어 있어, 일정한 사회 상태에서 여러 환경에 적용시켜 보면 그 작용을 예측할 수 있다. 그러나 사회 상태와 환경은 시대와 장소에 따라 달라진다. 특정 사회 조직에 적용된 경제학의 결론은 다른 사회에서는 수정되어야 한다. 이때 열쇠가 되는 것이 경제학 이외의 자유, 풍요로움, 논리이다. 밀은 이런 개념에 대해 여러 가지 설을 제시했

---

60 한글판 『자유론』, 현대지성(2018), 책세상(2018), 문예출판사(2022)
61 한글판 『공리주의』, 책세상(2018), 현대지성(2020)

다. 생산과 분배의 상태는 법률과 관행의 개혁으로 변경되지만 그 방침은 경제학 이외의 영역에서 찾아야 한다.

계급을 뛰어넘는 '협동조합의 원리'

밀은 제2편에서 '분배'를 논했지만 이는 앞에서 말했던 것처럼 시장에서 이루어진 소득의 분배를 세금으로 얼마나 재분배할 것인가와 생산요소 가격 자체를 인위적으로 조정하는(임금의 하한을 규제한다) 것으로, 시장제도를 전제로 미세하게 조절하는 것이 아니다. 개개인이 시장에서 경제활동을 시작하기에 앞서 관행과 법제로 규칙화된 제도 자체를 바람직하게 개선할 수 있는가를 모색하는 것이다. 여기에는 사유재산제, 공산주의, 노예제, 자작농제, 분익농제分益農制[62], 저임금교정법 등이 있다. 그중에서 밀이 검토하려 했던 것은 리카도가 노동자, 자본가, 지주로 나뉘는 각 계층 간 분배법칙을 발견했을 때 변하지 않는다고 생각했던 조건, 특히 계급이 유지되는 사회 상태였다.

　리카도는 계급을 생각할 때 자본가, 노동자, 지주를 각각 다른

62　원래의 지대(地代) 형태에서 자본주의 지대로 넘어가는 과도적 형태의 소작제도. 일반적으로 지주가 토지 이외에 가축, 농구, 종자 등의 일부, 즉 자본의 일부를 제공하고 수확물을 지주와 소작인이 일정한 비율로 분배하는 제도.

인격으로 간주했다. 하지만 밀의 생각은 달랐다. "노동자계급은 고용주라는 지위를 향하는 도중, 피사용인이란 지위를 감수할 것이다. 그러나 평생 피사용인의 지위에 머무는 것을 감수하지는 않을 것이다(제4편 제7장 4)." 밀에게 있어 자본가와 노동자는 인격이 아니라 역할 또는 기능이기 때문이다.

현대사회에서는 노동자가 주식을 사면 자본가가 되고, 토지를 빌려주면 지주가 될 수 있다. 이렇게 생각하면 밀이 기능적 분배론의 단초를 제시했다고 평가할 수도 있지만, 밀이 말하려던 것은 개인이 복수의 역할을 해낼 수 있다는 것이 아니다. 왜냐하면 제4편 제7장 「노동자계급의 장래 전망」에서 그는 '자본가가 노동자에게 몇 퍼센트의 이윤을 주는가'와 '노동자만으로 자본을 공동 소유한다면'과 같이, 당시에는 상상할 수 없었던 협동조합의 원리에 강한 관심을 보였기 때문이다. 그는 사람에게는 여러 가지 역할이 있고, 그중 몇 가지를 겸한다고 해도 사람은 이를 넘어서 협동해야 한다고 주장했다.

밀은 자서전에서 행복해지기 위해 노력하는 것은 인간의 본능적인 행동이지만 직접적으로 자신의 행복을 목적으로 삼지는 않는다고 했다. 다른 사람의 행복을 목적으로 삼고 인생을 즐기는 법을 '지나가는 길에' 맛보는 것을 인생의 방침으로 삼자는 뜻이다. 이는 밀의 '공리주의'가 물질적 행복이 아니라 정신적 행복을 바탕으로 하고 있는 것과 관계가 있다. 이해의 대립이 아니라 결합할 것을 촉구하고, 다른 사람과 함께 다른 사람을 위해 일하는 것을 자신의 행복으로 삼는 노동환경을 기대한 것이다. 이로써 리카도가 불가피하다고 생각한 계급 대립을 해소할 수 있다. 이것이 밀이 추구한 사회주의였다.

그러나 밀이 그렇게 말했다고 해서 개인의 자립심과 시장경쟁을 부정했다고 단정하는 것은 섣부른 판단이다. 그는 높은 계급이 보다 낮은 계급을 보호해야 한다는 온정주의[63]를 '종속보호이론'이라 부르고, 공상일 뿐이라고 비판했다. 그 대신 '자립 논리'를 주장하며 노동자에게 교육을 통해 정의감과 자제를 터득할 것을 촉구했다. 이를 실현하려면 학교교육이 반드시 필요하며, 배움을 통해 정신적 교양과 독립의 덕을 향상시킬 수 있다는 것이다.

밀은『자유론』을 통해 '다른 사람에게 피해를 주지 않는 한도 내의 자유'를 주장하고 여성과 어린이를 지배하는 남성을 규탄했다. 이것이 요즘 들어 밀이 페미니스트로 재평가받고 있는 이유다. 또한 이 책에도 사회주의자가 경쟁을 적이라 생각하는 것을 역으로 비판했다. 밀은 개인이 자유롭게 자립하고, 그 안에서 협동조직을 만들 수 있도록 정신력이 향상되길 원했다. 관용을 주장하는

---

63 아랫사람에게 동정심이 있는 태도로 대하려는 생각. 노사 문제를 합리적인 계약 관계가 아닌 온정적 관계로 보고, 자본가의 자발적인 노동 조건의 개선으로 노사 대립을 해결하거나 미리 방지하려는 사상. 영국의 오언과 같은 공상적 사회주의자들에 의해 실험되다가 독점 자본이 확립된 제1차 세계대전 이후 노무 관리의 주된 방법이 되었다.

밀의 자유론의 관점에서 보면 마르크스의 혁명론은 사회를 개혁하는 방법으로는 너무나 급진적이고 머지않아 다른 사람에게 피해를 줄 수 있는 것이었다. 이런 밀의 생각이 적중했다는 것은 무려 150년의 시간이 지난 후에야 비로소 밝혀졌다.

물질적 성장에서 정신적 성숙으로

이 책 서문에서는 "사회를 개량하는 최종 목적은 인류를 교육시켜 최대의 개인적 자유와 예상보다 큰 노동의 성과를 현행 재산법규가 공정하게 분배하는 것, 이 두 가지를 모두 갖춘 사회 상태를 만드는 것이다"라고 했다. 하지만 이것이 물질적 생산량의 최대화와 행복의 양적 최대화를 목표로 하는 것이 아님에도 주목했으면 한다.

밀은 노동자를 교육시켜 인구 증가를 억제하는 것을 가장 먼저 처리해야 할 과제라고 생각했다. 하지만 경제성장이 정체되는 것은 피할 수 없다고 생각하고, 리카도의 이윤율 저하의 법칙을 받아들였다. 밀은 생존을 유지하는 수단이 보장되었음에도 더 큰 성장을 바라는 나쁜 몸부림이 아니라 오히려 자유를 통해 사람에게 정신적인 풍요로움을 최대한 많이 가져오는 제도를 구축하길 바랐다. 환경의 제약이 일으키는 생산의 정체를 두려워한 나머지 규제를 완화하는 등 성급하게 성장 경로로 되돌아가도록 계획하지 않고 정체를 즐기는 정신적 여유를 가지자는 것이다.

리카도 이론(마르크스의 인구론을 계승한 것이지만)에서 임금이 생존에 필요한 비용보다 많으면 인구가 증가한다는 식으로, 노동자를 기계적인 반응만을 보이는 존재로 취급했다. 이에 대해 밀이 가정한 인간상은 『논리학체계』에서도 설명되어 있듯 시간의 흐름 속에서 경험으로부터 어떠한 경향성을 발견하고 이를 훗날 구체적인 현상으로 검증하는 존재이다. 즉 경험과 발견을 반복하면서 성숙해가는 존재이다(사회과학자가 따라야 하는 방법론도 기본적으로는 같으며 밀은 이를 '역연역법'이라고 부른다). 이런 정신적인 성숙은 자유로운 사회에서 비로소 가능하다.

리카도는 자유로운 시장이 정체와 계급 대립을 해소해야 한다고 했다. 대량생산, 대량소비의 시대를 거쳐, 현대에는 자연환경의 제약이 더해졌다. 기업이 생산한 재화를 사용한 후에도 바로 폐기하지 않고 아이디어를 더해 반복해서 사용하는 문화가 정착되면 국민소득은 부가가치에 의해 성장하지 않는다. 그러나 다른 차원의 풍요로움이 실현될 것이다. 후에 소스타인 베블런과 장 보드리야르가 비판한 과시적 소비와 밀이 언급한 출세 경쟁처럼 남과 차이를 벌이려는 경쟁은 소비 그 자체로 다른 사람과 교류하며 즐긴다는 생각을 통해 버려야 한다.

이 책에는 풍요로움에 대한 관념, 자유론, 인간관 등이 모두 매력적으로 묘사되어 있다. 밀은 자립과 협동을 통해 물질적 성장에서 정신적 성장으로 사회의 목표를 바꿔야 한다고 주장했다. 그는 이에 대한 돌파구를 대중교육에서 찾았는데 지금 돌이켜보면 과도한 기대라고 말할 수밖에 없다.

경제학
베스트
30

카를 마르크스

레옹 발라

소스타인 베블런

베르너 좀바르트

조지프 슘페터

앨프레드 마셜

프랭크 나이트

카를 멩거

라이오넬 로빈스

2

자본론

Das Kapital 〔1867〕[64]

: 화폐와 노동의 신화를 해석한다

사용가치는 결코 자본가의 직접적인 목적으로 다루어져서는 안 된다. 그건 고사하고 개개의 이윤조차 그 목적이라고 말할 수 없다. 목적은 단 한 가지, 이윤의 쉼 없는 연동이다. 더 많은 부를 지향하는 절대적인 충동과 정열적인 가치의 추적은 자본가에게도, 화폐를 축적하는 사람에게도 공통적으로 적용된다. 그러나 화폐를 축적하는 사람이 어리석은 자본가인 것에 비해, 자본가는 합리적인 화폐 축적자다. 화폐 축적자는 유통에서 화폐를 구해 끊임없이 가치가 증식시키지만, 더욱 영리한 자본가는 화폐를 끊임없이 새

---

64 한글판 『자본론』, 비봉출판사(2015), 모두의책(2022)

9

카를 마르크스
Karl Heinrich Marx, 1818~1883

유대계 독일인으로 경제학자, 철학자 그리고 혁명가였다. 저서로는 『공산당 선언(Manifest der Kommunistischen Partei, 1848)』과 『독일 이데올로기(Die deutsche Ideologie, 1845-46)』 등이 있으며 영국에서 망명 생활을 했다. 『자본론』 제2, 3권은 친구인 엥겔스(Friedrich Engels)[65]가 편찬했다.

> 롭게 유통해 같은 일을 실현한다. (제1권 제2편 제4장)

『공산당 선언』에서 유물사관으로

19세기 전반, 리카도는 지주와 농지에 자본을 투자하는 자본가의 대립을 묘사했지만, 19세기 중반이 되자 영국에서는 면공업을 육성해 경제의 중심이 농업에서 공업으로 전환되었다. 이때 생산자

65　1820~1895. 마르크스의 가장 가까운 동료로서 마르크스와 함께 현대 공산주의를 세웠다. 두 사람은 『공산당 선언』을 공동 집필했다. 엥겔스는 마르크스가 죽은 뒤 『자본론』 제2, 3권을 편집했다.

본가의 지위가 높아졌으며 이와 동시에 많은 공장 노동자가 탄생했다. 이런 사회의 흐름에 따라 대립의 초점이 노동자와 자본가의 관계로 이동했다. 여기서 가혹하고 비인간적인 노동에서 노동자를 해방해야 한다고 주장한 사람이 마르크스였다.

『자유론』을 펴낸 밀은 자주성과 창조성 같은 정신적 가치를 중시하고, 공리주의를 기준으로 인류에게 행복을 가져오는 경제제도를 찾는 등 현실사회를 점진적으로 개혁해나갈 방법을 모색했다. 시장경제를 개혁해 보다 나은 분배를 실현하고 노동자를 교육해 인구 증가를 억제할 것을 주장했다. 이렇듯 밀은 리카도가 걱정한 이윤이 삼각될 시기를 늦추려고 노력했다.

그러나 밀이 『정치경제학 원리』를 출판한 1848년, 아이러니하게도 프랑스(2월 혁명), 독일(3월 혁명), 이탈리아, 벨기에 등 유럽 각지에서 혁명운동이 시작되었다. 그중 가장 중심에 있던 사람이 바로 마르크스이다. 마르크스는 『포이어바흐에 관한 테제Thesen über Feuerbach, 1845』에서 "철학자는 지금까지 여러 방법으로 세계를 해석해왔다. 그러나 중요한 것은 세계를 바꾸는 일이다"라고 단언하고 혁명운동을 선동했다. 그러나 대륙에 거칠게 분 혁명의 폭풍은 실패로 끝나고 만다. 마르크스는 이러한 경험을 통해 혁명은 공황이 계속될 때만 일어난다고 확신하게 된다.

마르크스는 『독일 이데올로기Die Deutsche Ideologie, 1845』[66]를 집필할 때부터 '유물사관'[67]적인 역사관을 갖게 되었다. 경제가 토대가 되는 하부 구조로 사회, 정치, 문화라는 상부 구조를 제약한다. 인간의 의식은 독립된 것이 아니며, 자본가와 노동자라는 생산관계에 구속된다. 생산관계는 생산력의 발전단계에 대응해 생산력이 완전히 발전할 때까지 변화하지 않는다. 과거의 역사를 보더라도 아시아적 → 고대적 → 봉건적 → 근대 부르주아적으로 변화해왔다고 주장했다.

그러나 근대 부르주아적 사회는 정치운동으로는 붕괴되지 않았다. 여기서 마르크스는 공황이 계속되어 보다 높은 생산력이 필요하게 되면 결국 붕괴하는 양상을 경제법칙에 따라 원리적으로 설명하려고 했다. 그것이 바로 『자본론』으로, 그가 살아 있을 때는 제1권만 출간되었고(1867), 그가 죽은 후 엥겔스가 그의 원고를 모아 편집해서 제2, 3권을 출간했다.

---

66 한글판 『독일 이데올로기』, 청년사(2007), 두레(2015), 먼빛으로(2019)
67 사적 유물론. 변증법적 유물론의 역사에의 적용이며, 그 근본 사상은 역사가 발전하는 원동력은 관념이 아니라 물질적인 것이라고 하는 데 있다. 즉, 사회사(社會史)로서의 역사의 실체가, 자연과 노동에 의해서 자연에 작용하는 인간, 그리고 인간 상호간의 관계를 규제하는 생산 관계 등 물질적인 것으로 성립되며 그것이 자기를 발전시킨다는 생각이다.

화폐의 수수께끼, 노동가치설, 물신성

지금까지 『자본론』의 많은 부분이 논의되어 왔다. 그 핵심을 요약하면 다음의 두 가지로 정리할 수 있다.

첫째, 화폐에만 일반적 수용성이 독점적으로 주어져 이외의 상품은 수용성을 잃는다는 '화폐의 수수께끼'이다.

화폐는 어떤 상품과도 교환될 수 있지만(살 수 있지만), 상품은 반드시 화폐와 교환된다고는(팔 수 있다고는) 할 수 없다. 상품에서 화폐로 대표되는 교환(W-G)은 목숨을 건 공중회전이다. 마르크스는 책 첫 머리의 '가치형태론'에서 이를 논하고 있다. 후에 존 케인스도 각 상품에 따른 교환가능성의 차이를 '유동성liquidity'이라 부르고, 이것이 불황의 원인이라 생각했다.

둘째, 노동가치설이다.

투하노동가치설은 리카도도 주장했지만, 마르크스는 이를 기상천외한 방법으로 계승했다. 물질적인 상품만이 아니라 노동력이라는 상품에도 노동가치설을 적용한 것이다.

투하노동가치설에 따르면 상품의 가치는 그것을 재생산하는 데 필요한 노동시간으로 결정된다. 노동력도 상품이라고 치면 그 가치는 노동력을 재생산하는 데 필요한 상품에 해당하고, 이에 더해 그 상품을 생산하기 위해 노동이 투하된다. 노동력은 하루 동안 일한 노동자가 집에 돌아와 식사를 하고 잠을 자는 것으로 회복된다. 식사와 주택과 침대는 투하된 노동시간만큼의 가치를 가진다. 그 총합이 노동력의 재생산비다. 이것이 4시간이라면 하루에 8시간 일한 노동자의 노동력의 가치는 4시간인 셈이다.

이때 노동은 8시간인데 노동력의 가치는 4시간이므로 차액인 잉여가치가 존재한다. 마르크스는 잉여가치를 이윤이라고 생각하고, 이것이 자본가가 노동자에게서 착취한 것이란 사실을 깨닫고 기뻐한다. 자본가는 화폐로 노동자를 고용해 상품을 생산하고 또다시 화폐와 교환한다. 이때 자본은 잉여가치만큼 증식한다 (G-W-G). 자본은 모습을 바꿔가며 증식한다. 이윤이든 자본이든 토지대금이든 노동가치는 모두 잉여가치가 형태를 바꿔 분배한 것이다. 이것이 마르크스의 해석이다.

마르크스는 '물신성'[68]을 주장했다. 상품의 가치는 본래 노동 혹은 그것을 편성하는 사회관계에서 생겨난다. 이는 사람과 사람의 관계에서 생겨나는 것인데도 마치 상품에 내재되어 있는 것처럼 보인다. 이처럼 본래의 사회관계에 눈을 돌리면 반드시 보이는 것이 감춰져 착시를 일으킨다. 자본가는 노동자에게 노동력이라는

---

68 사람과 사람의 사회적인 관계가 그가 소유한 물질과 물질의 관계로 나타나는 것, 또는 그렇게 보이는 사회 현상의 성격.

상품을 자본주의의 규칙이란 명목하에 구입한다. 매매는 쌍방의 자유의지에 근거해 이루어지는 것처럼 보인다. 그러나 이는 노동자가 노동을 한 후 자본가에게 착취당한 금액의 잔액을 임금으로 받는 방법만이 유일한 생존 수단이라는 배경 안에서의 자유의사에 지나지 않는다.

또한 상품을 팔고 화폐를 얻어 그 화폐로 상품을 산다면 화폐는 원래 상품과 다음 상품이 교환될 수 있도록 연결하는 것으로밖에 보이지 않는다. 여기서 각각의 상품을 가진 주인이 상대방이 갖고 있는 상품을 원하는 경우가 있는데 이를 '욕망의 이중적 일치'라고 부르며, 이러한 현상은 전적으로 우연에 기댈 수밖에 없다. 이 때문에 갖고 있는 상품을 자신이 원하는 상품과 효율적으로 교환하기 위한 우회 수단으로 화폐가 도입되었다는 논리가 탄생한다. 그러나 상품을 팔고 화폐를 얻는 것과 화폐로 상품을 사는 것은 근본적으로 비대칭관계에 있다. 따라서 착시가 일어난다.

마르크스는 이런 착시를 일으키는 물신성을 풀어헤쳐, 자유경제 신화의 배후에 감춰진 것을 투시하는 일에 매진했다. 이 책에서 전개되는 마르크스의 논리 전개는 마치 마술과 같이 느껴져 오랫동안 사람들을 매료시켜 왔다.

자본주의는 왜 공황 상태에 빠지는가

마르크스는 미래의 불확실성과 화폐를 매개로 한 교환의 비대칭성 때문에 경기순환이 일어난다고 생각했다. 자본가는 경기가 좋을 때 상품의 수요가 확대된다고 예상한다. 그리고 화폐를 투자해 기계와 원자재를 구입하고 생산을 확대한다. 이는 현실에서의 상품의 수요가 뒷받침되어 있다. 그러나 이런 경기 상승 과정에는 한계가 있다. 노동인구의 증가 속도를 넘겨 고용을 확대하면 고용은 최고점에 달하고 임금이 높아진다. 자본을 추가해도 잉여가치는 늘어나지 않고 이윤율이 떨어진다. 이 상태에서 자본가가 화폐를 기계와 원자재 구입에 사용하지 않고 축적하게 되면 재고가 생긴다. 이것이 불황이며 오래된 기계설비는 폐기된다.

마르크스는 자본주의 경제에서 이런 경기순환이 장기적으로 반복되면 이윤율이 저하된다고 생각했다. 이는 고전파와 같은 견해로, 리카도는 농지에 투하된 자본은 토지의 수확체감 때문에 축적이 진행될 때마다 이윤율이 저하된다고 했다. 이에 대해 마르크스는 생산 방법의 발전을 통한 불변자본(c)과 가변자본(v) 간의 자본구성의 고도화에 주목한다(불변자본은 기계와 원자재 등으로 가치를 이전시킨다. 가변자본은 상품에 투하되는 직접노동의 가치이며, 가치를 증식시킨다).

자본축적은 이윤이 전환된 것이며 잉여가치(m)의 생산을 통해 이루어진다. 자본가는 잉여가치를 보다 많이 얻으려고 한다. 이를 위해서는 하루의 노동시간을 늘려도 좋지만 공장법이 정해놓은 한계 시간 이상 늘릴 수는 없다. 이때 자본가는 노동자에게 지불되는 임금, 즉 재물의 생산에 필요한 노동시간을 단축한다. 예를 들어 노동시간을 4시간에서 3시간으로 줄이면 잉여가치는 8 - 3 = 5시간으로 증가되기 때문이다.

그러면 임금재를 생산하는 노동시간을 어떻게 단축할 수 있는가? 마르크스는 그 방법으로 신기술의 도입을 들었다. 동일한 생산품을 만든다고 가정했을 때 다른 자본가보다 먼저 노동생산성이 높은 신기술을 도입한 자본가가 다른 회사보다 많은 잉여가치를 얻을 수 있다. 이때 늘어난 만큼의 잉여가치를 '특별 잉여가치'라고 부르며, 이는 자본가 사이의 경쟁으로 신기술이 완전히 보급될 때까지 존재한다. 그 결과 불변자본 c가 증가해 자본의유기적구성(c/v)이 높아짐과 동시에 이윤율 (r)=m/(c+v)은 저하된다(단 잉여가치율, 착취율에 해당하는 m/v는 일정하다고 가정한다).

이는 불변자본인 기계가 가변자본인 노동을 대체하는 것, 혹은 노동자 한 사람당 기계설비의 장비율이 높아지는 것을 의미하므로, 장기적으로 보면 고용 증가율이 저하되어 실업자가 늘어난다. 이윤율의 저하와 함께 공황이 빈번하게 일어나고 대중은 궁핍해져 간다. 공황이 거듭되면 도산된 기업이 대기업에 흡수되는 등 일부 기업만이 거대해진다. 그리고 최종적으로 궁핍한 노동자에 의해 근대 부르주아사회가 무너지고 혁명이 성취된다는 것이다.

『자본론』은 어떻게 읽혀져 왔는가

이런 마르크스의 견해는 근대 부르주아사회가 붕괴되고 사회주의의 길이 열린다는 유물사관에 근거한 것이다. 그러나 이런 그의 예상과 달리 냉전 후 사회주의는 막다른 곳에 다다르게 된다. 마르크스의 논리 구성 어디에 문제가 있었던 것일까? 핵심은 두 번째 논리, 즉 이윤의 원천을 잉여가치로 간주한 노동가치설에 있다. 조지프 슘페터가 예상한 것처럼 기업의 이윤이 '신결합', 즉 다른 기업과의 차이에서 발생하는 것이라면 특별 잉여가치야말로 이윤의 본질이다. 그리고 이를 만들어내는 것이 신기술의 창출(기술혁신)이다. 신기술을 창조하는 것은 노동자의 두뇌이며, 이런 위험에 투자하는 것이 자본가라면 단순노동이 이윤을 생산한다는 노동가치설은 논리적으로 성립되지 않는다.

　『자본론』에서 노동가치설을 빼면, 화폐경제에서 교환의 비대칭성이 원인으로 작용하여 호경기와 불경기가 차례로 순환한다는 케인스의 경기순환론과 이윤은 기술혁신으로만 생긴다는 슘페터의 이윤론이 남는다. 마르크스가 숨을 거둔 해(1883)에 태어난 두 사람이 그의 경제사상을 계승했다고 보는 것은 너무 확대 해석한 것일까? 그러나 노동자(프롤레타리아)의 해방을 꿈꾼 마르크스는 이런 『자본론』의 평가를 참지 못했을 것이다.

　마르크스파는 자본주의의 현실보다도 사회주의로 가는 길에 희망과 관심을 가졌던 것뿐일지 모른다. 마르크스가 말한 '소외' 관념은 사람과 사람의 유대, 사람과 자연의 유대에 관한 이상이 실재한다고 간주하고, 그것과 현실이 멀어지는 것을 뜻한다. 그러나 성급한 이상의 실현은 소련과 중국에서 이상적인 사회가 아닌 스탈린주의와 마오쩌둥주의 같은 가혹한 개인숭배와 일당독제체제를 발생시켰다. 그러나 이상론이 없는 개혁은 그것이 무엇이든 무의미하다. 점진적인 개혁에도 개혁을 주도하는 이념은 반드시 필요하다.

경제학
베스트
30

순수 정치경제학 원론

Éléments d'économie Politique Pure,
ou Théorie de la Richesse Sociale ⟮ 1874-77 ⟯[69]

: 일반균형이론으로 실현하는 사회주의

수학은 우선 희소성의 함수에서 욕망의 최대만족을 목적으로 하는 용역의 공급과 용역, 생산물 및 신자본의 수요를 나타내는 관수를 끌어낸다. 또한 그것들의 용역, 생산물 및 신자본의 공급과 수요의 평균을 나타내는 방정식을 끌어낸다. …… 수학은 이렇게 말한다. ①이렇게 해서 제시된 교환, 생산, 자본형성 및 유통의 문제는 확정할 수 있는 문제, 즉 미지수와 정확하게 동수의 방정식을 포함한 문제일 것, ②시장의 가격 등락의 원리는 기업가가 손실이 있는 기업에서 이익이 있는 기업으로 전향한다는 사실과 결합해 그

---

69 한글판『순수 정치경제학 원론』, 2021, 지식을만드는지식

10

레옹 발라
Léon Walras, 1834~1910

프랑스에서 태어났으며 노동조합연동에 종사했다. 로잔대학교 교수로 있으며 카를 멩거, 윌리엄
제번스(William S. Jevons)[70]와 함께 한계혁명과 관련된 일반균형이론을 확립했다.

> 문제의 방정식을 모색하는 것으로 푸는 것 외에 다른 방법
> 은 없다. (제4판의 서문)

일반균형이론과 사회주의

경제사상사에서 레옹 발라는 영광스럽지만 한편으로는 비운적

---

70 1835~1882. 영국의 경제학자이자 논리학자, 근대경제학 창시자. 맨체스터 오언스
대학교, 유니버시티칼리지 교수를 역임했다. 『정치경제학 이론(The Theory of Political
Economy, 1871)』을 통해 고전학파의 이론을 예리하게 비판하고 한계효용 이론을 수립했
다. 경기변동에 관한 태양흑점설의 제창자로서도 유명하다.

인 존재이다. 이 책은 발라의 주요 저서로 그가 살아 있을 때는 많이 읽히지 않았다. 그러나 20세기에 들어서면서 이 책에서 발라가 소개한 일반균형이론은 누구나 공부해야 할 이론으로 인정받았다. 1929년에 발발한 대공황을 거쳐 존 케인스의 『고용, 이자 및 화폐의 일반이론』이 이 책의 반론으로 여겨져 한 세기를 풍미했지만, 일반균형이론은 이런 시련을 견뎌냈으며 오히려 전후 미국에서는 케인스 이론이 일반균형이론의 수식에 흡수되어 IS-LM[71]과 총수요=총공급이라는 거시경제학의 형태로 표현되었다.

그러나 이런 영광을 발라가 의도한 것은 아니었다. 그의 일반균형이론은 자유경쟁 아래에서 시장이 자동적으로 각 재물에 대한 수요와 공급의 균형을 이루게 한다는 것을 논증했다는 점에서 자본주의 경제 옹호론의 최고봉이라고 간주되었다. 그래도 발라는 토지의 국유화를 주장한 아버지 오귀스트 발라Auguste Walras[72]의 의지를 계승해 평생 사회주의를 표명했고, 그의 목표는 조건의 불평등이 생기기 쉬운 자본주의경제의 자유방임 상태를 근본적으로 개혁하는 것, 즉 '조건의 평등, 결과의 불평등'을 실현할 수 있는 과학적 사회주의였다.

---

71 IS는 실물시장에서의 이자율과 국민소득 사이의 관계, LM은 화폐시장에서의 이자율과 국민소득 사이의 관계. 자급자족 국가의 모형으로 유효수요만 있으면 언제든지 공급이 가능하다.

72 1801~1866. 프랑스 학교 이사이자 경제학자.

그렇지만 발라의 사회주의는 다른 사회주의와는 조금 달랐다. 많은 사회주의자가 노동자가 항상 빈곤에 허덕이는 원인을 자본의 사유화와 임금 노동이라고 판단하고 자본을 공유하고 임금 노동을 폐지해 '결과의 평등'을 주장했다. 그러나 발라는 자본축적, 인구 증가와 함께 상승하는 것은 토지 대금과 토지 가격뿐이며, 자유방임에 따른 착취로 번영하는 것은 지주계급뿐이라고 간주하고 프루동Pierre Joseph Proudhon[73], 생시몽Comte de Saint-Simon[74]과 대립했다. 발라는 자본과 임금 노동을 폐지하는 것보다 일정 조건하에서 자유롭게 경쟁할 수 있도록 해야 한다며 조건의 평등화를 위해서는 토지공유제가 필요하다고 했다. 그가 이런 주장을 펼친 이유는 경쟁을 통해 이윤율이 저하되면 자본가는 자연스럽게 사라지고 지주에게서 토지 대금을 빼앗아버리면 세상을 지배하는 것은 노동자뿐이기 때문이다.

발라는 이 책의 제4장에서 당초 『순수경제학』, 『응용경제학』, 『사회경제학』의 3부작으로 이 책을 출간하려 했다고 언급했다. 리카도와 같은 고전파의 체계(지대론, 자본축적론)를 연상시키는 '이

---

73 1809~1865. 프랑스의 무정부주의 사상가이자 사회주의자. 『재산이란 무엇인가(Qu'est-ce que la propriété?, 1840)』에서 자본가의 사적 소유를 부정하며 힘 대신 정의를 가치의 척도로 삼아야 한다고 주장했다. 그의 사상은 제1인터내셔널 조직, 파리코뮌에 큰 영향을 끼쳤다.

74 1760~1826. 프랑스의 사상가이자 경제학자. 계몽주의 사상의 영향을 받으며 자랐고, 공상적 사회주의자의 한 사람이다.

윤율 저하론'은 도덕과학 소유권 이론인 '사회경제학'에 해당한다. 자유경쟁이 성립하기 어려운 현실에서 화폐제도, 독점, 노동시장에 대해 논한 '응용과학 생산 이론'은 '응용경제학'에 해당한다. 그러나 이는 논문집으로만 쓰여졌고 책으로는 완성되지 못했다.

한편 교환과 공급, 수요, 시장 등의 이념을 경험에서 발견하고 추론해, 자유경쟁제도 아래에서 일반균형이 성립하는 것을 수학적으로 논증한 '순수경제학'은 이 책의 제5장 후반에 '선험적 과학'으로 치밀하게 전개되었다. 훗날 슘페터는 '순수경제학'을 장엄한 업적이라고 평가하는 한편, 그것이 "발라의 정체를 알 수 없는 사회주의 철학, 토지국유화안, 화폐관리의 프로젝트 등"과는 전혀 관계가 없다고 단언했다. 이런 혹평이 정론화된 것은 발라에게는 비운이라고밖에 할 수 없다.

'일반균형'이라는 혁명

발라의 순수경제학은 어떤 특징을 갖고 있을까? 그는 아버지 오귀스트가 찾아낸 '희소성'의 개념을 교환자가 효용최대화를 행동원칙으로 삼고 시장이 균형 상태에 있을 때 상대가격(상품 시장의 교환비율)이 사람의 한계효용의 비율(상품을 한 단위 여분으로 소비했을 때 얻을 수 있는 만족 비)에 일치하는 것이라고 발전시켰다. 그러나 같은 시기에 카를 멩거, 윌리엄 제번스도 이 이론을 독립적으로 발표했으며, 1840년대 고센Hermann Heinrich Gossen[75]에 이르러서 정식화되었다. 발라의 연구는 소비자 간의 소비재 교환을 넘어선 단계에서 진행되었고 새로운 지평을 열었다.

가장 단순한 두 가지 재를 교환할 경우(제2편)를 예로 들며, 계속해서 여러 재(제3편), 생산(제4편), 자본과 신용(제5편), 유통과 화폐(제6편)와 같이 지금까지의 의론에 없다고 가정했던 항목을 계속 덧붙인 것이 그가 사용한 방법이다. 이와 같이 이론을 확장한 결과 개개의 시장에서 수요와 공급이 독립적으로 균형(부분 균형)을 이루는 것이 아니라, 어떤 시장이 균형을 이루고 있어도 다른 시장에서 가격이 변동하면 원래의 시장은 불균형 상태가 된다는 것을 알 수 있다. 즉 모든 시장이 상호의존하며 균형을 이루는 '일반균형'에 주목해야 한다. 이와 비교하면 고전파는 생산측 비용이 금세 교환가치가 될 수 있다며 부분적인 인과관계가 마치 전체를 대표하는 것처럼 포장했다. 그 차이를 지적하고 극복할 방법을 찾는 것이 발라가 시도했던 혁명이다.

발라는 가격과 공급량, 수요량 등 모든 변수가 서로 영향을 미친다고 생각했다. 그중 하나가 변화하면 다른 변수도 연쇄적으로 변

---

75   1810~1858. 독일의 경제학자로 '한계효용체감의 법칙'과 '한계효용균등의 법칙'을 도해적으로 해명했다. 공리주의적 성격이 강한 이론을 전개하며, 자유주의적 사회개혁론을 주장했다.

화한다. 그러므로 모든 시장에서 수요와 공급이 일치하는 것은 기적이라 생각했다. 발라는 이런 기적이 가격 작용으로 일어난다는 것을 논증하려고 했다. 이때 제시한 이론이 노동과 자본재의 양이 주어지면 소비재가 생산된다는 것이었다. 그러나 그는 이를 풀어내는 데 필요한 미지수와 독립 방정식의 수가 비슷하다는 것을 확인하는 데서 만족했다. 그래서 20세기의 수리경제학은 발라가 남긴 기술적인 숙제, 균형을 이루기 위한 조건과 자동으로 불균형에서 균형으로 조정되는 안정 조건을 푸는 데 힘을 쏟아야 했다.

한편 발라는 시장균형의 형태에 대해서 몇 가지 방정식으로 분석해 도출한 해답의 의미를 설명하고 있다. 그러나 자본재도 생산되는 경우 체계가 어떤 식으로 이동할 것인가에 대해서는 애매한 표현으로 끝을 맺었다. 이는 그것이 정지된 상태에서 멈춘다는 해석과 한 시점에서는 일반균형이 성립하지만 다음의 시점까지는 전제일 뿐이었던 자본재의 존재량이 변화한다는 모리시마 미치오森嶋通夫[76]와 힉스John R. Hicks[77]의 동태적 해결을 유도했다.

---

76 1923~2004. 경제학자. LSE(London School of Economist)의 명예교수이자 오사카대학교 명예교수. 영국학사원 회원.

77 1904~1989. 1972년 노벨 경제학상을 받은 영국의 이론경제학자. 미시경제이론에 관한 저서 『가치와 자본(Value and Capital, 1939)』이 유명하다.

발라의 사회주의
― 일반균형을 가능하게 하는 조건

발라는 일반균형이 자유경쟁으로 달성된다고 주장하고 이를 위해서는 토지공유 이외에도 국가의 간섭이 필요하다고 말하며(『사회경제학 연구Études d'économie Sociale, 1896』)[78] 다음과 같은 조건을 들었다.

①국가는 화폐가치를 안정시키기 위해 화폐제도와 그 운용에 책임을 가져야 한다.

②안전한 정보를 확보하려면 상품과 서비스의 품질에 관한 정보를 골고루 갖추어야 한다. 이를 위해서는 일부 상품만을 소개하는 광고를 규제해야 한다. 또한 개인이 가치를 정확히 평가할 수 없는 국방, 경찰, 재판, 초등교육 등 공공의 용역은 국가가 공급해야 한다.

③기업가가 시장에 자유롭게 참여하고 물러날 수 있어야 한다. 이것이 가능하지 않은 자연독점과 공익기업은 국가가 통제해야 한다.

④전문가만 주식 거래소에서 투기하는 것이 좋다.

---

[78] 한글판 『사회경제학 연구』, 2020, 지식을만드는지식

⑤ 경쟁이 노동시장에서 장기간 좋지 않은 상황을 초래할 경우 법적 규제가 필요하다.

빌프레드 파레토Vilfredo Frederico Damaso Pareto[79]는 이런 조건을 제시한 발라를 정확하게 사회주의자라고 비난했다. 그러나 토지의 공유화를 빼면 타당한 조건이며 신고전주의파가 완전경쟁의 조건으로 기대한 것과 비슷하다. 그럼 발라를 어떻게 평가해야 할까?

발라를 다시 묻는다

첫째, 현재 경제학계의 굳은 믿음과는 반대되지만, 일반균형이론이야말로 사회주의경제를 묘사했다고 주장한 논쟁이 있다. 이것이 바로 사회주의의 실행 가능성을 둘러싸고 1920년대부터 시작된 '사회주의경제 계산 논쟁'이다. 프리드리히 하이에크는 『개인주의와 경제질서Individualism and Economic Order, 1948』[80]에 삽입

---

79 1848~1923. 이탈리아 출신의 정치학자, 사회학자, 경제학자. 이탈리아의 상위 20퍼센트의 인구가 80퍼센트의 부를 소유한다는 사실을 관찰해낸 것으로 유명하다. 이는 나중에 조지프 주란(Joseph Juran) 등에 의해 일반화되어 '파레토 법칙', '파레토 분포'로 발전한다.

한 논문을 통해 당시 이 논쟁이 진행되는 과정을 소개했다. 요약하면, 발라는 앞의 ②의 조건인 '완전정보'를 전제로 시장이 경쟁적으로 자원을 분배한다고 생각했다. 이는 원인과 결과를 역으로 생각한 사회주의적 견해이다. 여기서 신고전파가 말하는 완전경쟁의 조건도 시장의 전제조건은 아니며, 그것이 무엇인가는 별도로 연구해야 한다.

이렇게 하이에크는 시장의 질서도 관행과의 관계에서 자생적으로 생성된다고 생각하게 된다. 이는 비트겐슈타인Ludwig Josef Johann Wittgenstein[81]이 일상적 언어로 매일 대화를 하다 보면 관행이 생성된다고 한 것과 유사한 주장이다.

둘째, 잘 드러나지 않지만 발라는 물물교환을 경제의 원형이라고 간주하고 화폐를 물물교환의 편의적 모체로 가정하고 있다. 화폐가 편의품이라면 그 자체에는 사용가치가 없기 때문에 언젠가는 반드시 사용된다. 이런 발라의 주장을 마르크스와 케인스가 반론하고 나섰다. 이들은 현실적 시장경제에서 수입이 얼마나 생길 것인지 알 수 없을 정도로 불확실함을 느끼면, 사람은 불안에 떨며 화폐를 계속 보유한다고 생각했다. 그리고 그것이 불황의 원인이

---

80 한글판 『개인주의와 경제질서』, 2016, 자유기업센터
81 1889~1951. 1925~50년 영국 철학계에서 가장 영향력 있는 철학자 중 한 사람이었으며, 논리학 이론과 언어철학에 관한 독창적이며 중요한 철학적 사유체계를 제시했다.

라고 했다.

셋째, 생산관수에도 표시된 것처럼 자본과 노동을 양적으로만 생각하고 그것들의 투입량과 상품의 생산량이 관계가 없다고 했다. 여기서는 사람과 사람이 양호한 관계를 만드는 데 필요한 시간과 기계 설비를 사용하기 위해 연습을 해야 한다는 요소를 무시하고 있다.

이 세 가지 논점은 모두 발라의 경제관이 사회주의를 정당화하기 위한 것이라는 생각에서 시작됐다. 인용문에서도 알 수 있듯이 발라에게 있어 시장이란 수학의 방정식을 푸는 것과 같은 하나의 기계이며 지식과 불안, 연습이라는 '인간다움'이 개입할 여지가 없는 것이었다. 그러나 발라가 제시한 시장상은 일반균형(계획경제)에 그친다고 말할 수 없다. 그러므로 마셜, 케인스, 하이에크는 발라가 제시한 조건을 부분적으로 수정하면서 자유경쟁시장의 실상을 찾고 시장에서 인간다움을 다시 찾아내려고 했다.

그러나 후에 경제학의 주류를 이루게 되는 프리드먼(그 자신은 마셜파를 자칭했지만) 이후의 신자유주의는 오히려 파레토, 즉 일반균형성립에 필요한 것으로 발라가 지적한 조건을 폐각하고 자유방임을 지향하는 방향에서 자유경쟁시장의 실상을 찾으려고 했다. 세상에서 말하는 '시장원리주의'는 이렇게 탄생되었다.

경제학
베스트
30

유한계급론

The Theory of the Leisure Class: An Economic Study
of Institutions （1899）[82]

: 대기업과 과시가 만든 야만적인 문명

> 실질적으로 제도란 개인과 사회의 특정 관계와 특정 기
> 능에 관해 널리 알려진 사고 습관이다. 따라서 생활양식, 즉
> 여러 사회가 발전하는 동안 일정한 때와 장소에서 효력을
> 갖는 여러 제도의 전체를 구성하는 것은, 심리학적인 면에
> 서 보면 넓게 침투한 정신 태도와 인생관이다. (제8장)

---

[82] 한글판 『유한계급론』, 우물이있는집(2012), 현대지성(2018), 문예출판사(2019)

11

소스타인 베블런
Thorstein Bunde Veblen, 1857~1929

노르웨이 이민 가정에서 태어났다. 시카고대학교와 스탠퍼드대학교에서 교편을 잡지만 안정되게 학계에서 일하지 못했다. 제도학파의 시조로, 저서로는 『부재소유(Absentee Ownership and Business Enterprise in Recent Times: The Case of America, 1923)』가 있다.

'제도'와 '진화'의 개념

베블런은 1857년 미국 위스콘신주의 가난한 노르웨이 이민촌에서 태어나 1929년에 사망했다. 많은 언어를 배우고 민족학, 철학, 생물학 등의 책을 두루 섭렵했으며, 남북전쟁(1861~1865) 후 갑자기 세력이 강해진 미국의 경제를 독자적인 시점으로 분석했다.

그가 대학에서 연구할 기회를 많이 얻지 못한 이유는 고집불통인 성격 탓이었다. 그러나 그보다 더 큰 이유는 1869년 최초로 오마하와 새크라멘토를 잇는 대륙횡단철도가 개통된 이래 철광왕 카네기, 석유왕 록펠러, 광산왕 구겐하임이 구축해가던 대기업 체제와 이를 배경으로 탄생한 소비사회, 특히 중산계층에도 영향을 미친 배금주의(마크 트웨인[83]이 말하는 도금시대)의 감춰진 의미를 비꼬는 듯한 어조로 폭로했기 때문이었다.

그 당시 경제학은 소비를 개인의 욕구 충족과 미국적 자유의 표현이라며 긍정적으로 받아들이고 있었다. 생산계 또한 이런 분석을 환영했다. 그럼에도 베블런은 유행하는 옷에서 고등 학술까지 모두 남에게 과시하기 위한 것에 지나지 않는다고 단정한 것이다. 『유한계급론』이 출판된 이후, 사치는 경외의 대상이면서도 매도의 대상이 되었다. 이런 현상을 일으켰다는 이유로 이 책은 열광적인 지지와 혹평을 동시에 듣게 되었다.

『유한계급론』은 그 당시에 감돌던 위화감에 대한 안타까움의 표시였다. 균형과 효용, 실용성과 효율성을 축으로 삼는 신고전파는 산업계의 비위를 맞추는 것으로밖에 보이지 않았다. 그는 그 대신 제도 및 진화의 개념을 채용했다. 신구제도파는 제도를 법제도로 지칭할 때가 많았지만, 베블런은 제도가 사고를 지배하는 습관이라고 생각하고, 사회 관행의 상징적인 의미 체계에서 학계의 이론규범(토머스 쿤Thomas Kuhn[84]이 말하는 패러다임)까지 포함시켰다.

---

83 1835~1910. 『톰소여의 모험(The Adventures of Tom Sawyer, 1876)』을 쓴 미국 소설가. 사회 풍자가로서 남북전쟁 후의 사회 상황을 풍자한 『도금시대(The Gilded Age, 1873)』와 에드워드 6세 시대를 배경으로 한 『왕자와 거지(The Prince and the Pauper, 1882)』 등을 썼다. 또 미국의 제국주의적 침략을 비판하고 반제국주의, 반전 활동에 열성적으로 참여했다.

최근 게임론[85] 등이 진화의 정량적 혹은 기능적인 면에 대해 이론적으로 추론하고 있다. 그러나 상징적 의미의 체계에 대해서는 정성적 혹은 의미론적 진화를 논리화할 수 없다. 베블런은 기존의 방법론조차 없는데도 인류학과 민족학의 성과를 참조하면서 과거를 되돌아보고 현대에 나타나는 현상을 해석했다. 범역사적 모델과 현행 제도를 구체적으로 해석한 것이다.

『유한계급론』은 논리적이며 상징적으로, 옷을 비롯한 상품을 구체적으로 분석했다는 점이 특징이다. 나중에 출판된 저서에서는 용어가 자세히 설명되어 있지만, 기본적인 아이디어의 대부분이 처녀작인 이 책에 나와 있다.

과시적 소비의 탄생

베블런은 사고 관행인 제도와 본능을 대치시킨다. 그가 말하는 본능이란 의식적으로 목표를 세우고 이를 추구해 물질적으로 풍요로워지려는 인간의 특징이다(외적 자극에 대한 반응인 '향성[사람의

---

84 1922~1996. 미국의 과학사학자이자 과학철학자. 『과학 혁명의 구조(The Structure of Scientific Revolutions, 1962)』로 유명하다. 철학, 심리학, 언어학, 사회학 등 여러 분야를 섭렵했고 과학철학에 큰 업적을 남겼다.
85 게임에 관한 주장이나 견해. 또는 어떤 사실이나 사건을 게임, 즉 놀이로 보는 주장이나 견해.

흥미나 관심이 어떤 방향으로 향하는 성질]'과는 구별된다). 본능 중에서도 중요한 것이 '제작자 본능'이다. 이는 '유용성과 효율성을 높게 평가하고, 발전이 없거나 낭비와 같은 무능함을 낮게 평가하는 것'으로, 지식을 이용해 물질적인 생활을 향상시키는 것을 말한다('친성 親性 본능'은 장래의 공익을 생각하는 것이다).

제작자 본능과 친성 본능이 충분히 발휘되면 사회는 생산적이며 평화로울 수 있다. 그러나 제작자 본능이 사람과 사람을 비교해 질투를 일으키게 되면 경쟁심이 바탕이 된 힘의 과시가 일어난다. 지식이 한쪽으로 치우치게 되면 본능은 왜곡되며 제도에 속박되고 만다. 이렇게 제도에 속박되는 과정에서 역사의 단계는 미개시대, 봉건시대(약탈적 문화의 시대), 근대 이후의 수공업 시대, 기계산업 시대의 네 단계로 진행된다.

미개 시대의 사람들은 자연을 의인화하고 물신숭배를 행하지만 평화를 추구한다. 그러나 봉건시대에 경쟁이 치열해지면 차별과 약탈이 일어나고 폭력으로 다른 사람을 굴복시키려 들며 자신이 이겼다는 것을 남에게 보이기 위해 전리품을 과시한다. 이 경우 집단의 외부는 물론 내부에서도 경쟁심이 생기게 된다.

근대에 들어와 수공업 시대가 막이 오르자 사적 소유권이 생겨났다. 전리품은 기준화된 계급, 칭호, 위계 등과 같은 기호로 대치되고, 공격적인 영웅보다도 귀족적인 미덕, 폭력보다도 궤변이 존중받기 시작했다. 금전이 힘을 상징하게 되면 부는 명예가 되고 노동은 궁핍함의 증거가 된다. 이로써 한가함이 곧 고귀한 신분을 표방하게 되었다. 사람들은 자신의 고귀함을 나타내기 위해 한가함을 이용해 예절과 교양을 배웠다. 이들은 가장의 역할은 집사와 하인에게, 주부의 역할은 가정부에게 맡겨 한가한 시간을 무한히 늘렸다. 특히 주부는 여러 명의 하녀를 가졌다. 그리고 연회를 열고 손님의 힘을 빌려 한가한 시간을 소진했다.

수공업 시대를 거쳐 기계 산업 시대가 되자 거주지를 이동하는 것이 편해졌고, 도시에서 모르는 사람과 만나는 일이 잦아졌다. 이로 인해 사람들은 교회, 극장, 호텔, 공원 등에서 지나가는 관찰자들이 자신의 유복함을 한눈에 알 수 있도록 하는 표식을 필요로 하게 되었다. 이때는 한가함보다 소비가 중요시된다. 화려하고 유행에 맞는 의복은 신체 보호의 기능보다 자신의 유복함을 나타내는 기호라는 기능이 크다. 바로 과시적 소비가 탄생한 것이다.

야만적인 대량소비시대

베블런은 문명사회의 경제를 야만적이라고 평가했다. 사람들이 계급의 상하를 소비와 겉치레의 경쟁으로 내보이려 하기 때문이었다. 종교에서 의복, 스포츠, 건축, 도박 등이 모두 과시적 소비의 대상이다. 여기서 자신의 소유물로 과시를 나타내는 소비가 이루어진다. 코르셋을 입으면 여성은 움직이기 불편하지만, 남자들은 코르셋을 통해 소유물인 여성에게 한가로운 시간을 준다는 자부심을 느낀다. 이런 생각은 두 가지로 이해할 수 있다.

첫째, 자신 안에 타인에게 '이렇게 보이고 싶으니 이런 옷을 입자'라고 하는 욕망이 (무차별 곡선이 정식화될 수 있도록) 확실하다는 생각이다.

둘째, 다른 사람이 봤을 때 사회 계층과 풍요로움을 바로 알 수 있을 만한 복장이 있어 그저 그것을 따라 입을 뿐, 자신이 입고 싶은 옷은 존재하지 않는다는 생각이다.

전자의 생각은 베블런이 비판한 신고전파와 유사한데, 실제로 신고전파는 베블런이 자신들과 비슷한 주장을 했다고 받아들이고 있다. 그러나 이는 훗날 구조주의 기호론의 소비사회론(후자의 생각)자들에게 명확하지 않다는 비판을 받게 된다.

소비는 개인적 욕망의 충족보다 자신의 유복함이나 계층을 다른 사람에게 보여주는 자기표현의 수단이 되었다. 이런 사회적 커뮤니케이션이 가능하려면 소비의 상징적인 의미가 사회에서 공유되어야 한다. 그 역할을 텔레비전과 신문 등 매스컴이 담당하게 된다. 이는 데이비드 리스먼David Riesman[86]과 장 보드리야르의 소비사회론으로 계승된다.

베블런은 경제학자였다. 그는 소비의 상징적 의미와 함께 경제적 기능을 연구했다. 자산 보유자인 주주가 소유권을 내세우면 기업은 이윤을 높이기 위해 산업기술을 끊임없이 개발하고, 상품의 가격은 계속해서 떨어진다. 기업은 만성적인 불황을 맞게 되고, 생산효율성 면에서 불필요한 부분이 나오게 된다. 호황을 이루려면 효율성을 간과하더라도 낭비하는 것이 좋다. 불필요한 부분도 유효수요의 하나로 필요악이 된다. 케인스는 유효수요의 중심에 설비투자를 놓았지만 베블런은 수요 중 최대 항목인 소비를 놓았다. 이렇게 불필요한 부분은 『유한계급론』이 폭로한 졸부들, 즉 19세기 말에 독점적 거대 주식회사를 인솔한 존스 홉킨스Johns Hopkins, 스탠포드Leland Stanford, 카네기, 모건John Pierpont Morgan 등에 의해 제도화된다.

세이의 법칙[87]에 따르면 공급된 것은 모두 팔린다. 케인스와 베블런은 신고전파는 실물의 공급을 분석하는 데 그쳤다며 뿌리부터 비판한다. 실물과 함께 자산이, 공급과 함께 소비가 시장에서 영향력을 강화하면 경제는 한 개인의 합리성뿐만 아니라 다른 사람의 시선에도 지배를 받게 된다. 투기에 있어서도 기업이 가져온 진정한 수익률보다도 다른 주주가 어떤 주식을 단기적으로 사는지, 또는 파는지에 더 많은 관심이 집중된다. 이는 후에 케인스가

---

86 1909~2002. 미국의 사회학자로 현대 미국 사회에 대해 날카로운 비판을 시도했다. 저서에 『고독한 군중(The Lonely Crowd, 1950)』이 있다.
87 공급은 스스로 수요를 창조한다는 고전학파의 명제.

주목한 금융시장으로, 베블런은 케인스와 달리 사람들이 익명의 시선에 노출되어 행하는 소비에 현대 경제가 이끌려가는 모습을 그렸다.

본능이 자연에, 제도가 문화에 속한다면 자연이 문화에 오염된다는 장 자크 루소Jean-Jacques Rousseau의 근대 비판을 베블런이 반복한 것처럼 보인다. 계약과 금전 거래, 입법과 재판 등이 경제가 효율적으로 돌아가도록 합의된 수단이 아니라 유복한 계층의 기득권을 지키는 장치라는 부분은 마르크스와 비슷하다는 평가를 받는다.

그러나 베블런은 루소나 마르크스처럼 주변 사람에게 폐를 끼치는 이상주의자로 남아 있기에는 현실의 무거움을 너무나도 잘 알고 있었다. 그는 제도를 파기할 수 있는 것이라고 생각하지 않고 계획된 경제에 기대를 걸었다. 습관이 인간성의 유일하고 명확한 이유와 근거인 이상 사고습관인 제도에서 자유로워지는 것은 불가능하며, 비판을 통해 보다 나은 습관을 형성하는 것만이 가능하다고 생각했다. 그의 소비경제론은 과학을 가장하면서도 가끔 과시로밖에 보이지 않는 우리의 사고관습을 보다 넓고 길게 꿰뚫어보고 있는 것은 아닐까?

유대인과 경제생활

Die Juden und das Wirtschaftsleben （1911）

: 자본주의의 번성을 뒷받침하는 정신이란

유대인. 생산원리상에 구축된 온갖 경제지향에 반항하는 거래 원칙(박리다매)의 아버지. (제7장)

베버와 좀바르트

이번 장을 빌려 내가 소개하고 싶은 것은 자본주의의 번성을 이끈 것이 유대교라는 베르너 좀바르트의 설 자체가 아니다. 사실 일본 에서는 자본주의가 번성하게 된 이유로 칼뱅파의 프로테스탄티 즘protestantism[88]에 주목한 베버의 설이 중시되어 왔다. 베버는 이 렇게 말했다. "프로테스탄티즘의 금욕은 소유의 향락에 전력을

베르너 좀바르트
Werner Sombart, 1863~1941

독일의 사회경제학자. 베버와 함께 학술 잡지를 편집하지만 자본주의관을 둘러싸고 대립했다. 제2차 세계대전 후 친나치즘이라는 비난을 받았다.

다해 반대했고, 소비 특히 사치적 소비를 말살했다. 반면, 금욕은 심리적으로 재의 획득을 전통주의적 논리에서 해방시켰고 이윤의 추구를 합법화했을 뿐만 아니라 그것을…… 직접 신의 의지 그 자체라고 생각하여 속박을 파괴했다."

　지금부터 나는 베버와 좀바르트가 나눈 논쟁에 초점을 맞추려 한다. 좀바르트와 베버는 리스트가 창시한 독일 역사학파에 속한다고 알려져 있다. 1863년에 태어난 좀바르트는 1904년부터 신경질환 치료에서 막 복귀한 한 살 아래의 베버와 함께 『사회과

88　16세기 초 북유럽에서 중세 로마 가톨릭 교의(敎義)와 제의(祭儀)에 대한 반동으로 태동한 교파.

학 및 사회정책 잡지Archiv für Sozialwissenschaft und Sozialpolitik』의 편집을 맡았다. 그러나 베버가 위 잡지에 논문「프로테스탄티즘 윤리와 자본주의 정신Die Protestantische Ethik und der Geist des Kapitalismus, 1904-05」을 발표한 것에 자극을 받은 좀바르트는『유대인과 경제생활』을 출판했고, 이때부터 두 사람의 의견은 정면으로 대립하는 양상을 띠게 된다.

프로테스탄티즘 윤리와 자본주의 정신

베버는 여러 가지 복합적인 면에서 서구의 근대화를 분석했다. 경제 영역에서는 노동자와 계약을 맺어 고용하고 자본을 복식부기複式簿記[89]로 관리하는 근대적 경영조직과 이것으로 성립되는 자본주의를, 정치 영역에서는 근대적 관료조직이 관리해야 할 법과 행정을, 사회 영역에서는 근대가족과 근대도시의 탄생을 논하고, 이것을 각각 '경제사회학', '지배사회학', '일반사회학' 등의 명칭으로 부른다. 그리고 내면의 가치관, 즉 문화 영역에서는 주술에서 해방될 것과 합리적 정신의 성립을 '종교사회학'으로써 다

---

89 일관된 원리와 원칙에 의하여 조직적으로 기록하며, 자산과 부채의 변동뿐 아니라 자본의 변동과 비용, 수익의 발생 원인에 관한 과목도 기록 계산한다.

뤘다.

그는 경제사상사가 다룰 수 있는 모든 영역을 분석했다. 그중에서도 「프로테스탄티즘 윤리와 자본주의 정신」은 네덜란드, 영국, 미국 등 칼뱅주의calvinism의 영향이 강한 나라가 자본주의적 경영을 바탕으로 발전을 실현하고, 이탈리아와 스페인 등과 같이 가톨릭의 영향이 강한 나라와 루터교의 영향이 강한 독일에서 자본주의화가 늦어진 이유에 주목했다. 그리고 가치관의 차이에서 이런 차이가 생긴 것이라고 생각하고, 자본주의의 발생과 칼뱅주의의 보급에서 그 이유를 밝히려고 했다. 그는 자본주의가 성립할 때 프로테스탄트들이 실행한 일들을 통계자료로 검증하지 않고, 남아 있는 문헌에서 그들의 심리를 추측하는 방법으로 증명했다.

베버가 말하는 자본주의의 '정신'이란 유사 이래 존재하는 상업주의, 즉 배금주의와 이익을 추구하는 것이 아니라 금욕적인 생활을 하고 소득을 절약하는 것이다. 이 정신의 바탕은 칼뱅의 예정설이며, '시간은 금'이라며 근면하게 일하라고 한 벤저민 프랭클린Benjamin Franklin[90]을 전형적인 인간상으로 삼는다. 이는 상당히 허를 찌르는 설명이다.

칼뱅의 예정설에 따르면, 사후 구제될 인간은 미리 결정되어 있

---

90 1706~1790. 미국 건국의 아버지 중 한 명이자 미국 초대 정치인 중 한 명이다. 그는 특별한 공식적 지위에 오르지는 않았지만, 프랑스군과의 동맹에 있어 중요한 역할을 해 미국 독립에 중추적인 역할을 했다.

으며 이는 인간의 노력과 선행으로 바뀔 수 없다. 그런데도 칼뱅주의는 현세 사람들의 행동을 다스릴 수 있다고 여긴다. 이는 왜일까? 사람들이 열심히 일하고 금욕적인 생활을 영위해 신의 영광을 현세계에 나타내면 구원 받을 수 있다고 믿기 때문이다. 이 때문에 가톨릭의 의식 등은 주술에 지나지 않는다며 합리주의를 권장했다. 여기서 자본주의를 상징하는 인물은 "시간은 금"이라고 한 프랭클린이다. 그는 노동으로 얻은 돈을 낭비하지 않고 다시 영리활동에 투자했다. 즉 베버가 주장하는 자본주의란 금욕을 통한 투자인 것이다.

유대인 원인설

이미 『근대자본주의Der Moderne Kapitalismus, 제1·2권: 1902, 제3권: 1927』라는 대작을 발표한 좀바르트는 베버의 설을 부정하고 유대인 원인설을 주장했다. 15~17세기에는 스페인, 이탈리아, 독일이 쇠퇴하고 네덜란드가 번영했다. 이처럼 남에서 북서로 유럽 경제의 중심이 이동하는데, 이는 유대인의 이동과 시기가 맞물린다. 영국의 경제가 성장한 것도 유대인이 건너온 이후다. 유대인이 들어선 지역은 번영하고 빠져 나온 지역은 쇠퇴했다는 것이다.

　유대교의 특징에는 합리주의와 주지주의主知主義[91], 형식적인 합리성의 존중(내면적으로 믿는 것이 아닌 신의 율법을 완전히 이행) 등이 있다. 유대교는 비교(신과 신자가 합일하는 도취경)를 인정하지 않는 유일한 종교이며, 어떠한 곤경에 처해도 긍정적으로 생각하고 부를 즐기라고 말한다. 그리고 생활태도의 합리화, 세속적 금욕, 종교와 이익의 결합, 죄의 수량적 취급, 성애性愛에 대한 엄격한 태도 또한 유대교의 특징이다. 그들은 금욕적인 생활로 축적된 에너지를 경제활동에서 폭발시키는데, 좀바르트는 이러한 생활은 프로테스탄티즘보다도 자본주의의 생성에 더욱 효율적으로 기능한다고 말했다.

중세의 그리스도교는 상업적인 경쟁을 단호하게 금지했다. 그리고 이자를 받는 것도, 고객을 유치하기 위해 선전을 하는 것도 금지했다. 모든 상품에는 적정가격이 있으며 이를 무시하고 싸게 파는 것은 비열하다고 간주했다. 이런 그리스도교의 상업 논리를 죄다 반대한 것이 유대인이었다. 이들은 이익을 얻기 위해 경쟁하는 것은 법률을 위반하는 것이기는커녕 정당한 권리를 행사하는 것이라 생각했다. 또한 『베니스의 상인The Merchant of Venice, 1598』의 등장인물인 샤일록처럼 금융업도 경영했다. 유대인은 국제적으로 상품이 거래되는 것을 활성화시켰으며 근대국가와 식민지의 형성에도 크게 관여했다.

---

91 인식 과정에서 감정이 아닌 이성을 진리의 원천으로 보는 경향 또는 태도.

좀바르트에 따르면 자본주의의 이념이란 요컨대 영리다. 그리고 장기적인 전망으로 사물에 관심을 갖는 기업가와 이익을 얻을 수 있는 일을 하는 상인이란 '두 개의 혼'으로 구성되어 있다. 기업가란 경제와 관련된 새로운 생산법, 운송법, 판매법을 발명하는 사람이며, 새로운 수요를 발견하는 사람이자 정복자이다. 이는 금욕적 생활과 검약을 통해 투자에 전념하는 베버의 기업가와 일맥상통한다. 그러나 상인은 어떤 일이 이익이 될지를 궁리하는 사람이며, 위험을 감수하고 투기하는 계산가, 사업가 그리고 중개인이다.

유대교의 성전인 『탈무드』는 원래 상업에 호의적이다. 유대교는 앞에서 설명한 두 개의 혼을 통해 경제를 공업기술과 상업으로 이분화하고, 상업을 공업보다 우선시한다. 기업가가 열심히 만든 물건일지라도 상인은 그것을 싸게 팔아 시장가격을 파괴하려고 한다. 더욱이 상인은 기업의 소유권을 매매하려고 한다. 유대인은 유가증권을 통한 거래를 발명하여 유가증권 시장을 형성하고 경제 과정이 증권거래소로 예속되는 공업의 상업화를 가져왔다. 이것이야말로 자본주의의 실태이다. 그럼에도 베버의 자본주의는 공업적인 면, 즉 물건을 만드는 측면으로밖에 보지 않는다.

연애와 사치와 자본주의

베버는 좀바르트설에 맹렬하게 반론했다. 그는 근대 경제 조직인 대기업을 인솔하고 있는 유대인이 거의 없다는 점을 들었다. 유대교는 동포를 대하는 대내 도덕과 이방인을 대하는 대외 도덕이 구별되어 있어, 이방인에게 이자를 징수하는 금융업을 인정했다. 그러나 이는 천민자본주의[92]로 서구에서 기업 조직과 함께 번성한 합리주의적 자본주의는 아니라는 것이 반론의 주된 내용이었다.

그러나 좀바르트는 이런 비판에 굴하지 않고 다음 해에 『사치와 자본주의Luxus und Kapitalismus, 1912』[93]를 발표하고 근검절약을 부정하는 자본주의론을 주장했다. 파티가 개최되는 서구의 궁정은 배우자 이외의 사람과 성애를 즐기는 온상이었다. 남성들은 애인을 위해 집을 사주고, 애인은 경쟁적으로 옷과 실내장식에 사치를 부린다. 이것이 패션이라 불리며 여성들 사이에서 인기를 얻고, 남성은 사치에 돈을 쓰게 된다. 사치품은 식민지에서 생산되고, 그것을 취급하는 상인은 새로운 부르주아로 떠오르며 작위를 얻는다. 좀바르트는 상인들이 대도시를 형성하고 자본주의를 발

---

92 베버가 사용한 사회학 용어. 중세 후기 고리대금업처럼 비합리적이고 비도덕적인 영리만을 추구하는 행위를 일컫는다.
93 한글판 『사치와 자본주의』, 2017, 문예출판사

전시켰다고 논했다.

　사치 자체는 중세에도 존재했지만 근세 이후에는 중세의 로코코양식과 같이 공공장소에서 사치가 이루어지지 않게 되었고(사치의 실내화), 수작업으로 생산하던 것을 기계로 생산하게 되었으며(즉물화), 여성의 욕구로 품질이 높아져(감성화, 섬세화) 일 년에 한 번 있는 축제였던 사치가 매일 일어나게 되었다(압축화). 연애라는 사적이며 즉물적이고 일상적인 사치는, 말하자면 유효수요를 지지해 자본주의를 번성케 했다.

사치인가, 검약인가

요즘 「프로테스탄티즘 윤리와 자본주의 정신」이 자료를 조작한 것이 아니냐며 이의를 제기하는 사람이 있다. 그러나 타당한지 아닌지와 관계없이, 더 이상 「프로테스탄티즘 윤리와 자본주의 정신」으로 자본주의가 무엇인지를 논하는 것은 무의미하다. 왜냐하면 프로테스탄티즘이 중시되지 않는 나라가 차례로 경제발전을 이룩했기 때문이다. 일본의 경우 『도쿠가와 시대의 종교Tokugawa Religion: The Values of Pre-Industrial Japan, 1957』를 펴낸 로버트 벨라Robert Neelly Bellah[94]가 경제발전의 이유를 종교적으로 해석해보려 했지만, 한국과 대만을 비롯한 아시아의 여러 나라와 중국과 인도마저 경제성장을 이룬 요즘에는 기업가와 프로테스탄티즘의 관계를 주목하는 것이 아무런 의미가 없다.

『유대인과 경제생활』은 자료의 신뢰성에 대해 의문이 제시됐고, 게르만인을 '숲의 사람', 유대인을 '사막의 민족'이라 부른 대비가 나치즘의 반유대주의를 지지한다는 비판을 받았다. 게다가 이 책은 베버의 명성에 가려 사후 오래도록 잊혀져 왔다.

자본주의가 유대교에 의해 창시되었는가, 하는 점은 「프로테스탄티즘 윤리와 자본주의 정신」과 마찬가지로 논할 가치가 있는지에 의문이 생긴다. 그러나 베버가 생각한 자본주의의 이미지가 생산 쪽에 한정되어 그것이 일으킨 폐해를 완화시켰다는 점에서 이 책은 아직까지 읽을거리가 많다.

근검절약과 근면을 주장한 베버의 이론은 자본주의의 번성기에 한정된다고는 하지만, 기업가의 투자활동에만 주목하고 있다. 이는 산업자본가에 의한 생산을 긍정하고 잉여생산물의 부차적 교환이 무역을 촉진시킨다는 스미스와, 생산하기만 하면 수요가 따라온다고 생각한 신고전주의파와 같이 공급을 중시하는 입장이다. 생산만을 강조하려면 생산자를 구속하는 관행은 파기되어야 한다는 견해로도 이어진다. 베버의 이론이 좌익 우익의 개혁론에

---

94 1927~. 미국의 종교사회학자. 하버드대학교 교수와 캘리포니아대학교 버클리교의 사회학 교수를 역임했다.

친화력을 가진 것은 그 때문이다.

그러나 경제사상사에는 다른 논파도 있다. 유효수요의 우위를 설명한 케인스, 소비사회의 유행을 분석한 베블런과 보드리야르, 시장에서 상업적 지식을 발견할 것을 강조한 하이에크 등이다. 공급만이 자본주의의 기동력은 아니다. 생산한 물건이 팔리지 않으면 자본주의는 순환되지 못하고 금방 무너지고 말 것이다. 자본주의를 성립시키려면 사치와 상업에도 열중해야 한다. 펀드로 기업을 매수하는 것이 일상이 된 요즘 상인도 자본주의의 일부라고 주장한 좀바르트의 이론은 현실성이 넘친다. 나라의 근간 산업으로 금융공학을 키운 미국은 좀바르트가 말하는 유대교적 정신에 지배되고 있다.

가치의식을 둘러싼 베버와 좀바르트의 논쟁은 경제사상사에서 볼 수 있는 대립의 원형이라 할 수 있다.

경제학
베스트
30

경제발전의 이론

Theorie der wirtschaftlichen Entwicklung 〔1912〕[95]

: 기술혁신과 은행은 자본주의의 원동력

> 우리들이 다루려는 변화는 경제 체계의 내부에서 생기는 것이며, 이는 그 체계의 균형점을 움직이는 것이다. 이에 더해 낡은 균형점의 미분적인 걸음으로는 새로운 균형점에 도달할 수 없다. 우편마차를 계속해서 공급한다 해도 결코 철도를 팔지는 않는다. (제2장)

---

95 한글판 『경제발전의 이론』, 지식을만드는지식(2012), 시대가치(2020)

조지프 슘페터
Joseph Alois Schumpeter, 1883~1950

오스트리아 출신으로 귀족적인 교육을 받았다. 재무장관과 은행장을 역임했고 하버드대학교 교수였다. 대표작으로는 『경기순환론(Business Cycles, 1939)』, 『경제분석의 역사(History of Economic Analysis, 1966)』[96]가 있다.

발전이란 무엇인가

조지프 슘페터는 이 책을 『이론 경제학의 본질과 주요 내용-Das Wesen und der Hauptinhalt der theoretischen Nationalökonomie, 1908』에 이어 출판했다. 전작은 발라의 일반균형이론을 요약해 독일어권에 소개한 것으로 '정태靜態'의 본질에 대해서 논하고 있다. 이 책은 전작에 이어 '발전'이 무엇인가를 연구한 것으로, 슘페터 사상의 핵심이 이 두 권에 모두 표현되어 있다. 슘페터는 두 책을 모두 20대에 완성했는데 젊은 학자의 책으로는 학계의 평가가 매우

---

[96] 한글판 『경제분석의 역사』, 2013, 한길사

높았으며, 이 책이 출판되었을 때 그는 이미 그라츠대학교의 교수였다. 하지만 그는 은행장으로 재직했던 은행이 파산한 것과 두 번째 부인이 출산 중 죽은 것 등 불행한 일도 겪어야 했다. 그중에서도 가장 큰 불행은 그의 말년에 찾아왔다. 같은 해에 태어났으나 슘페터와는 달리 화려한 성격의 소유자였던 케인스가 『화폐론 Treatise on Money, 1930』과 『고용, 이자 및 화폐의 일반이론』을 출판하고 주목받게 된 것이다.

슘페터는 말년에 이 책의 내용을 사회과학에 포함시키고 사회주의와의 관계를 예언하기도 했다. 그러나 하버드대학교 학생들은 차례로 케인스에 감화되어 하나둘씩 그에게서 등을 돌렸다고 한다. 화려하게 주목받았던 케인스의 그림자 같은 존재, 항상 귀족과 같이 기품 있게 행동하던 그에게는 참기 힘든 역할이었을 것이다. 그러나 크게 주목받던 '케인스주의'는 현재 '큰 정부'가 탄생하게 된 계기가 되었다며 부정적인 평가를 받고 있는 데 반해, 혁신이 경제를 발전시킨다는 슘페터의 주장은 선진국에서 큰 지지를 받고 있다. 이렇게 명성이 역전한 것은 그들이 죽은 지 반세기나 지난 후였다.

정태경제학static economics이란 한 균형 상태와 다른 균형 상태를 비교연구하는 분석 방법이다. 정태경제학은 시간의 변화를 고려하지 않고 경제 현상 간의 상관관계를 분석하기에 정태분석靜態分析이라고도 한다. 슘페터는 이것이 케네를 비롯한 중농주의자로부터 시작해 스미스, 리카도로 계승되어 발라에 의해 완성되었다고 생각했다. "어떠한 서술도 발라의 이론보다 더 확실한 '정태분석'은 없다. 과학이 창시된 이래 이론의 기본원리는 그들의 손에서 결정되었다." 이렇게 말하면 슘페터가 정태분석으로 현실의 경제를 분석할 수 있다고 생각했을 것 같지만 전혀 그렇지 않다. 고전파의 오해는 균형 상태를 현실로 잘못 이해한 데 있다. 균형 상태는 현실에 접근하기 위한 기준점에 지나지 않는다.

그러나 '발전(초판에서는 '동태動態'라고 불렀지만 2판 이후는 오해를 피하기 위해 바꿔 불렀다)'이란 균형을 이루고 있는 경제 상태, 즉 정태에서 내부의 힘으로 외부의 여건을 움직여 균형이 파괴되고 다른 균형으로 바뀌어가는 과정이다. 이는 오늘날 동태경제학[97]이라 불리는 로이 해로드Henry Roy Forbes Harrod[98]와 에브시 도마 Evsey David Domar[99]의 '해로드-도마 모델'의 경제성장이론[100]과도 다른 개념이다. 저축, 자본설비, 노동인구의 증가는 여건의 틀

---

97 시간의 변동을 고려하면서 경제 현상 간의 상호 의존 체계를 분석하는 방법이다. 그러므로 동태경제학은 한 균형점에서 다른 균형점으로 이동해가는 과정을 중요시한다. '동태분석'이라고도 한다.
98 1900~1978. 경기변동이론, 경제성장이론, 국제경제학 등의 분야에서 업적을 남긴 영국의 경제학자. 경기론, 안티노미이론(antinomie) 등을 제창했다.
99 1914~1997. 케인스학파에 속했고 해로드와 함께 경제성장론의 개척자이며 완전고용의 지속에 필요한 균형성장률의 도출에 노력한 미국의 경제학자.
100 경제성장의 원인을 분석하고, 나아가 바람직한 성장의 유형을 연구하는 경제학의 한 부문.

안에서 변수의 양적인 변화에 지나지 않는다. 시장은 그것을 일상적, 연속적인 변화로써 흡수하고 확대해간다. 이에 반해 발전이란, 우편마차가 철도로 대체되는 것처럼 주변의 여건까지 변화하는 불연속이며 사건으로 가득 찬 역사의 과정이다.

신결합 = 혁신

그럼 무엇이 발전을 추진하는 것일까? 바로 슘페터의 대명사가 된 '신결합(뒤에 혁신이라고 바뀌어 불리게 됨)'이다. 그는 신결합을 이루기 위한 조건으로 다음의 다섯 가지를 제시했다.

1. 새로운(품질, 혹은 알려지지 않은) 재화의 생산
2. 새로운 생산 방법(생산공정)의 도입
3. 새로운 판로(시장)의 개척
4. 원료 혹은 반제품의 새로운 공급원 획득
5. 새로운 조직의 실현, 독점 상태의 실현과 타개

생산요소가 낡은 결합에서 해방되어 새로운 결합을 꾀하는 것이 발전이며 동태이다. 그리고 그것을 수행하는 것이 기업가이다. 기업가가 해야 할 가장 중요한 일은 생산요소의 결합을 바꾸는 것이지만 이것이 다가 아니다. 지금까지의 순환 어딘가에서 사용되던 것을 빼내어 새로운 방법으로 사용한다. 여기에는 당연히 저항이 뒤따른다. 따라서 다섯 가지 조건 중 어느 것을 발명 혹은 발견하는 것만으로는 부족하며, 저항이 거셀 것을 감수하더라도 새로운 결합을 수행해야 한다. 이때 인간관계를 조정하거나 돌파하는 감각과 성품, 박력이 필요하다. 슘페터는 이를 특수한 재능이라 말하고, 단순한 금전적 동기로는 이루어낼 수 없다고 했다. 창의, 권위, 선견지명, 통찰력을 가진 사람이 자신의 왕조를 만들 수 있을 정도로 강력한 승리자의 의지를 가졌을 때야말로 가능하다고 했다.

슘페터에 따르면 그 이전의 경제사상사는 정태분석에 대한 논쟁밖에 없었고, 그 완성형을 설명한 것이 발라였다. 그러나 예외적으로 유일동태를 설명한 사람이 있었는데, 그가 바로 마르크스이다. 마르크스는 노동에서 보이지 않는 착취분을 잉여가치라고 부르고, 그것이 이윤의 본질이라고 단언했다. 이에 더해 새로운 기계설비를 도입한 기업이 그 기계가 다른 경쟁사에까지 전부 보급될 때까지 얻은 이윤을 '특별 잉여가치'라고 불렀다.

슘페터가 주목한 건 후자였다. 논리 구성으로 보면 신결합이 등장하는 제2장 「경제발전의 근본 현상」은 '특별 잉여가치론'과 같다고 할 수 있을 정도로 닮아 있다. 앞서 신결합으로 독점 상태를 구축한 기업을 무너뜨리기 위해 이를 모방하는 기업이 여럿 나타나기 때문에 신결합은 무리를 지어 나타난다고 말했다. 단지 슘페터에게 있어 이윤은 종래의 균형 상태와 현재 상태의 차이에서만 생긴다. 다른 사람과 같은 일만 하는 노동자가 이윤을 만들고 자본가가 그것을 훔친다는 마르크스의 주장은 슘페터에게는 있을 수 없는 일이다.

요즘 기업은 노동자 중 정사원은 장기적으로 기업 내에 정착시키려고 하고, 비정규직 사원은 경기 순환에 맞춰 고용과 해고의 대상으로 삼고 있다. 이는 신기술 창출에 관련된 사람을 정사원, 다른 노동자로 대체할 수 있는 단순 작업밖에 할 수 없는 사람을 비정규직 사원으로 간주하기 때문일 것이다. 기업은 정사원이 되고 싶다면 아이디어를 내고 기술혁신을 도모해 이윤을 창출하라고 할 것이다.

슘페터는 경제의 기준점으로 균형, 혹은 순환의 상태를 가정했다. 이 가정에서 생산요소는 완전고용이다. 이런 구결합 상태에서 일부 생산요소를 빼내어(슘페터의 표현에 의하면 '탈취'하여) 신결합을 실행하면 토지와 노동에 보다 높은 대가를 지급해야 한다. 그러나 축적만으로 이를 실현할 자금을 조달할 수는 없다. 축적은 본래의 소유자가 사용하지 않은 구매력이다. 하지만 융자를 받은 다른 누군가가 이미 사용해버렸다면 그보다 '높은 대가'를 주어야 한다. 그러기 위해서는 새로운 구매력이 특별히 창출되어야 한다. 이를 가능케 하는 것이 은행이 만들어내는 신용이다. 은행은 맡겨진 예금의 일부를 지불준비금으로 남겨두고 그 이외의 예금을 융자하지만, 그 돈을 빌린 사람이 바로 쓰지 않고 다른 은행에 예금으로 맡긴다면 그 돈은 또 다른 사람에게 빌려줄 수 있는 돈이 되어 예금액이 최고 금액보다 몇 배로 늘어나게 된다.

이처럼 무에서 신용을 창조할 수 있는 은행은 기업가에게 있어 없어서는 안 될 파트너이다. 기업가와 은행은 성공할지 알 수 없는 가능성에 돈을 거는 위험을 부담한다. 이 두 파트너의 공동 작업으로 이윤이 생기며, 이자는 이윤을 원천으로 파생된 것, 말하자면 이윤에 과세된 조세에 지나지 않는다.

불황은 경제발전에 필수 불가결하다
― 경기순환 이론

슘페터는 발라처럼 수학적으로 경제를 설명하는 정량분석이 가능한 것은 정태 상태까지이고, 동태 상태는 꼭 정성분석(질적분석)이 필요하다고 생각해 오랜 기간에 걸친 역사적 자료에 관심을 가졌다. 또한 기업가와 조직의 성격에 관해 사회학적인 연구를 거듭해 민주주의론과 사회주의론(『자본주의, 사회주의, 민주주의 Capitalism, Socialism and Democracy, 1942』[101])에 거대한 흔적을 남

101　한글판 『자본주의, 사회주의, 민주주의』, 2011, 한길사

겼다.

단, 신결합을 이행하기만 하면 이윤이 생긴다는 그의 서술에는 문제가 있다. 신제품이라면 무조건 잘 팔릴 것이라 말하는 것은 생산 측의 견해이다. 슘페터는 기업의 노력은 그것이 무엇이든 소비 측의 조건과 관계없이 성취된다고 간주하고 있었던 것이다. 이런 그가 케인스와 충돌한 것은 어쩌면 당연한 일일지도 모른다.

슘페터에 따르면, 케인스의『고용, 이자 및 화폐의 일반이론』에 나오는 기업가상은 고전파의 정태분석에 머물러 있으며 이윤을 창출하는 신결합에 도전하지 않는다. 도전하지 않는데도 이자가 생기고, 재화 시장의 수급을 교란시키고, 실업이 발생한다는 것은 말도 안 된다. 거기다 케인스는 총수요를 낮추기 위해 공공정책까지 내놓으라고 한다. 신기축(기존의 것과 다른 방법이나 체제)이 낡은 경제 질서를 파괴하고 새롭게 창조된 신용이 생산요소의 가격을 높인다. 생산수단 소유자의 소득이 향상되고, 소비자가격이 올라야 호황이 시작된다. 경기가 은행에 변제(신용수축)하기 시작하는 시점에서 불황이 찾아오지만, 이도 균형을 이루기 위한 과정이며 자본주의경제에 있어서 필수 불가결한 것이다.

불황기야말로 구결합을 완전히 없앨 수 있다고 생각한 슘페터는 하버드대학교에서 강의할 때 유럽풍 망토를 벗으면서 미국의 경제학자 로버트 하일브로너Robert Heilbroner를 포함한 학생들을 향해 이렇게 말했다고 한다.

"여러분, 여러분은 불황 때문에 고민하지만 걱정할 것 없습니다. 자본주의에 있어 불황은 적당한 단비입니다(경기에 대한 그의 이론은 나중에 세 개의 파동의 조합으로 설명된다)."[102]

확실히 요즘 들어 공급중시경제학[103]으로 불리는 생산 측의 시점에서 보면 불황은 단비로 여길 수 있다. 그러나 케인스가 제시한 수요 측의 시점을 덧붙이면 소비자 또한 소득 중에 얼마를 소비할 것인가를 생산과 독립된 입장에서 결정하는데, 이때 장래에 대한 추측이 관계된다. 또한 쓰지 않는 돈을 서랍장 속에 모아둔다면 불황은 더욱 악화되고 만다. 자산시장에 돈이 나온다고 해도 반드시 신기축의 획기적인 면을 내다보고 융자된다고는 단정할 수 없다. 이와 같은 상황이 계속된다면 생산성보다도 투기가 우선될지도 모른다.

이 책은 이윤의 발생원을 밝혀내고 자본가와 기업가, 이자와 이윤이란 개념의 차이를 명확하고 엄중히 구별해낸 획기적인 책이다. 그러나 그 서술은 생산 측에만 집중되어 있다. 이로 인해 케인스와 슘페터의 빛과 그림자 같은 관계는 이후에도 한참 동안 계속된다.

---

102 『경기순환론(Business Cycles)』, 1939
103 자원을 공공부문에서 민간부문으로, 소비재에서 자본재로 돌림으로써 생산력의 증강과 물가수준의 안정을 기도하려는 경제정책상의 방안.

산업과 무역

Industry and Trade〔1919〕

: 수확체증의 법칙과 경제적 국민주의의 유추

치료에 성공한 경우를 살펴보면 자연적 치유력이 자유롭게 발휘되도록 했다는 것을 알 수 있다. 인간의 여러 활동에 관계된 자연적 치유력은 주로 지식이다. 사회적 분쟁에 대한 당국의 유익한 간섭의 대부분은 분쟁에 관계된 사람이 자발적으로 제공하기 싫어하는 정보를 자유의사로든 강제력에 호소해서든 입수하고 공표하는 것에서 시작된다. (제3편 제3장)

14

앨프레드 마셜
Alfred Marshall, 1842~1924

영국의 경제학자. 케임브리지대학교 교수. 아서 피구와 존 케인스의 스승이다. 저서로 『경제학 원리 (Principles of Economics, 1890)』가 있다.

수확체증에 집착하다

가장 단순한 경제 논리인 부분균형분석은 경제의 한 부분에 있어 수요곡선과 공급공선이 교차하는 곳에서 가격과 양이 결정된다는 이론이다. 이를 발견한 것은 앨프레드 마셜로 이 이론은 중고등학교 교과서에도 실리며, 여기에 기간과 연결시킨 일시적 균형, 단기 균형, 장기 균형의 개념 또한 잘 알려져 있다.

좀 더 발전한 미시경제학 교과서에는 발라의 일반균형분석이 최종목표로 놓여 있다. 발라의 이론이란 각 경제주체의 최적 행동에서 수요곡선과 공급곡선을 도출하고 이와 관련된 평균식을 연립시켜 상호의존하는 경제의 여러 부분을 일반평균으로 파악하는 것이다. 마셜의 부분균형분석은 모든 재화의 시장균형을 동시에 관찰해야 할 때 '다른 조건이 같다면'이란 가정 아래서 하나의 재화의 시장인 일부분을 주목하는 것이다. 즉 마셜의 분석은 특수한 경우의 분석을 통해 문제의 핵심에 다가가 문제를 발견하는 분석 방법이며, 일반적이며 최종적인 결론을 확인하는 것은 발라의 일반균형분석을 확인한 후에야 가능하다.

마셜을 이렇게 이해하는 것은, 경제학 입문의 첫걸음이라 생각하든 발견의 단서라 생각하든 경제를 기계적이라 생각하고 근사적으로 해석한 『경제학 원리』의 제5장 때문이다. 이 책에는 물리적인 힘이 맞서고 있는 것을 묘사한 발라의 '균형'과 비슷한 이론이 제시되어 있다. 그러나 마셜은 경제학을 생물학과 같이 생각하고 제6장에서 경제의 '유기적 성장'을 설명하려고 했다. 그는 부분균형분석을 일반균형분석의 일부분이 아니라 생물체로 보이는 '동적균형'의 한 부분과 비슷하게 만들려고 시도했다. 따라서 미시경제학에서 마셜은 그의 생각과는 달리 생물학을 기계에 견주어 설명한 사람이라고 평가받고 있다고 할 수 있다.

이것이 어려운 때는 '수확체증(비용체감)'[104]을 다룰 때이다. 마셜은 『경제학 원리』에서 생산 경쟁 상태 안에서 수확체증의 의미를 연구했다. 기업이 수확체증 상태라면 생산량을 늘릴 때마다 비

---

104 투입된 생산요소가 늘어나면 늘어날수록 산출량이 기하급수적으로 증가하는 현상.

용이 내려가므로 경쟁력은 높아진다. 그것이 언젠가 다른 기업을 쓰러뜨려 과점寡占[105]에서 독점에 이르기 때문에 경쟁할 상대가 없어진다. 이것이 수확체증과 경쟁의 공존에 관한 마셜의 딜레마이다.

다음 세대의 신고전파는 이 때문에 크게 고민하고 수확체증을 예외 현상으로 간주했다. 그러나 마셜은 수확체증 상태의 기업에 보조금을 주고, 수확체감 기업에는 세금을 과세해 빨리 도태시키자며 딜레마를 더욱 심화시키는 발언을 여러 차례 반복했다. 이 말을 들은 폴 새뮤얼슨은 "마셜은 자신이 개발한 잉여분석을 전혀 이해하지 못하고 있다"고 비꼬았다. 마셜의 발언은 소비자의 잉여를 늘리자는 것으로 생산자의 잉여를 무시하고 있다.

내부경제와 외부경제

마셜이 수확체증에 집착한 이유는 두 가지이다.

첫째, 리카도에서 밀 그리고 마르크스가 예측한 수확체증에 따른 이윤율 저하가 19세기 후반 영국에서 극복된 것처럼 보였던 것이다. 마셜의 『경제학 원리』는 밀의 『경제학 원리』를 따라 극복을

---

[105] 몇몇 기업이 어떤 상품 시장의 대부분을 지배하는 상태.

과제로 삼았다. 밀은 이윤율의 저하가 일어나지 않았던 현실을 바탕으로 물질적 만족보다 정신적 만족을 추구했다. 그러나 마셜은 욕망을 욕구로 승화시키고, 욕구가 활동으로 이어지도록 하는 활력을 바랐다. 리카도와 밀, 마르크스가 주장한 이론이 사라지기에는 아직 이르다는 것이다. 더욱이 고전파가 수확체감을 가정한 것에 대해서는 수확체증으로 대체했다.

마셜은 생산조직이 환경에 적응해 수확체증을 유지하는 것을 개개의 기업이 가진 자원, 조직 및 경영의 효율에 의존하는 내부경제와 생산의 일반적인 발전에 의존하는 외부경제 그리고 기업의 라이프 사이클이라는 세 가지 개념으로 설명했다('경제'란 이익 혹은 절약이다).

내부경제는 분업, 기계화, 기업가의 활력으로 생긴다. 내부경제에는 한계가 있어 분업의 이익으로 생기는 수확의 체증은 머지않아 체감으로 향한다. 이에 저항해 체증을 지속시키는 것이 외부경제이다. 외부경제는 같은 성격을 지닌 다수의 중소기업이 특정 지역에 집중되는 산업집적, 철도·선박에 의한 대량운송, 전신·우편망의 발전 등 사회적 기간 사업의 정비 그리고 대기업화로 탄생한다. 그러나 수확체증을 유지한다고 해서 모든 중소기업이 대기업이 되고 시장을 독점하는 것은 아니다. 그 이유는 기업에는 생물과 같이 수명이 있어 대기업이 된 후에는 젊은 기업에 대체되기 때문이다.

이처럼 마셜은 『경제학 원리』에서 내부경제, 외부경제, 기업의 라이프 사이클이란 일련의 흐름으로 한 나라의 경제가 발전한다고 설명했다.

시장의 자연 치유력을 높이는 정부의 간섭

마셜이 수확체증에 집착한 두 번째 이유는, 영국이 후발 자본주의국, 즉 미국과 독일에게 도전을 받았다는 사실이다. 말년에 마셜은 몰락할 위험에 빠진 영국을 구출해야 한다는 생각을 거듭해 이 책을 출판하고 5년 후에 죽음을 맞는다. 『경제학 원리』가 처음 나왔을 때는 제1권으로 출간되어 다음 편이 나올 것을 예고했다. 그러나 다음 편은 나오지 않았고, 약 30년 후에 이 책이 발표되었다. 이책이 출간된 다음 해 마셜은 『경제학 원리』 제6판에 "이 책이 사실상 『경제학 원리』의 다음 편이다"라고 적었다.

그만큼 독자들은 이 책에서 『경제학 원리』를 계승하는 내용을 기대했을지 모른다. 그러나 이런 기대와는 달리 이 책은 관찰과 서술에 집중한다. 제1편에는 여러 나라의 역사와 현상을 관찰하고, 개발도상국에서는 공업제품의 보호무역을, 선진국에서는 자유무역을 정책적으로 장려해야 한다고 적혀 있다. 자유무역은 선진국인 영국에 맞는 정책이고, 리카도의 비교우위설은 개발도상국에는 맞지 않는다고 했다. 제2편에는 시장경쟁이 얼마나 조직화되어 있는가를 설명하고, 제3편에는 시장독점의 양상을 다룬다. 모두 먼저 관찰한 후 그 결과를 이론과 융합시키려 했다.

마셜은 이론가이면서 관찰자이기도 했다. 그는 "내가 주요 산업의 여러 대표적인 공장을 방문해 산업에 관한 문제를 깊이 있게 연구하고자 노력하기 시작한 때로부터 반세기에 가까운 세월이 흘렀다"고 회상하고, 자신이 만난 공장 노동자에게서 직접 노동자의 보수를 묻는 것을 습관으로 삼았다고 한다.

마셜은 이 책에서 병자의 자연 치유력이 신체를 회복시킬 수 있도록 치료해야 한다고 말했다. 17~18세기 영국에서는 큰 회사가 무역을 독점할 수 있도록 정부가 편의를 도모했다. 이에 대해 마셜은 "본래는 건설적인 정책의 일부였지만, 대다수의 산업 독점에 대해 같은 변호를 할 수 없다"고 말했다. 정치는 시장이 자연 치유력을 높일 수 있도록 적절하게 간섭해야 한다는 것이다.

단 그가 말하는 적절함이 어떤 것인지는 판단하기 어렵다. 그래서 마셜은 유럽과 미국 등 여러 나라의 경제발전 역사를 거슬러 올라가, 그들이 진화시킨 기술, 조직, 제도, 국민정신을 관찰한 후 쇠퇴해가는 영국 경제를 구할 수 있는 방법을 연구했다. 이 책은 말하자면 신고전파의 윌리엄 제번스와 발라 혹은 리스트의『정치경제학의 민족적 체계』를 연상시키는 작품이다.

리스트는 마셜과 달리 관찰에서 직관적으로 이끌어낸 발전단계론과 유치산업 보호론을 증명하는 듯한 이론을 갖고 있다는 점이다. 그것이 수확체증을 둘러싼 의론이었다. 이 책 제일 앞에는 "하나 중 많은 것을, 많은 것 중에 하나를"이라고 적혀 있다. 여러 현상에서 하나의 논리를 도출한 것이 『경제학 원리』라면, 하나의 이론을 적용할 수 있는 현실의 다양함을 생각한 것이 이 책이다.

애국심도 외부경제다
─ 경제적 국민주의를 둘러싸고

마셜은 이 책에서 각국의 다양한 사례를 소개하고, 기업가의 활력은 어떤 형태여야 하는지, 산업집적, 사회적 기간사업, 대기업화라는 외부경제에 의해 각각의 나라가 얼마나 발전했는지를 연구했다. 그 사례로 인용된 것이 영국·독일·프랑스·미국으로, 이에 대한 내용은 매우 상세하다. 현재 교과서에는 일반적으로 외부경제의 원인으로 음식점이 밀집되어 있어 고객이 모인다거나, 모든 사람이 항만과 도로를 공유해 사적으로 부담해야 하는 비용이 내려간다거나 하는 산업집적과 사회적 기간사업 등 물리적인 요인을 들고 있지만, 이 책에는 보다 더 깊은 생각이 담겨 있다.

  마셜이 강조한 것은 정보와 지식이 교환된다는 질적 측면이다 (이런 점도 '국민경제학'을 주장한 리스트와 상당히 비슷하다). 국내에서 교역과 교통이 발달되면 커뮤니케이션을 통해 국민이 통합된다. 교역을 하려면 다른 기업을 질투하기보다 협조를 해야 한다. 마셜에 따르면 브뤼셀, 앤트워프, 베니스, 플로렌스, 밀라노 같은 여러 주요 도시의 분위기가 교역을 통해 나라 전체로 퍼지고, 그것이 애국심이 되며, '경제적 국민주의'의 형태가 된다. 마셜은 이런 경제적 국민주의가 '선善'인 경우는 매우 드물지만, 엄청난 이익을 창출한다고 말했다.

애국심이 외부경제란 말은 무슨 뜻인가? 마셜은 "대부분의 기업활동은 한 가지 상황을 여러 가지 측면에서 관찰한 다음 확신을 가지고 투기하는 것"이라고 했다. 사업 상대의 모든 것을 파악하는 것은 불가능하므로 교역을 하려면 먼저 상대를 신뢰해야 한다. 그렇기에 기업의 신뢰성과 간판이 의미를 갖는 것이다. 그리고 '사회적 신뢰' 또한 교역의 전제가 된다. 공공질서의 안정성에 대한 신뢰, 국내의 소란과 외국의 공격을 받을 염려가 없다는 신뢰, 실업가와 입법자의 정직함과 이성에 대한 신뢰 그리고 통화의 견실함과 적절한 운용의 신뢰 등 사회적 신뢰가 뒷받침되어야 기업활동이 가능하다는 것이다.

이처럼 다른 사람과 사회나 국가에 대한 일반적인 신뢰를 배경으로 역사·기후·자연자원·지리 등의 차이가 더해져 각 나라의 국민성이 형성된다. 이런 각 나라의 국민성은 기업가가 제품을 생산할 때 특징으로 나타난다.

각 나라의 예를 들어보면, 영국은 '자유로운 정신', 프랑스는 '제품의 개성과 우아함', 독일은 '과학의 응용', 미국은 '생활양식의 동질성' 같은 특징이 있다. 자본주의를 영국과 미국의 앵글로색슨형, 일본과 독일의 라인형으로 구별하는 미셸 알베르Michael Albert의『자본주의 대 자본주의Capitalism against Capitalism, 1991』의 원형이라고 할 수 있다.

마셜은 기업 제도에도 관심을 가졌다. 기업가가 가져야 할 활력은 경영자 자신에게 이윤이 돌아오는 중소기업에서 확보된다. 그러나 주식회사가 보급되면 소유와 경영이 분리되고 주주는 단기적인 이익을 추구하기 때문에, 장기적으로 안정되어야 할 경쟁의 장소가 파괴되고 만다. 밀은 이미 유한책임有限責任[106]을 전제로 주식회사를 인정하고 있었지만 마셜은 영국인의 특징이 개인의 자유로운 정신에 있다고 생각하고 중소기업에 기대를 걸었다. 그리고 정부는 정보를 공개하고 교육을 향상시키는 등 기술 개발을 위해 노력해야 한다고 했다. 또한 대기업에게는 단기적인 이익에만 주목하지 않는 '경제구사도'를 촉구했다. 독점체제에 안주하지 않고 활력이 유지되는 것을 기대한 것이다.

마셜이 생각한 정치란, 각 나라의 국민성에 기초한 자연 치유

---

[106] 어떤 회사에 손실이 발생한 경우, 그 회사의 소유자(주주)가 자신이 투자한 자본금의 한도 안에서만 책임을 지고 개인 재산으로 손실을 부담할 의무는 없는 상태.

력을 통해 나라가 발전할 수 있도록 돕는 것이었다. 단 역사는 마셜의 생각과는 반대로 흘러가 미국, 독일, 일본이 주식회사 제도를 국민문화의 틀에 맞추면서도 제대로 활용해 영국을 능가하게 된다.

위험과 불확실성 및 이윤

Risk, Uncertainty, and Profit ⟨1921⟩[107]

: 불확실성이 가득한 자본주의는 '굿 게임'인가

> 이윤을 얻는 데 맞닥뜨리게 될 유일한 위험은 궁극의 책임을 다해 얻은 결과에서 생기는 독특한 불확실성이다. 불확실성은 본래의 성질 때문에 미리 준비해두는 것도 불가능할 뿐더러 자본화하는 것도, 봉급화하는 것도 불가능하다. 이윤은 본질적인 사물의 절대적 예측불가능성에서 발생한다. 또한 인간 활동의 여러 결과는 예측할 수 없다는 야만적인 사실에서, 그리고 이것들에 대한 확률계산마저도 불가능하며 의미가 없는 범위에서만 발생하는 것이다. (제10장)

---

[107] 한글판 『위험과 불확실성 및 이윤』, 2018, 필맥

15

프랭크 나이트
Frank H. Knight, 1885~1972

미국의 경제학자로 시카고학파의 창시자 중 한 명이다. 시카고학파는 밀턴 프리드먼과 조지 스티글러(George J. Stigler)[108] 같은 인재를 배출했다.

위험과 불확실성

프랭크 나이트는 제이컵 바이너Jacob Viner나 헨리 시먼스Henry C. Simons와 함께 자유주의 시장경제를 옹호하는 시카고학파의 창시자이자, 제2세대 신자유주의자인 프리드먼과 스티글러의 사상에 영향을 끼쳤다. 그러나 그의 경제사상은 자유방임에 대해 다소 회의적이며 한때 동료였던 하이에크를 비판했다. 하지만 그의 이러한 면이 후세에 계승되지는 않았다.

---

108 1911~1991. 미국의 경제학자로 산업조직론, 정보경제학, 규제경제학 발전에 기여했다. 1982년 '산업구조와 시장 기능, 정부 규제의 원인과 효과'에 관한 선구적인 연구업적으로 노벨 경제학상을 받았다.

이 책은 나이트의 처녀작이다. 당시 1918년, 제1차 세계대전이 막을 내린 후 미국에서 사업이 활성화되고 유럽의 채무국이 채권국으로 전환되는 등 세계 산업이 호경기를 맞이했다.

이 책의 주제는 이윤의 원천과 사회의 관계이다. 나이트는 마셜을 논리적으로 지지했다. 그러나 완전경쟁으로 수요와 공급이 균형을 이룬다는 정태분석에 관해서는 이윤이 나올 수 없다며 동태분석으로 이윤 발생의 근거를 찾았다. 그러나 동태분석을 수확체증과 현실의 관찰에서 행하려 했던 마셜과는 달리, 나이트는 장래에 대한 예상 불가능성에 주목한다. 그가 염두에 둔 사람은 이윤에 관해 동태설을 제기한 존 베이츠 클라크John Bates Clark[109]이다. 그리고 클라크가 동태분석에 주목한 것이 현명하다고 말하면서도, 그가 장래의 변화를 예측할 수 있는지 없는지를 구별하지 않았다는 점에 대해서는 비판한다. 더욱이 훗날 후세들이 펼칠 사상을 예측하고 이를 세 종류로 구별했다.

첫째는 '선험적 확률(수학적 확률)'이다. 예를 들어, 주사위를 던져서 6이 나올 확률이 6분의 1인 경우, 이는 수학적인 '경우'의 이론에 따른 확률이다.

---

[109] 1847~1938. 미국의 경제학자. 초기에는 독일 역사학파의 영향을 받아 사회개량주의적 경향을 보였으나, 그 뒤 경제이론 연구에 전념했다.

둘째는 '통계적 확률'로 '특정한 날 특정한 건물에 불이 날 확률'과 같이 과거에 있었던 똑같은 경험의 자료에서 예측할 수 있는 확률이다.

셋째는 나이트가 주목한 '추정'이다. 딱 한 번 일어난 현상은 수학적으로 경우의 수를 구할 수도, 통계의 대수법칙을 응용할 수도 없다. 나이트는 알 수 없는 장래의 사업을 이 '한 번 한정'의 현상에 해당한다고 간주하고, 실업가는 의사를 결정할 때 추측해서 판단한다고 했다.

앞의 두 가지는 객관적인 확률로 수량으로 전환할 수 있지만 추정은 주관적인 확률에 의지할 수밖에 없다. 이에 대해 나이트는 장래의 변화를 확률로 예측할 수 있는 위험risk과 주관적으로 추정할 수밖에 없는 불확실성uncertainly으로 구별했다. 발생할 확률이 예측 가능한 위험에 대해서는 대수법칙이 성립하기 때문에 보험 등의 시스템으로 시장 거래를 하는 것이 가능하다. 보험의 지불은 고정비가 되어 '위험'을 비용으로 처리할 수 있다. 그러나 기업가가 불확실성에 대처하기 위해 추측하고 그것이 적중해 매상이 비용을 웃도는 경우 비용이 남는다. 나이트는 이것이 이익profit의 정체라고 했다.

불완전경쟁의 자유경제

이 책의 제1부 「서론」에서는 경제학의 방법론과 이윤의 학설사를 간단히 설명하고, 제2부 「완전경쟁」에서는 '소여(부여된)의 자원' 이 '소여의 욕망'에 대해 시장을 통해서 효율적으로 분배되는 정지 상태의 시장론을 다룬다. 이 부분에서 자원의 부존량賦存量과 욕망의 형태를 미리 알 수 있으므로 장래에 어떤 일이 일어날 것 인지를 객관적인 확률로 추리할 수 있다. 나이트는 완전경쟁의 본 질을 가격과 재화의 질, 자신의 욕망, 갖고 있는 기술을 완전히 이 해하는 정보의 완전성 그리고 판단의 합리성에 있다고 했다. 그러 나 균형은 변화도 없고 이윤도 발생하지 않는다. 균형에 수렴하는 과정의 불균형 상태에서 초과이윤이 발생하지만 나이트는 이것 도 본질적이지 않다고 했다.

그리고 제3부 「리스크 및 불확실성을 통한 불완전경쟁」에서는 위험으로 구별되는 불확실성이 현실의 경제에 항상 존재하며, 이 때문에 완전경쟁 원리로도 다룰 수 있는 보험시장만으로는 헤지 hedge[110]할 수 없는 영역의 처리가 촉구되며, 그것이야말로 자유 경제의 핵심이 된다고 주장했다.

---

[110] 다른 자산에 대한 투자 등을 통해 보유하고 있는 위험자산의 가격변동을 제거하 는 것.

나이트에 따르면, 이와 같은 진정한 불확실성을 처리하기 위한 특수한 형태의 기업이 생겼다. 그것이 근대사회 사업단위의 전형이라는 '주식회사'로, 소유권의 분산과 집중된 통제의 결합이라는 특징을 지닌다.

18세기에서 19세기에 걸쳐 영국의 기업에서 자본가는 소유자이자 경영자였다. 오너 경영자는 자신이 이익과 손실을 모두 감당해야 한다는 문제가 있었다. 게다가 19세기 말 경제 전반은 불확실성을 겪는 데다가 대량생산 체제가 양산되어 대규모 자본을 필요로 하게 되었다. 이를 오너 경영자가 혼자서 감당하기에는 역부족이었다. 이에 대해 20세기 미국에 보급된 주식회사는 소유권을 주식으로 세분화해 주주가 분산해서 보유할 수 있도록 했으며, 조직 내에서는 직업 능력을 전문화하는 것으로 장래의 추정 능력을 높일 수 있었다. 이와 같은 사회조직이 현실의 자유경제의 중심에 있으며, 이것을 완전경쟁의 이론으로는 분석할 수 없다는 것이 나이트의 주장이었다.

이처럼 완전경쟁에서 출발했지만 현실의 경제는 그것과는 다르다는 관점은 슘페터와 케인스 등 동시대 사람들도 공유한 생각이었다(나이트는 1883년에 태어난 슘페터와 케인스보다 두 살 아래였지만 저서를 출판한 것은 10년이나 차이 난다). 슘페터의『경제발전의 이론』은 기업이 솔선해서 일으키는 혁신을 동태의 원동력으로 간주하고 그것을 이윤의 원천으로 삼았다. 또한 이 책은 알 수 없는 미래에 관한 추론이라는 주제를 다루고 있는데, 같은 해에 출판된 케인스의 『확률론A Treatise on Probability, 1921』과 같은 주제를 다루었다는 점에서 놀라울 따름이다. 물론 나이트가 케인스의 『확률론』을 참조했다는 기록이나 흔적은 없다.

더욱이 1932년, 아돌프 벌Adolf A. Berle과 가디너 민즈Gardiner Means는 나이트가 예언한 사회의 소유와 경영의 분리가 현실화된 것을 실증했다. 또한 케인스는 『일반이론』에서 분산 보유된 주식은 화폐와 선택적으로 보유되기 때문에, 근본 없는 불안이 사회를 지배하면 사람들은 군중 심리에 따라 유동성 보유에 집중하기에 주가가 폭락할 수 있다고 생각했다. 나이트도 1948년에 재판된 새로운 서문에서 "붐, 불황 그리고 실업 이론의 여러 문제에 관해서는 투기적 시장이 전형적인 불안정한 균형을 나타낸다는 사실에서 분석을 시작해야 한다고 확신한다"고 말했지만 화폐와 사회심리의 관계까지는 언급하지 않았다.

자유시장의 논리
─ 경쟁적 게임인 자본주의

나이트는 자유주의 논리에 관심을 가졌다. 1921년 나이트는 「논리와 경제적 해약」이라는 논문을 발표하여 경제학에서 다루는 기술 등 여러 가지 여건 중에서도 가장 기초적인 것이 개인의 욕구라고 전제했다. 그리고 욕구를 여건으로 삼으면 논리학을 더 이상 이어갈 수 없으며 변화하고 성장하는 것이 바로 욕구의 본질이라고 했다. 이것 또한 시장을 동태분석적으로 생각하는 견해이다. 거기다 '경제적 해약'은 생리학적 필요를 욕구와 동일시하지만 사람은 단순히 생존하기 위해 활동하는 것이 아니라 살아갈 가치가 있다고 생각되는 인생을 보내기 위해 살아간다는 점을 지적했다.

이 책에서도 필수품에 대한 욕구는 역사적으로 형성된다고 말한다. 이에 더해 다른 사람과 경쟁하는 사회적 욕망도 언급하고 있다. 이런 두 가지 견해는 베블런과 교류했던 나이트의 유일한 견해라고 할 수 있다.

나이트는 더욱 유명한 「경쟁의 윤리The Ethics of Competition, 1923」에서 개인이 자신의 욕구를 남김없이 버린 후에는 시장경제의 자유방임 체제에서 생산과 분배가 정당화될 수 없다고 했으며, 그 이유를 열두 개의 항목으로 설명했다. 그중 몇 가지는 소비사회론적 시점에서 비롯된 것으로 개인의 욕구는 사회경제 시스템을 통해 형성된다고 주장한다. 이는 소비수요가 기업에게는 불확실성의 요인 중 하나로 간주된다는 점에서 이 책과도 관련이 있으며 케인스와 공통되는 생각이라고 할 수 있다.

나이트는 이 논문에서 자유경제에는 수요의 욕구를 충족시키는 수단이란 측면이 있으며, 이와 동시에 경제주체의 자유로운 활동이 펼치는 경쟁적 게임이라는 면도 있다고 말했다. 게임이 공평하려면 경기를 펼치는 능력, 노력 그리고 운이란 세 가지 요소를 고려해야 한다. 그러나 게임은 능력을 측정하는 것이며, 노력을 강요하는 것이라 해도 결과가 사전에 알려지면 성립되지 않는다. 따라서 '굿 게임'에는 능력, 노력, 운의 비율이 필요하다. 나이트의 눈에는 당시 미국의 비즈니스 사회가 '굿 게임'으로 비치지 않았다.

불확실성이 개인의 능력과 노력으로 극복할 수 없을 정도로 크다면, 최초에 운이 좋았던 사람이 계속 유리하게 된다. 좋은 교육 기회는 돈으로 살 수 있고, 거대한 회사만이 불확실성을 처리할 수 있기 때문이다. 극소수의 '생산의 통제'와 '금융의 나폴레옹'만이 경쟁의 게임에서 이길 수 있고, 대중은 단지 힘든 일에 종사하게 된다. 나이트는 이런 시점으로 독점적인 기업체를 자유의 상징으로 간주한 시카고학파의 신자유주의자들을 강력하게 비판했다.

불확실성을 크게 증식시키는 신자유주의

이 책은 현재의 세계에도 많은 시사점을 준다. 1980년대부터 미국에서는 금융기관의 업무가 전문화되었고, 이율과 리스크를 여러 순위로 나누는 CMO(모기지 담보부 채권)가 개발되었다. 은행은 이러한 증권화에 대비해 전문가를 기용하여 위험에 대한 확률을 파악했지만 불확실성에 따른 피해가 완전히 사라지지는 않았다. 기술혁신이란 미지의 영역에 대한 도전으로, 그것이 경제와 사회에 어떤 영향을 미칠지는 나이트의 말처럼 불확실하다. 20세기 말 미국은 금융 분야의 기술개혁을 발전의 원동력으로 삼으려 했지만 절대적인 불확실성에서 벗어날 수 없는 것이 기술혁신인 이상, 불확실성이 위험에 적응할 때까지 신기술을 공적인 감독과 감시 아래 두어야 했다.

신자유주의자는 시장경쟁이 소비자 간의 감시를 조장하고 규범을 만든다며 이러한 공적 규제는 불필요하다고 생각했다. 하지만 금융시장에서는 독자적인 성공을 꿈꾸는 사람이 있게 마련인데, 이들은 규범을 파괴하고 사적인 이익을 추구하는 경향이 있다. 신자유주의의 주장이 채택되어 금융시장의 규제완화가 추진되었기 때문에 불확실성이 증식해 펀드 파탄에서 서브프라임론 사태를 거쳐 전대미문의 금융위기에 빠진 것이다. 증권화란 말하자면 전체 중 꽝이 하나뿐인 제비에서 절대로 꽝을 뽑지 않는 기술혁신이었지만, 규제완화로 인해 꽝의 총량이 급증해 제비 자체가 파괴되고마는 것이다. 그리고 이러한 상황에서 대기업은 비정규직을 해고해 연명을 꾀한다.

이와 같은 결과는 역시 '배드 게임'이다. 나이트가 지적한 불확실성과 위험의 차이를 식별하지 않는 신자유주의적 사고가 세계를 공황으로 몰아세웠다.

국민경제학의 기본원리

Grundsätze der Volkswirtschaftslehre （1871）

: 판매 가능성과 인간 경제의 수수께끼

여기에는 성문법과 관습법의 관계와 비슷한 관계가 있다. 즉 교환수단은 원래 법률과 사회적 계약으로 성립되는 것이 아니라 관습에 의해 성립된 것이다. 이는 사회적으로 공동생활을 영위하는 여러 개인의 주관적 동기와 지성의 발전 정도의 유의성에 대응하고, 유의성을 제시한 그들의 지향, 사고, 행위에 의해 (사회 구성원 개개인이 일을 꾸려나가는 과정에서 생기는 상상도 하지 못한 결과로) 성립되며 모방에 의한 보급과 지성의 진보를 위해서 일반적으로 사용하게 된 것이다. (제9장)

16

카를 멩거
Carl Menger, 1840~1921

오스트리아의 경제학자. 1871년 저서인 『국민경제학의 기본원리』를 발표해 오스트리아학파의 창시자가 되었다. 윌리엄 제번스, 레옹 발라와 함께 '한계혁명'을 완성시켰다.

『국민경제학의 기본원리』의 개정

카를 멩거는 스물한 살에 출판한 『국민경제학의 기본원리』에서 이른바 '물과 다이아몬드의 패러독스'를 다루고 있다. "1파운드의 식수는 왜 평상시의 인간들에게는 아무런 가치가 없는 걸까? 이와 달리 1파운드의 몇십, 몇백 분의 일의 금과 다이아몬드는 왜 항상 상당한 가치를 지니는 걸까?"라고 말이다.

멩거는 이에 대해 "물은 어디에나 있으며 모자라지 않아 필요한 욕망을 모두 채우고도 사라지지 않지만, 다이아몬드와 금은 그 양이 한정되어 있어 사람들의 욕망을 모두 채울 수 없기 때문"이라고 설명하고 있다. 이런 서술에 대해 멩거는 가치는 곧 가격이며,

이는 한계효용(과 한계비용)에 의해 결정된다는 점을 지적했다고 알려져 한계혁명에 독립적으로 기여했다는 평가를 받았다. 그리고 발라나 제번스와 함께 신고전파 경제학 창시자 중 한 명이 되었다.

이후 멩거는 독일 역사학파의 방법논쟁을 시도해, 공동의사와 국민경제 같은 상호작용 안에서 의도하지 않고 도출된다는 정밀한 이해를 주장했다. 그리고 그 연장으로 화폐론을 발표했지만, 이상하게도 1890년대 각국에서 보내온 『국민경제학의 기본원리』의 번역 의뢰는 계속 거절했다. 이는 개정판을 준비한다는 뜻으로 받아들여졌다. 실제로 그는 1902년, 저술에 전념하고 싶다는 이유로 빈대학교의 교수직에서 물러났으며 여러 책을 독파하고 많은 초고를 썼지만, 10년이 지나도 한 권의 책으로 정리하지 못하고 죽고 말았다.

이 책은 멩거가 죽은 후 그의 아들 카를 멩거 주니어가 편집한 것으로, 편집 후에도 반세기나 지난 후에야 비로소 간행되었다.

'한계혁명'을 둘러싼 자기비판?

카를 멩거 주니어가 어떤 생각으로 이 책을 편집했는지는 아직까지 수수께끼로 남아 있다. 멩거는 직접 소비되는 '제1차재', 그것을 생산하는 원자재인 '제2차재', 자본재의 '제3차재', 노동 등 '제4차재'라는 식으로, 저차재에서 고차재로 이동하는 '절약화-경제화'의 방향으로 연쇄가 형성된다고 했다. 바베르크Eugen Bhm von Bawerk[111]와 미제스Ludwig Edler von Mises[112]는 이런 우회생산의 과정을 장래에 관한 예측과 자본, 이자와의 관계로 해명하려고 노력하고 연쇄의 모든 것이 시장가격에 의해 조정된다고 간주했다. 이들은 신고전파와 친화성이 높은 오스트리아학파[113]를 탄생시켰다.

그러나 이 책의 개정이 한계혁명에 대한 자기비판을 시도한 것이라면, 이는 신고전파에 대한 비판이 된다. 칼 폴라니는 『인간의 살림살이The Livelihood of Man, 1977』[114]에서 이 책에 새롭게 덧붙인 제4장 3절 '인간 경제의 기본적 두 방향'을 언급하고 있다. 한계혁명을 거친 신고전파는 라이오넬 로빈스Lionel C. Robbins가 제기한 경제학에 대한 희소성 정의를 따르고 있지만, 폴라니는 멩거가 그 과정이 잘못되었다고 생각했다고 해석했다.

폴라니에 따르면, 멩거가 말하는 기본적 두 방향이란 '기술적-경제적 방향'과 '절약화-경제화 방향'을 일컫는다. 먼저 기술적-

---

111 1851~1914. 오스트리아의 경제학자.
112 1881~1973. 오스트리아 태생의 미국 경제학자. 화폐가치를 효용이론에 둔 화폐이론 체계를 완성하고, 화폐적 경기이론의 전개에 공헌했다.
113 오스트리아에서 카를 멩거를 시조로 해 발전한 근대 경제학파.
114 한글판 『인간의 살림살이』, 2017, 후마니타스

경제적 방향이란 욕구를 충족시키는 데 필요한 재가 모두 제공되지는 않으므로 생산수단을 효율적으로 분배해 필요한 재를 효율적으로 생산하려는 방향을 말한다. 절약화-경제화 방향이란 생산수단을 관리할 수 없을 때 부족한 재를 시간의 흐름에 맞춰 분배하는 방향을 말한다.

폴라니는 전자를 경제 행동의 '형식적 정의'로 간주하고, 인간 행동의 목적-수단 관계의 논리적 성질에 지나지 않는다고 말했다. 이에 반해 후자를 '실체=실존적 정의'로 보고, 인간이 생존을 위해 자기 자신과 자연환경 사이의 제도와 작용에 의존하는 과정이라고 주장했다. 또한 노동과 토지, 자본과 같은 생산요소는 그 희소성으로 인해 선택의 대상이 되는 일반 상품과는 다르다는 것을 강조하고, 자원이 부족할 때 무엇을 해야 하는지 고찰하는 것이 얼마나 중요한지 호소했다. 폴라니가 꼽은 '물과 공기, 따뜻한 엄마의 애정'은 인간이 예산제약의 범위 내에서 합리적으로 선택하는 상품이 아니라 인간이 존재하기 위해 꼭 필요한 것이다. 갓난아기에게는 물, 공기와 마찬가지로 엄마의 애정이 꼭 필요하다. 아기는 엄마의 애정을 통해 성장하고 사회성을 기를 수 있다.

폴라니는 『거대한 전환The Great Transformation, 1944』[115]에서 노동, 토지, 화폐가 "본래, 상품이 아니다"라고 지적하고, 생산요소

---

[115] 한글판 『거대한 전환』, 2009, 길

를 시장화하는 데는 한계가 있다고 생각했다. 그는 제도와 관행에 의한 보호를 통해 생산요소시장의 제약을 거는 사회운동에 기대를 걸었지만 멩거가 시사한 경제에 관한 '실체=실존적 정의'를 접한 후에는 경제인류학을 전개하고 '경제의 실체가 실존'이란 말이 무슨 의미인지 모색했다.

상품의 판매 가능성

멩거의 논술은 확실히 중의적으로 해석될 수 있어, 그것이 생전에 개정판을 출판하지 못한 이유로 추측되었다. 제8장에는 '상품의 판매 가능성'이란 개념이 제시되어 있다. 멩거는 상품에는 팔리기 쉬운 것과 팔리기 어려운 것이 있다고 했다. 즉 각 상품의 시장성, 유통성의 정도에 차이가 있다는 것이다. 멩거는 수요량의 적음, 법률, 풍습, 편견과 지역의 전통, 운송에 걸리는 물리적 장애 등을 이유로 들고, 정기시장, 거래처, 경매 등이 정착한 교역이 조직화되면 이런 제약이 완화되기 때문에 판매 가능성이 높아진다고 했다.

　여러 시장이 결합되고 인터넷 판매도 가능한 요즘에는 상당히 특수하고 수요가 적은 상품이라도 이를 필요로 하는 소비자를 발견할 가능성이 높아진다. 신고전파의 관점에서는 완전경쟁 상태에서 재화의 수요와 공급이 균형을 이루고 있을 때는 생산자가 원하는 만큼 상품이 팔리므로, 판매 가능성이란 불균형 상태에서 교환하는 때를 의미한다고 이해할 수밖에 없다.

그러나 멩거가 겨우 불균형의 정도에 대해 논하기 위해 힘들여 '판매 가능성' 같은 개념을 도출한 것일까? 여기에 초판과는 크게 다른 이 책 서두의 '욕망론'을 더하면 다른 해석이 가능하다. 멩거는 주관주의를 주장했다고 알려져 있지만, 각 사람의 효용함수의 형태가 다르다는 신고전파의 '주관주의'와는 상당한 차이가 있다.

신고전파는 사과가 귤의 대체재라고 생각했지만 사과와 귤은 사실 식물학적·객관적으로 큰 차이가 있다. 그러나 멩거는 "물物은 재의 성격을 지니고 있지 않다. 이는 물의 객관적인 성질을 전제로 하고 있지만, 그것 자체는 성질이 아니라 물과 우리들의 관계이며 그것이 소실되면 그 물은 재로 있을 수 없다"라고 말하고 있다. 어떤 재가 재가 되기 위해서는 그 사물과 관계를 맺어야 하며, 그 관계로부터 맺은 과실을 먹는 것으로 한정할 수 없고, 진열품도 종자도 될 수 있다. 멩거의 주관주의란 이런 관계와 사용 목적에 관계된 것이었다.

이런 의미에서 주관성을 고려하면, 판매 가능성이란 소비자가 재를 어떤 식으로 생각하고 있는지 공급자가 이해하지 못해서 생기는 현상으로 볼 수 있다. 이러한 해석은 시장의 조직화가 상당히 진행되었다 해도 사라지지 않는다. 예를 들어보자. 코코아는 오랫동안 큰 인기가 없는 음료였다. 하지만 코코아에 유기화학물인 폴리페놀이 많이 함유되어 있다는 뉴스가 보도된 후 순식간에 수요에 불이 붙었다. 공급자는 코코아를 음료라고 규정하여 판매하지만 소비자는 항산화 작용을 하는 건강식품으로 인식하기 때문이다. 즉 코코아의 판매 가능성은 음료로 판매할 때는 낮아지고, 건강식품으로 판매할 때는 높아진다.

이는 수급의 불균형에 관한 문제가 아니다. 편의점을 창업한 세븐 일레븐 재팬의 회장이자 실무가인 스즈키 도시후미鈴木敏文는 상품을 '팔리는 것'과 '죽은 것'으로 나누고, 죽은 것을 버리고 팔리는 것을 완비하여 판매하는 업태를 만들었다. 이는 판매 가능성에 따른 물건 판매와 유사한 형태이다. 팔리는 것과 죽은 것은 가격과는 관계가 없으며, 가격을 낮춰도 죽은 것이 팔리는 것으로 전환되는 일은 없다고 한다. 편의점은 소비자와 상품의 관계를 이해하고, 판매 가능성을 높이려는 유통 업태다.

화폐의 생성
─ 사회심리가 금융시장을 움직인다

멩거는 화폐의 생성에 관해서도 상품의 판매 가능성 개념을 이용해 참신한 견해를 내놓았다. 물물교환에서 내가 원하는 재를 가진 다른 사람이 내가 가진 재를 원하는 일은 극히 드물다. 이러한 '욕망의 이중적 일치'의 어려움을 해결하기 위해서 화폐가 필요하다. 그동안 화폐는 국가에 의해 강제로 통용되거나 신고전파의 해석처럼 사회계약으로 합의한 뒤 도입하는 것이라고 알려져 왔다. 그러나 멩거에 따르면, 판매 가능성이 높은 재는 다른 재보다도 교환이 쉬우므로 이런 지식이 '실습과 모방, 교육과 습관'으로 시장에 알려지고, 가장 판매 가능성이 높은 상품이 자유로운 상업 활동을 통해 어느덧 화폐의 자리에 올라선다. 이는 하이에크가 강조한 '의도하지 않은 귀결'로 습관으로 굳어진 것이다. 화폐는 국가가 법률을 통해 통용할 수 있는 것이 아니며 국가에는 사후적인 승인만 남게 된다는 의미이다.

이 화폐론을 게임론과 같은 협조 안에서 진화해 생성하는 것으로 생각하면 신고전파의 틀 안에서 생각하는 것도 불가능하지 않다. 그러나 신고전파는 화폐를 객관적으로 정의할 수 있다고 간주했다. 여기서도 멩거의 판매 가능성과 주관주의의 개념에 맞춰 설명하면, 화폐란 국가와 합의에 의해 정의된 객관적인 '물'이 아니다. 유동성(판매 가능성)이 높은 자산은 금과 지폐뿐만이 아니다. 정기예금에서 주식, 사이버머니에서 토지까지 모두 화폐로 간주된다. 중앙은행이 금융을 아무리 엄격히 관리한다 해도 화폐는 스스로 불어난다. 역으로 생산유동성에 불안이 만연하면 화폐(라고 생각되는 것)는 의도하지 않아도 감소되고 만다.

하이에크는 멩거로부터 주관주의를 계승했지만, 통화의 발행도 은행에 맡긴다는 그의 자유은행론은 시장의 자생적 질서 형성 능력에 대한 낙관을 나타내고 있다. 낙관과 불안에 의해 화폐의 규정이 바뀐다는 시점은 케인스가 생각한 것이지만, 낙관론이든 비관론이든 금융시장에서 사회심리를 보는 이론의 원천은 멩거에서 유래했다고 할 수 있다.

이와 같이 이 책은 이중성을 분명히 드러낸다. 그리고 그것은 후대의 경제사상사가 여러 분야로 나뉘는 원인이기도 하다.

경제학의 본질과 의의에 관한 소론

Essay on the Nature and Significance of Economic Science 〔1932〕

: 형식화와 가치자유는 과학의 조건인가

시간 및 목적을 달성하기 위한 수단들은 한정되어 있으며, 대체해서 사용할 수 있다. 거기다 여러 가지 목적의 중요도에 순위를 매길 수 있다. 인간은 이런 상황에 닥치면 선택이란 행동을 취한다. 하나의 목적을 달성하기 위해 시간과 희소가치가 있는 수단을 투자하는 모든 행동은 다른 목적을 달성하기 위해 그것들의 사용을 단념한다는 것을 의미한다. 이는 경제적 측면을 갖는다. (제1장)

라이오넬 로빈스

Lionel Charles Robbins, 1898~1984

영국의 경제학자. 런던정경대의 경제학부장으로, 이 대학을 케임브리지학파[116]에 대항하는 거점으로 키웠다. 케인스를 반대하는 입장을 고수했다.

경제학이란 희소성과 선택을 주제로 한 과학이다

앞에 소개한 문장은 경제학이 '희소성'과 '선택'을 중심으로 하는 학문이라고 설명한 것이다. 위의 문장 조금 뒤에 "경제학은 여러 가지 목적과 서로 대체할 수 있는 희소적인 수단들과의 관계에서 인간의 행동을 연구하는 과학이다"라는 경제학의 정의가 나와 있다. 이 문장은 최근 대부분의 경제학 입문서에 '경제학이란 어떤 학문인가'를 논할 때 인용되고 있다. 이렇듯 이 책은 경제학의 정

---

116 마셜, 피구, 케인스, 로빈스 등 영국 케임브리지대학교 출신의 경제학자들을 중심으로 발전한 경제학파.

의에 결정적인 영향을 미쳤다.

그러나 라이오넬 로빈스는 이에 대해 겸허한 태도를 취한다. 이 책의 제1판 서언에 당시 가장 훌륭한 여러 작품을 자신의 이론과 관련지어 정리하니 이런 정의가 나왔다고 밝힌 것이다. 그리고 이 책의 본론 첫머리에 "하나의 과학이 어떤 일정한 발전단계에 도달할 때까지, 그 범위를 정하려고 해도 이는 가능하지 않다"라고 말했다. 그리고 문제의 동일성이 발견될 정도까지 경제학이 통일된 것은 정말 최근의 일이라고 했다. 즉 그는 경제학의 중심에 있는 문제는 스미스 이래 오랫동안 갈피를 잡을 수 없었지만, 1930년대에 이르러 겨우 그 정체가 희소성과 선택이라는 것을 눈치 챘다고 설명하고 있다.

이는 언뜻 보면 겸허하게 보이지만 실제로는 매우 대담하며 불손한 발언이다. 이렇게 말하는 이유는, 그때까지의 경제학설사는 희소성과 선택의 모색 과정으로서 설명되어야 하며, 그 이외의 개념과 경험, 사색은 버려야 한다고 주장한 것과 같기 때문이다. 그리고 희소성과 선택을 중심 개념으로 삼는 현대경제학은 실제로 흄의 문명론, 스미스의 논리학과 '자연' 개념, 마셜의 '경제적 국민주의'와 멩거의 '판매 가능성' 등을 버렸다.

로빈스는 당시 최첨단 사상으로 받아들여졌던 과학을 배경으로 이런 자신감 넘치는 단언을 내놓았다. 그러나 그 시대에 영원히 진실할 것이라 믿어 의심치 않던 '과학'이란 단어는 금세 빛이 바래고 만다. 현재의 과학은 경제학을 중심으로 조금씩 믿음을 얻고 있지만 20세기가 되면서 의문점이 하나둘씩 나오기 시작했다.

형식합리성과 가치중립성

로빈스가 이 책에서 말하려 했던 것은 명쾌하다.

첫째, '형식'에 주목하는 것이다. 그때까지 정치학이 권력을 다루고, 역사학이 과거의 사상을 다룬 것처럼 고전파 경제학은 독자적인 실질적 대상으로 '물질'을 추구해왔다. 그러나 물질과 함께 서비스도 경제 분석의 주요 대상으로, 물질만을 대상으로 삼아서는 불충분했다. 그러나 물질과 서비스를 포함해 보다 광범위하고 실질적인 개념을 찾는 것이 아니라, 오히려 '형식'에 초점을 맞춰야 한다는 것이 로빈스의 제안이다. 사실 경제에서 '실질'을 추구한 것이 고전파의 잘못이었다. 경제학은 대상에 관계없이 방법의 '형식'에 주목해야 한다는 것이다.

둘째, 경제학이 논리성 혹은 가치판단에서 자유롭다는 것이다. 이는 경제학이 부도덕하거나 냉혹하다는 뜻이 아니라, 베버가 사회과학에서 추구한 가치의 중립성을 추구해야 하며, 실제로 그것이 가능하다는 것이다. 경제학은 목적과 수단의 관계를 다루지만 목적 그 자체의 옳고 그름을 논하지는 않는다. 로빈스가 꼽은 '매춘부'의 사례도 그것이 희소성이 있다면 다른 재나 서비스와 같이 경제학적 분석의 대상이 된다. 그 이유는 경제학이 물질과 서비스의 실질적 내용을 규정하는 것이 아니라, 무엇이든 형식적으로 분석하는 방법에 지나지 않기 때문이다. 따라서 경제학은 마약이든 총이든 자선 활동이든 동일한 방법으로 다룰 수 있다. 자칫 경제학을 도덕적이지 못하다고 생각할 수도 있지만, 로빈스는 경제학은 도덕도 부도덕도 함께 넣을 수 있는 그릇이라고 생각했다.

셋째, '개인 간의 효용 비교'가 불가능하다는 것이다. 이것 또한 이 책을 유명하게 만든 주장으로 제6장에 그 내용이 적혀 있다. 이 주장은 현재에도 기수적 효용cardinal utility[117]에서 서수적 효용 ordinal utility[118]으로 효용의 개념이 전환되는 경우, 또는 사회적 효용 관계의 정식화 문제로 인용되는 개념이지만, 로빈스는 이것을 더욱 구체적인 논쟁과 관련시켜 논했다.

마셜에서 피구에 이르는 케임브리지학파는 영국이 페이비언 사회주의fabian socialism[119] 아래에서 복지국가화되는 것을 다음과

---

117 효용의 크기를 양으로 나타낸 것.
118 효용을 그 크기의 순서로 나타낸 것.

같은 이론으로 정당화했다.

'한계효용체감의 법칙'에 따르면, 사람은 무언가를 많이 가질수록 마지막에 남은 하나에 대해 낮게 평가(한계효용)한다. 이 때문에 실질적 소득이 더 많은 사람일수록 소득이 증가한 부분에서 얻을 수 있는 효용을 낮게 평가한다. 풍요로운 사람의 소득 한계효용(여분으로 얻은 10만 원에 대한 고마움)이 가난한 사람의 소득 한계효용(여분으로 얻은 10만 원에 대한 고마움)보다 낮다. 따라서 생산에 큰 영향을 주지 않는 한, 유복한 사람의 소득을 가난한 사람에게 나눠준다면 사회 전체의 효용은 늘어날 것이다.

이와 같은 공리주의 이론에는 '효용의 개인 간 비교 가능성'이 전제되어 있다. 그렇지 않으면 유복한 사람의 한계효용과 가난한 사람의 한계효용 중 어느 것이 더 크다고 단언할 수 없기 때문이다. 그러나 로빈스는 이 말이 효용의 주관성을 무시하는 발언으로밖에 들리지 않았다. 효용은 주관적인 것이므로 사회 전체를 생각해서 더하거나 뺄 수 없다.

당시 존 힉스 같은 로빈스 주변의 경제학자들은 효용을 기수성에서 서수성으로 전환해 이해하고 있었다. 이들은 효용이 한계대체율에 반영될 수는 있어도 연구자가 절대적인 크기를 직접적으

---

119 1884년 영국의 페이비언 협회가 주장한 점진적 사회주의 사상으로 영국 노동당의 지도 이념이다. 이는 사회 개량의 수단으로 혁명을 사용하지 않고 의회주의를 통해 점진적으로 모든 정책을 실현함으로써 자본주의의 결함을 극복하자는 것이다.

로 측정할 수는 없다고 했다. 로빈스가 복지주의를 비판한 것도 그가 효용의 개념 전환을 추구했기 때문이다.

그리고 마셜의 『경제학 원리』를 사실적인 '~인 것이다' 명제와 당위적(논리)인 '반드시 그래야 한다' 명제가 뒤죽박죽 섞여 있는 책이라 비판하고는, 경제학은 사실인 '~인 것이다' 명제만을 객관적이고 형식적으로 다뤄야 한다고 주장했다. 로빈스의 이와 같은 비판 때문에 사회 전체 효용의 많고 적음을 논한 피구의 『후생경제학The Economics of Welfare, 1920』은 큰 타격을 받았다. 이후 힉스나 칼도어Nicholas Kaldor[120]와 같이 공정함보다도 효율성을 중시하는 파레토 최적[121]을 우선시한 신후생경제학이 우위를 점하게 되었다. 이처럼 로빈스는 경제학의 과제로 논리성과 형식합리성, 몰가치성과 엄밀성을 꼽았다.

과학적인 경제학은 무엇을 잃었는가

그러나 철학적으로 로빈스가 주장한 엄밀한 의미의 과학에 대한

120　1908~1986. 헝가리 태생의 영국 경제학자. 불완전 경쟁 이론과 후생경제학, 경기 순환이론, 분배론, 재정학 등 다방면에서 활약했다.
121　사회적 자원의 가장 적합한 배분 상태로, 사회 구성원의 상태를 현재보다 유리하게 할 수 있을 때의 자원 배분 상태를 이른다.

진실성은 금세 비판을 받게 된다.

1920년대 후반, 과학과 비과학을 확실히 구분하려 한 '논리실증주의(논리경험주의)'[122]는 의미가 있는 명제란 직접 체험(감각여건)으로 환원될 수 있는 명제(버트런드 러셀Bertrand Russell[123])나 직접 경험할 수 있는 관찰과 지각의 결과를 나타낸 프로토콜 명제라고 (루돌프 카르나프Rudolf Carnap[124]) 주장했다. 그러나 명제는 어디까지나 언어로 나타난다. 어느 정도 감각에 맞춘 언어라도 단 한 번의 감각과 대응한다고는 말할 수 없다. 과거, 현재, 미래에 걸친 여러 감각 경험의 총체에 완만하게 연계되어 있는 것이다. 물리학을 서술할 때도 실험기구의 사용법과 관찰자의 이해에 따라 정확하지 못한 부분이 있다. 형식성과 객관성을 아무리 말해도 연구자의 언어 사용법과 측정법, 해석의 자의성에서 자유로울 수 없다. 이런 의구심이 드는데도 경제학은 엄연하게 '과학'이라 정의되어 왔다.

시미즈 이쿠타로清水幾太郎[125]는 『논리학 노트論理學ノート, 1971』

---

122 이 학설은 과학 지식만이 유일한 사실적 지식이며 모든 전통 형이상학적 학설은 무의미한 것으로 거부해야 한다고 주장한다.

123 1872~1970. 영국의 논리학자, 철학자, 수학자, 사회사상가. 논리학자로서 19세기 전반에 비롯된 기호논리학의 전사(前史)를 집대성했으며, 철학자로서는 그 경력이 길고 다룬 주제가 다양할 뿐 아니라 입장도 다양한 변천을 했다.

124 1891~1970. 독일 출생의 미국 철학자, 논리실증주의의 대표자. 과학철학론을 추진하다가 나치스를 피해 미국으로 망명, 시카고대학교 등에서 교수를 지냈다. 형이상학을 배척하고 철학은 언어의 논리적 신택스(logical syntax)의 분석으로 이루어진다고 주장했다.

에서 경제학의 이런 사정을 다음과 같이 평가하고 있다. "선善을 만족과 결부시켰다는 이유로 공리주의를 부정한 조지 무어George Moore[126] 이후, 논리학에서는 (감각으로 파악할 수 있는 만족과 같은) 자연의 것이 금지되었다. 그러나 이는 베버 이후 사회과학의 가치가 금지되었던 것과 궤적을 같이 한다." 로빈스는 무어와 같이 공리주의를 비판하고, 베버와 같이 가치를 비판했다. 이는 논리에서 자연(경험)을, 사회에서 가치를 버리는 시도이다. 그러나 시미즈에 따르면, 이런 시도로 인해 결국 로빈스는 '인간의 생명'을 잃어버리고 말았다. 이론과 형식을 경험과 가치에서 분리하는 것은 천박한 생각에 지나지 않는다. 논리와 형식은 오히려 경험과 가치에서 생명을 얻는다.

사람들은 로빈스의 정의를 바탕으로 경제학을 과학적으로 정의할 수 있다고 착각했다. 그 결과 경제학은 논리에 따른 결단을 근거로 삼지 않고 수량 자료를 다루는 것에 전념하게 되었다. 그리고 현실이 어떻든 규제완화 이외에는 별다른 정책을 제시하지 못하는 유치한 학문으로 변질되고 말았다. 『가치와 자본』에서 경제학의 서수화와 수학적 형식화를 철저하게 추진한 힉스는 방향을

---

125 1907~1988. 일본의 사회학자, 평론가.
126 1873~1958. 영국의 철학자. 케임브리지학파를 대표한다. 『마인드(Mind)』지에 발표한 「관념론 논박(The Refutation of Idealism, 1903)」에서 관념론을 비판해 20세기 실재론의 선구자가 되었다.

완전히 전환해 가격의 고정성이 지배하는 현실 시장이 성립하게 된 역사적 경위를 쫓아『경제사 이론A Theory of Economic History, 1969』을 펴냈다. 또한 최근 '실험경제학' 분야에서 우리는 왜 현실에서 형식합리성에 맞지 않는 선택을 하고 있는지 실험을 통해 명확하게 밝히고자 했다. 착각과 습관, 유행 등은 형식적인 정합성과 개인의 주체적 선택의 결과라고는 말하기 어렵지만 누구든지 일상생활에서 경험하는 것이다.

로빈스는 당시 하이에크와 함께 사회주의 경제 계산 논쟁에 참가해, 오로지 발라의 균형이론만이 자유시장에 적합하다는 입장을 보였다. 그러나 발라의 모델은 사회주의 계획경제에 적용할 수 있다는 결론을 맺고 논쟁은 끝났다. 로빈스의 과학주의는 자본주의 경제보다 사회주의 경제를 정당화하는 것이었다. 1930년대 경제학이 과학을 맹신한 점을 맨 먼저 비판한 케인스와 하이에크를 따라 경제학은 재출발해야 한다.

아돌프 벌·가디너 민즈

존 케인스

칼 폴라니

폴 새뮤얼슨

프리드리히 하이에크

존 갤브레이스

밀턴 프리드먼

피터 드러커

장 보드리야르

존 롤스

아마르티아 센

3

현대 기업과 사유재산

The Modern Corporation and Private Property ⟨1932⟩

: 주식회사는 누구의 것인가

주식회사의 부富의 소유권이 넓게 분산됨에 따라, 부의 소유권과 주식회사의 지배권을 동일한 사람이 독점하는 경우가 점점 줄어들게 되었다. 주식회사라는 제도 아래서 최소한의 소유권을 가지고도 이익과 관계된 지배를 행사할 수 있고, 실제로 행사되고 있다. 이에 더해, 지배는 이런 소유권이 전혀 없다고 해도 행사할 수 있다. 지배력이 없는 이익의 소유권, 그리고 소유권이 없는 지배가 주식회사의 발전 논리이다. (제1편 제5장)

18

아돌프 벌
Adolf Augustus Berle, 1895~1971 미국의 사회법학자.

가디너 민즈
Gardiner Means, 1896~1988 미국의 경제학자.

소유와 경영의 분리는 현실에서 일어나고 있는가

스미스는 『국부론』에서 개인 회사야말로 이윤의 추구와 경영의 합리성을 동시에 실행할 수 있고, 나아가 국가에 이익을 가져온다고 말했다. 경영자가 직접 자본을 소유하고, 노동자를 고용하며, 토지를 빌리기 때문에 책임을 가지고 이윤을 얻기 위해 노력하기 때문이다.

마셜 또한 경영자가 소유자인 고전적 중소기업을 기업의 이상적인 형태라고 생각했다. 그리고 그들은 경영자가 기업을 소유하지 않는 주식회사를 부정했다. 경영자가 방만하게 경영할 수 있다고 생각한 것이다. 실제로 1920년대에 이르기까지 영국에서는 개인 회사와 합명 회사合名會社[127]가 지배적이었다. 이런 기업 형태는 소규모 생산 활동에 적합하다.

그러나 19세기 말, 경영 선진국에서 생산의 주역이 섬유에서 철망으로 바뀌게 되었다. 철망은 많이 생산하면 할수록 비용은 적게 드는 '규모의 경제성' 제품으로, 철망을 생산하려면 대규모의 생산체제를 정비할 필요가 있었다. 그러나 소수의 자본가는 기업이 고정자본을 거대화하려 할 때 필요한 자금을 모두 감당할 수 없었고, 결국 개인 기업은 한계에 직면했다. 이런 현상을 보완하기 위해 등장한 것이 주식회사이다. 주식회사는 자본을 작은 단위로 분할하고 양도할 수 있는 유가증권을 주권으로 매각해 자본시장으로부터 거액의 자금을 조달받을 수 있었다. 영국의 경제가 세계 제일의 지위를 차지하는 데 큰 역할을 했던 중소기업의 형태가 20세기가 되니 반대로 속박이 되었다.

네덜란드와 영국에서는 17세기에 처음 주식회사가 등장했지만, 미국에서는 이미 공익사업으로 채용되어 유료도로, 다리와 운하의 건설, 소방대의 창설, 은행, 보험 등 공적인 성격이 강한 부분에 보급되어 있었다.

주식회사는 공개 증권시장에서 대중에게 주식을 매매하기 때문

---

[127] 사원 모두가 회사의 채무에 대하여 직접 연대하여 무한 책임을 지는 회사. 소규모 기업에서 흔히 볼 수 있는 기업 형태이다.

에 폐쇄적인 개인 기업과는 달리 반공개적이며 소유자인 주주는 경영과 관련된 지배력과 멀어지기 쉬웠다. 미국의 산업 부분에서 이런 현상을 볼 수 있게 된 것은 19세기 초였으며, 주요 제조업으로 처음으로 소유와 경영이 분리된 회사는 '보스턴 매뉴팩처링사' 였다. 당시 이 회사의 경영진은 단 22퍼센트의 주식만을 갖고 있었다고 한다. 주식회사는 1860년경까지 섬유산업에서만 나타났었다. 그러나 남북전쟁을 기점으로 철도 설비와 광업, 채석을 비롯한 여러 분야에 도입되기 시작했다.

그러나 미국의 경제법은 영국적인 보통법으로, 이 법에 전제된 기업의 형태는 소유자가 이윤의 전액을 받는 것이었다. 즉 법에는 소유와 경영이 분리되는 것이 가정되어 있지 않았다. 이론적으로 이미 프랭크 나이트가 『위험과 불확실성 및 이윤』에서 소유와 경영을 분리시킬 필요가 있다고 주장했지만, 주식회사의 '소유와 경영의 분리'는 여러 가지 문제를 안고 있었다. 그 문제란 경영자가 소유자인 주주의 이익에 반하는 행동을 했을 때 법적으로 어떤 조치를 취해야 하는지, 주주가 단기적으로 주가를 올린 다음 다시 팔아 이익을 챙기려 할 때는 어떻게 해야 하는지, 미래에 필요한 토지와 자산의 매각을 소유자가 명령했을 때 경영자는 어떻게 해야 하는지 등이다.

경영자 지배

이 책은 경제학자 가디너 민즈와 사회법학자 아돌프 벌이 미국의 주식회사 동향에 관해 작성한 보고서이다. 이들은 주식회사에서 경영자에게 권력이 집중되는 것과 주주의 소유가 확산되는 것, 그리고 소유와 경영의 분리가 일어나는 것을 밝혀 세상에 큰 충격을 주었다. 특히 민즈가 담당한 제1편 「재산의 변혁」이 유명하다. 그는 상위 200개 사를 분석해 경영자 지배가 실제로 진행되고 있다는 것을 자료로 설명했다. 실증이란 방법이 이렇게까지 확실하게 경제관을 바꾼 예는 경제학설사상 그렇게 많지 않다. 이에 더해 제2편 「여러 권리의 재편성」에서는 경제력이 집중되는 과정에서 발생하는 여러 가지 문제에 대해 법적으로 설명한다. 그리고 제3편 「증권시장의 재산」에서는 회사 경영에 관여하지 않는 주주가 활동하는 증권시장을 분석했고, 마지막으로 제4편 「기업의 개조」에서는 자신들의 의견을 서술하고 있다.

이들은 두 가지 실증 분석의 결과를 제시했다.

첫째, 주식 소유권이 분산되어 있다는 것이다. 1900년에는 400만 명이었던 미국의 주주는 29년 후 800만 명으로 불어났다. 특히 고소득층이 아닌 층에서 주주가 급증했다. 또한 회사의 대주주는 다른 회사인 경우가 많았고, 여러 사람들이 그 주식을 나눠서 소유하고 있었다. 이런 현상 때문에 주식 소유자가 모두 회사의 경영에 참여할 수는 없게 되었고, 회사에 소유자 개인의 독창성과 개성을 반영시키기 어려워졌다.

둘째, 지배 형태가 역전되어 경영자 지배가 침투하게 된 것이다. 민즈와 벌은 지배의 형태로 이하 다섯 가지를 들었다.

Ⓐ **완전한 소유권**: 주식을 전부 개인이 갖는 개인 회사

Ⓑ **과반수 주주 지배**: 이사회를 선출할 수 있는 권한을 갖고 있는 회사

Ⓒ **법적 수단에 의한 지배**: 주식의 과반수를 갖고 있지 않은 상황에서 합법적인 지배가 확립된 경우. 구체적으로 완전히 지배하는 작은 회사가 다른 회사 주식의 과반수를 가지고, 그 과반수의 과반수를 다른 회사가 갖는다는 피라미드형 지배. 무의결권 주식의 이용과 의결권 신탁의 조직화라는 수법이 사용될 때도 있다. 어느 것이든 안정적인 지배 형태이다.

Ⓓ **소수 주주 지배**: 소수의 개인과 집단이 과반수 이하이지만 주식을 소유하고 있어 그 주식으로 충분히 회사를 지배할 수 있는 경우. 의결권의 과반수를 통제할 수 있도록 분산 주주로부터 위탁장을 충분히 수집하는 방법을 쓸 수 있다.

Ⓔ **경영자 지배**: 소유권이 너무 넓게 분산되어 있어 경영자가 회사를 지배할 수 있는 경우. 그러나 경영상 실수를 했을 때는

일부 주주가 자위위원회를 열고 개인 주주를 모아 경영자를 바꿀 수 있다. 경영자가 서로를 적대시하는 경우도 있는데 그 때는 주주들로부터 받는 위임장의 쟁탈전이 발생한다.

민즈와 벌은 상위 200개의 회사 자료에서 경영자 지배가 회사 수의 44퍼센트, 부富의 58퍼센트로 과반수를 점하고 있다는 것을 밝혔다. 법적 수단에 의한 지배는 각각 21퍼센트와 22퍼센트, 소수 주주 지배는 13퍼센트와 14퍼센트였다. 남은 두 가지, 즉 전통적인 중소기업은 과반수 주주 지배가 5퍼센트와 2퍼센트, 완전한 소유권은 6퍼센트와 4퍼센트로, 이 둘을 합쳐도 약 10퍼센트에 지나지 않았다. A에서 E 중 앞의 세 가지는 법적으로 아무런 문제가 없는 것이었지만, 나머지 두 가지는 법에 어긋나는데도 실제로 행해지고 있었다. 경영자 지배는 압도적인 비율을 점하고 있었던 것이다.

금융자산 시장의 불안정화

이 책이 발견한 '소유와 경영의 분리'는 현재에 이르기까지 자본주의 경제의 추세가 되었다. 이런 추세가 일으킨 현상으로 첫째, 주식회사화에 따른 금융자산 시장의 불안정성이 있다. 이 책이 나온 지 4년 뒤에 출판된 케인스의 『고용, 이자 및 화폐의 일반이론』은 소유와 경영의 일치를 전제로 신고전파를 주식 소유권 분산의 관점에서 비판한 책으로 볼 수 있다. 케인스의 주장에 따르면 주주가 기업의 이윤(배당)을 기대하는 것보다 투기를 하는 것이 더 쉬워진다. 그리고 시장에 대한 불안이 더욱 커지게 되면 주주가 화폐를 사용하지 않아 유동성의 덫에 빠져 불황이 일어난다는 것이다.

벌과 민즈는 이에 대해 "개인의 부의 가치는 한편으로는 기업을 지휘하는 사람(전형적인 소유자는 이런 사람에 대해 지배력을 가지지 않는다)의 여러 행위에 의해 결정되고, 다른 한편으로는 민감하고 변화가 일어나기 쉬운 시장에서 활동하는 사람의 여러 가지 행동에 따라 결정된다"고 말했다. 주주에게 있어 이익은 그들의 의견을 반드시 받아들인다고 할 수 없는 경영자와 변덕스런 주식시장의 동향에 의해 주어지는 것이다.

M&A
― 기업은 주주의 것인가

둘째, 회사의 매수(M&A)다. 소유와 경영이 분리되었기 때문에 주식을 시장에서 대량으로 취득하면 매매가 가능하다. 이런 사태를 피하기 위해 일본에서는 1960년대부터 복수의 주식회사가 서로의 주식을 보유하는 주식 보합 현상이 나타났다. 신뢰할 수 있는 회사에게 주식을 갖게 하고 다른 회사가 매수하는 것을 방지하는 것이 목적이다. 주식에는 주주 총회에서 의결하는 권리가 포함되어 있으며, 주주는 회사의 의사결정권, 그중에서도 이사의 선임과 해임에 대한 권한을 보유하고 있다. 이렇게 하면 매수를 방지하는 것이 가능하고, 주가가 단기적으로 안정되면 경영자가 장기적인 계획을 세우고 이에 맞춰 회사를 경영할 수 있다.

1990년대에 일본 회사의 주식 보합이 해소되었다. 2005년 라이브도어가 일본방송을 적대적으로 매수한 이래, 무라카미 펀드가 한신전철을, 라쿠텐이 TBS를, 왕자제지가 호쿠에츠 제지를 인수했다. 이에 더해 스틸 파트너즈의 불독 소스 매수, 맥컬리 그룹의 일본공항빌딩 매수 등이 잇달아 일어나 일본에서도 M&A가 간과할 수 없는 현상이 되었다. 그러므로 매수에 관한 법을 하루 빨리 정비해야 할 것이다(미국 경제법의 분석이 이 책 제2편에 수록되어 있다).

법은 나라에 따라 개성이 있다. 미국의 경우 이사진의 권한이 강하고 주주의 권한이 약해 언제든지 방위책을 도입할 수 있다. 역으로 말하면 경영자가 경영권을 지키기 위해 그리 민감해질 필요가 없다는 것이다. 이와는 대조적으로 일본의 회사법에는 주주 평등 원칙이 있어 이사회에 강한 권한이 없기 때문에 위임장 쟁탈전이 격화되는 경향이 있다.

이 책이 나오자 곧바로 스위지Paul Marlor Sweezy[128] 같은 마르크스파에서 반론이 나왔다. 마르크스파의 관점에서는 주주가 자본을 투자하고, 경영자가 노동자를 착취해 자본이 증식되고 있는 것이므로 '소유와 경영의 분리'를 인정하기 힘들다. 이들은 개인 주주가 경영을 지배할 수 없게 되었다고 하더라도 다른 회사가 대주주인 경우가 많으므로, 소유 없는 경영이라기보다 법인 소유의 형태를 가진 소유에 바탕을 둔 지배로 생각해야 한다고 비판하고 있다. 확실히 소유가 경영 권력과의 관계를 끊었다고는 할 수 없다. 왜냐하면 소유자가 경영자를 대체할 수 있는 권리를 손에서 완전히 놓는 것이 아니라, M&A라는 형태로 그것을 실행하고 있기 때문이다. 주주는 적어도 매수에 관한 한 강력한 권한을 갖고 있으며, 주주총회에서 회사의 자산운용에 대해 발언하는 것도 그리 어렵지 않다.

그렇다면 M&A의 원칙은 어때야 하나? 민즈와 벌은 제4편에서 자신들의 의견을 피력하고 있다. 원래 개인 회사가 주식회사로 전환된 이유는 대량생산을 위한 설비투자 자금이 필요했기 때문이다. 그러나 주식회사의 본질은 그것으로 멈추지 않는다. 회사는 단순한 노동자와 기계의 집합이 아니다. 사람이 사람과 관계를 맺고 조직을 구축한다. 회사는 고객에게 브랜드의 가치를 평가받는다.

---

128 1910~2004. 미국의 마르크스주의 경제학자이자 경제평론가.

회사는 사람과 기계로부터 독립한 유기체로서 생명을 가지고 있으며, 경영자는 기업의 생명을 지휘한다.

민즈와 벌은 "지배집단이 소유자 혹은 지배자보다 훨씬 광범위한 집단 권리의 길을 열었다. 즉 지배집단은 근대적 주식회사가 소유자와 지배자뿐만 아니라 전 사회에 일을 제공해야 한다고 요구하고 있는 것이다"라고 말했다. 즉 이들은 회사는 회사에 관계된 사람들의 관계에서 이윤을 생성하므로, 관계를 유지하기 위해 사용된 이익을 뺀 나머지를 주주에게 상환해야 한다고 주장한 것이다. 일부 주주들이 '기업은 주주의 것'이라고 주장했다고 해서, 이것이 미국의 전체적인 견해라고 생각할지도 모른다. 그러나 저자들의 말에서도 알 수 있듯, 이는 허상일 수도 있고 일부의 견해에 지나지 않을 수도 있다.

경제학
베스트
30

고용, 이자 및 화폐의 일반이론

The General Theory of Employment, Interest and Money （1936）

: 화폐경제를 움직이는 확신과 불안

이자율의 인하가 그것만으로도 유효한 구제책이 될 수 있다면, 많든 적든 화폐 당국이 직접 조절하는 수단에 따라 경제가 회복될 수 있다. 그러나 실제로는 회복되지 않는다. 자본의한계효율이 산업계에서 제어할 수 없는 심리 상태에 따라 결정되어 있는 이상, 그것을 회복시키는 것은 결코 쉽지 않다. 개인주의적 자본주의 경제에 있어서 정말로 제어하기 힘든 것은 확신의 회복이다. (제22장)

존 케인스
John M. Keynes, 1883~1946

영국의 경제학자.『고용, 이자 및 화폐의 일반이론』은 세계에 혁명적인 영향을 미쳤다. 제2차 세계 대전이 끝난 후에는 국제통화제도의 설립에도 기여했다.

비자발적실업은 왜 일어나는 걸까
― 균형이론 비판

『고용, 이자 및 화폐의 일반이론』은 난해하다고 알려져 있다. 그 이유로 1929년에 미국에서 발발해 세계로 파급된 불황과 그로 인해 늘어난 비자발적실업을 설명하는 것이 어려웠던 점을 들 수도 있지만, 직접적으로 영국 경제학자의 논리를 비판하려던 논쟁을 위한 책이었기 때문이기도 하다. 이 책은 비판을 하면서 비자발적실업이 생기는 이유를 밝혀가는 방법으로 쓰였으며, 자신이 비판하는 쪽의 논리를 일부 받아들이면서 글을 진행시켰기 때문에 오해도 유발한다.

케인스는 고전파를 '리카도파'라고 바꿔 부르면서 비판하고 있지만, 거기에는 밀과 마셜 등 신고전파도 포함되어 있다. 신고전파의 중심인 발라의 경제이론은 경험에서 교환과 화폐 등의 개념을 끌어내고 있다. 그러나 수요량과 공급량이 가격의 상하 움직임에 따라 균형을 이룬다는 사실을 어느 때든 적용할 수 있다고 전제하고 있다.

『고용, 이자 및 화폐의 일반이론』이 설명하려던 것은 신고전파의 균형이론이 특정한 경우에만 성립된다는 보다 일반적인 경제관이다. 케인스는 특히 "실업은 임금이 노동시장의 균형치보다도 훨씬 높게 설정되어 있기 때문에 생기는 현상"이라고 말한 신고전파를 비판한다. 그리고 임금의 하방경직성은 습관이라고 하지만, 가령 그것이 수축되어 내려갔다고 해도 소비성향과 자본의한 계효율, 유효수요가 영향을 받지 않고서는 실업은 줄지 않는다며 이는 오히려 역효과를 부를 가능성이 높다고 말하고 있다(제19장).

요즘 들어 '거시경제학'[129]의 교과서로 쓰이는 책들 중 그레고리 맨큐Gregory Mankiw[130]의 교과서를 예로 들면, 케인지언keynesian[131]

---

129 총체적인 경제활동을 연구하는 분야. 재화와 용역의 총생산량과 총소득, 생산요소의 고용수준, 전반적인 물가동향 등을 분석한다.
130 1958~. 미국의 경제학자이며 하버드대학교 교수이다. 프린스턴대학교를 졸업하고 MIT에서 공부했으며, 거시경제학, 미시경제학, 통계학, 경제학 원론 등 많은 과목을 강의했다. 신케인스학파에 속하는 케인지언으로 주요 연구 업적으로는 메뉴 비용에 관한 것이 있다.

은 단기적인 임금과 가격의 경직성을 주장하고, 장기적인 불황이 계속되면 디플레이션으로 임금과 가격이 내려가 비자발적실업이 감소된다고 설명하고 있다. 그러나 케인스의 원서를 잘 읽어보면 임금이 노동시장의 불평균을 조정한다는(임금의 경직성이 비자발적 실업의 원인인) 총수요=총공급이란 분석은 『고용, 이자 및 화폐의 일반이론』이 비판하는 피구의 이론이었다는 것을 알 수 있다. 균형이론의 틀 안에서 고용의 불균형은 가격 메커니즘이 움직이지 않았기 때문에 발생했다고밖에 볼 수 없다. 즉 케인스가 스스로 균형이론 그 자체를 파기하려고 시도했다는 뜻이 된다.

케인스는 로이 해로드를 이렇게 비판하고 있다.

"내 생각에 경제학은 이론학의 한 부분이지만 당신은 그것을 자연과학으로 생각하고 있는 듯하다. …… 경제학이란 그 사회에 적합한 모델을 선택하는 기술이면서 동시에 그 모델을 이용한 사고의 과학이다. 경제학이 그래야 하는 이유는 전형적인 자연과학과는 달리 여러 가지 면에서 시간을 들여 일률적이지 않은 사상을 다뤄야 하기 때문이다. 어떤 모델을 세우는 목적은 일시적 혹은 유동적인 여러 요소와 비교적 항상적인 요소를 분리하고, 반항상적인 요소도 논리적인 방법으로 전개하는 것이다."

즉 변수 간의 관계를 모델로 특정해도 그 관계는 유동적이며, 임

---

131 케인스 경제학파.

금 등의 변수와 소비성향과 자본의한계효율이란 여건도 시간에 맞게 변경해야 하는 것이다. 이를 위해 케인스는 20세기 전반의 영국 경제를 관찰하고 제도와 심리에 관한 모델을 만들었다. 그가 목표로 한 것은 경제의 공학적인 분석이 아니라 사회현상에 대한 이해였다.

사람이 화폐를 축적하는 이유는?
— 유동성과 시장의 불확실성

이는 화폐에 대한 그의 견해가 바뀐 것에 기인한다. 케인스가 말하는 고전파는 화폐란 물물교환을 쉽게 할 수 있도록 도와주는 모체라고 생각했다. 그렇다면 화폐를 계속 갖고 있을 수 없다. 화폐 그 자체에는 효용성이 없으며 최종적으로 상품과 교환해 소비하는 데 그 의미가 있기 때문이다. 이 때문에 신고전파는 화폐를 이용해 반드시 생산된 소비재와 투자재를 구입할 수 있다고 생각했다. 또한 고전파는 생산시장이 오늘 소비를 단념하고 축적하는 사람에게 '시간선호 프리미엄'이라는 금리를 준다며, 다른 시점 간의 자원분배 기능이 있다는 점을 강조한다. 자산시장에 현재와 미래를 잇는 움직임이 있다는 것이다. 그리고 축적된 화폐는 언젠가는 소비에 사용된다.

그러나 고전파가 가정한 것처럼 미래와 현재 사이에서 시간을 합리적으로 선택할 수 있으려면, 미래에 일어날 일의 내용과 확률 분석을 미리 알아야 한다. 평소라면 충분히 미래를 가정할 수 있을 것이다. 그러나 케인스는 다음 해인 1937년에 쓴 논문「고용의 일반이론」에서 이런 가정을 날카롭게 비판한다.

"내가 사용하는 불확실한 지식이란 말은 미래가 불확실하다는 뜻이다. 유럽에 전쟁이 일어날지, 20년 후 동전의 가치와 이자는 어떻게 변할지, 어떤 발명이 쓸모없어지는지, 1970년대 사회조직 안에서 부유한 사람의 지위는 어떨 것인지 누구도 알 수 없을 것이다. 이런 불확실함을 해소할 개연성을 형성할 수 있다는 과학적인 근거는 어디에도 없다. 단지 우리는 알지 못하는 것뿐이다."

즉 나이트와 같이 경제에는 확률분포를 알고 있을 때의 위험과는 다른 불확실성이 가득하다는 것이다. 이처럼 근본적인 의미의 불확실성이 지배적인 상황에서 시장경제는 어떤 양상을 보일 것인가? 이것이 케인스가 이 책(특히 제12장)을 통해 설명하려 했던 것이다.

미래에 무슨 일이 일어날지 모른다는 불확실함으로 가득할 때, 사람들은 상품이든, 토지든, 주식이든, 뭐든지 팔아 화폐로 만들려고 한다. 그러나 자신이 매긴 가격으로 그것들이 판매되리라곤 확신할 수 없다. 여기서 케인스는 각각의 상품과 자산에는 화폐로 교환할 수 있는 가능성이 높고 낮음을 나타내는 유동성에 차이가 있다고 생각했다.

사람들이 화폐를 갖고 있으려고 하는 이유는 화폐가 무엇과도 바꿀 수 있는 일반적 수용성을 지닌다고 믿기 때문이다. 화폐는 무엇과도 바꿀 수 있다는 신뢰가 화폐를 가치 있게 만든다. 그리고 사람들은 갖고 있는 상품과 자산이 잘 팔리지 않을 것이라 생각될 때 더욱더 화폐를 손에서 놓지 않으려고 한다. 화폐가 가장 유동성이 높은 자산이므로 미래가 불안할 때 사람은 화폐를 보유하려고 한다. 그리고 모든 사람이 화폐를 보유하려고만 할 때 '유동성의 덫'이란 현상이 나타난다.

유효수요의 원리

재화 시장에서는 미래에 대한 불안을 총수요의 저하로 생각한다. 케인스는 무차별곡선과 등량선의 형상이 개인 심리만으로 정해지고, 시장이 균형을 이룰 때까지 변하지 않는다고 가정한 신고전파와는 대조적이었다. 그는 경제 체계를 기초화한 여러 가지 심리적 요인이 사회적 동기로 변화한다고 간주했다. 소비함수에 있어서 소비성향은 주관(사회심리, 습관, 제도)으로 정해지고 자본의한 계효율은 장기적 기대를 바탕으로 한다. 그러나 기대가 형성되는 것은 미래에 대한 일종의 추론이며 그 논증이 완벽히 완성될 수는 없다.

유효수요는 미래의 수익을 어떻게 예상하는가에 따라 결정되는 소비성향과 자본의한계효율로 구성된다. 그러나 장밋빛 미래를 확신할 수 있을 때만 소득이 소비와 투자에 지출된다. 소비성향과 자본의한계효율은 불확실한 미래에 대한 불안감이 퍼지면 저하된다. 예를 들어, 가계는 임금의 저하를 불황의 신호로 받아들이고 소비를 줄이고 화폐 보유액을 늘린다. 매스컴이 경기가 악화될 것을 예측하면 기업은 어디에도 선뜻 투자하려 들지 않는다. 사람은 기대형성이란 형태로 사회와 일종의 커뮤니케이션을 하고 있다는 것이다.

케인스는 총수요의 감소로 수요와 공급에 차이가 생겨도 가격이 금세 내려가 균형 상태로 돌아오는 것은 아니라고 했다. 그 이유로 경제의 중심이 1차 산업에서 2차 산업으로 바뀌었다는 것이다. 농작물과 생선은 오래 보존할 수 없기 때문에 가격을 내려서라도 일정 기간 안에 전부 팔아야 하지만, 공업제품은 재고를 쌓아두어도 상관없다. 또한 신사복은 주문 생산되지만 프랑스의 본 마르쉐 백화점 등은 판매를 미리 예상하여 일정량만 주문하여 쇼윈도를 장식한다. 여기서 수요와 공급의 차이가 있을 경우 가격이 아니라 재고로 그 차이를 메우고, 재고가 적정하게 유지되도록 판매 예상 생산량을 조정한다.

케인스는 이러한 현실을 반영하여 재화 시장에 대해 소득이 수요과 공급을 조정한다는 '수량 조절'을 선택했다. 수요가 공급보다 적으면 가격은 자연히 떨어지고, 다시 수요가 증가한다는 세이의 법칙은 적용되지 않으며 공급이 줄어든다는 '유효수요의 원리'[132]이다(제3장).

왜 투기가 만연할까

ㅡ 유동성 선호

자산시장에서도 미래에 대한 불안은 자산의 매각과 화폐 보유의 증대를 유발한다. 영국에서는 이미 자산시장이 조직화되었고, 주식, 채권, 화폐 등 갖고 있는 자산을 거래하는 중에 이자율이 결정되는 경향이 강해졌다. 이는 벌과 민즈가 실제로 증명한 주식회사의 보급과 관련이 있다. 이미 밀과 마셜도 주식회사의 침투를 고민했었지만, 그들이 관심을 가진 것은 소유와 경영이 분리된 후 회사가 합리적으로 경영되고 있는지였다.

그러나 케인스는 그런 문제보다 대중이 주식을 소유하는 현상에 주목했다. 그리고 자산을 투기적으로 재편성하는 양상을 모델

---

132 영국의 경제학자 케인스가 주장한 경제이론. 사회의 경제활동 수준은 유효수요에 따라 결정된다는 내용이다.

로 만든 것이 유동성 선호설[133]이다. 알 수 없는 이유로 자산가치가 내려간다고 생각하면, 사람은 그것을 매각해 화폐를 보유하려고 한다(유동성 선호). 이는 투자에서 자금수요와 축적으로 생긴 자금 공급이란 흐름의 자산수급으로 금리가 결정된다는 고전파의 대부 자금설을 부정하는 것이기도 하다(제13~16장). 케인스는 자금의 수요와 공급이라는 흐름의 시장이 아니라, 자산 보유 시장에서 채권 이자가 결정된다는 것과 함께 채권 이자가 화폐의 편리함을 단념하고 채권을 보유하는 것으로 보수(유동성 타보)를 포함하고 있다는 것을 강조했다. 이 때문에 불확실성이 높아지며 자산 시장이 다른 시장과 자산을 분배할 수 없게 된다는 판단이 나왔다.

주식투자는 설비투자가 만들어낼 미래의 배당과 구입한 주식의 가격이 상승하는 것에 따라 자본이득이라는 두 가지 수익을 만든다. 그중 특히 후자에 집중하는 것이 투기다. 당시의 경제는 투기에 지배될 수밖에 없었다. 주식투자는 기업행동 그 자체를 주시한다기보다 다른 투자가가 팔 것인지 살 것인지를 예측하는, 즉 시장 심리를 예측하는 활동 혹은 다른 투자자를 앞지르는 게임의 양상을 띠고 있었다.

케인스는 투기를 가장 미인이라고 생각하는 여성에게 투표하는

---

133 케인스가 주장한 이자율 결정 이론. 이자율이 자본의 수요곡선과 공급곡선의 교점에서 결정된다는 내용이다.

것이 아니라, 가장 많은 표를 얻을 것이라 예상되는 여성에게 투표하는 미인대회에 비유했다. 누구를 미인이라 생각하는가가 아니라, 다른 사람이 누구에게 투표를 할 것인지를 예측하는 것이다. 투기도 또한 각각의 기업이 어떻게 이익을 올릴 것인지가 아니라 아마추어를 포함한 군중이 어떤 기업을 지지할 것인가를 예측하는 것이다. 다른 사람이 어떤 선택을 할 때의 심리를 예측하는 것이다.

경기순환의 진짜 원인은 사회심리의 흔들림에 있다

케인스에게 있어 경제는 실물이 교환되는 네트워크로만 성립되는 것이 아니다. 불확실함 속에서 상품이 반드시 팔린다고 할 수 없고, 설비투자로 자금을 회수할 수 있다고 할 수 없다. 장래가 낙관적일 때 소비와 투자가 늘어나고, 사람은 화폐를 사용하며, 이로써 수요가 확대된다. 자산 가격이 올라간다고 생각하면 화폐를 주식으로 교환한다. 이는 기업이 가져다 줄 미래의 수익을 전망한 것이라기보다 다른 주식투자가의 판단을 예측했기 때문으로 사회심리가 낙관적일 때이다. 그러나 너무 낙관적이면 재화 시장에서는 인플레이션, 자산시장에서는 거품경제의 경향이 나타난다.

　그러나 반대로 장래에 대한 불안감이 확산되면 사람은 무엇과도 쉽게 바꿀 수 있는 화폐를 보유하는 것이 가장 안전하다고 생각하고 소비, 설비투자, 자산투자에 화폐를 사용하지 않는다. 이로 인해 디플레이션과 금융 위험이 일어난다. 이것 또한 화폐라면 언제든지 사용할 수 있다는 신뢰가 있기에 생기는 현상이다. 즉 불확실함 속에서 낙관과 불안이란 사회심리에 따라 화폐 보유액이 축소되거나 확대되며, 이로 인해 호황과 불황이 반복된다. 따라서 경기순환의 진짜 원인은 실물적인 것이 아니라, 불확실함으로 인해 사회심리가 흔들리는 것에 있다고 할 수 있다.

케인스는 죽었다?

오늘날 재정정책의 경기안정화 효과가 약해진 것을 두고 "케인스는 죽었다"라고 말한다. 그러나 이 책을 제대로 다시 읽어보면 이런 주장이 대부분 잘못되었다는 것을 알 수 있다. 이 책은 화폐경제에 대한 현재의 문제를 적절히 지적하고 있다. 신고전파는 이런 유동성의 덫이 절대 있을 수 없다고 했지만, 케인스는 이 책에서 그런 현상이 일어날 것이라고 예언했다. 장래를 그다지 확신할 수 없을 때는 유동성 선호가 높아져 소비성향과 자본의한계효율이 내려간다고 예측한 것이다. 이런 상황에서 사람은 소비하지 않고 저축하므로 소비와 투자가 현저히 낮아지고 만다. 금융완화[134]를 시행해도 기업 또한 보유하고 있는 화폐를 사용하지 않는다.

　실비오 게젤Silvio Gesell[135]이 화폐이자율을 내리기 위한 방법으로 주장한, 이자가 마이너스인 '스탬프머니stamp money'[136]에 대해서도 케인스는 "정부지폐에 유동성 프리미엄이 사라지면 일련의 대용 수단(은행화폐, 요구 지불 채권, 외국 화폐, 보석, 귀금속 등)이 차례로 정부지폐를 대체할 것이다"(제23장)라고 비판했다. 지폐의 보유 비용을 올린다 해도 사람은 다른 자산을 화폐로 간주하고, 그것을 화폐 대신 보유한다. 불황일 때 리플레 정책reflation policy, 즉 금융완화로 인위적인 인플레이션 상태를 만들어 사람들이 화폐를 사용하게 해야 한다는 대책은 인플레이션이라는 마이너스 이자를 화폐에 붙이자는 제안이다. 하지만 금융을 완화한다고 해도 유동성의 덫에 빠져버리면 사람은 화폐를 쓰지 않으므로 인플레이션 자체가 일어나지 않는다.

　이 책은 발라 이후의 신고전파가 공학화를 진행시키던 경제학을 인간사회의 학문=모럴 사이언스moral science 권내로 복귀시

134　금융시장에서 자금의 공급량이 수요량을 웃돌아 자금 조달이 쉬워지게 하는 일. 주로 공정 비율, 지급준비율 인하, 중앙은행의 금리정책이나 공개 시장 조작 따위의 경기 자극책으로 이루어진다.

135　1862~1930. 화폐를 주로 연구한 벨기에 출신 독일 경제학자로 훗날 케인스에게 많은 영향을 주었다. 금·은 등의 화폐 소재로부터 화폐를 해방시켜 화폐의 유통 속도를 빠르게 하고 구매력을 증가시킨다는 자유화폐학설을 주장했다.

136　화폐의 면에 유통기한을 적거나 인지를 붙여 가치를 떨어뜨리는 일.

키려고 한 기념비적 작품이다. 소비의욕과 장래에 돈을 얼마나 벌 수 있는지에 대한 예상, 막연한 불안 등 여러 사회심리가 변화해 자산으로서 화폐를 얼마나 보유하는가에 따라 현재의 경기가 좋을 수도, 나쁠 수도 있게 된다. 케인스는 장래에 대한 주관적인 전망(기대)이 사회적인 커뮤니케이션을 통해 변화하고 현 상황을 진정시키는 드라마로 경제를 묘사하고 있다.

거대한 전환

The Great Transformation (1944)[137]

: 경제 자유화는 악마의 맷돌질이다

노동, 토지, 화폐가 본래 상품이 아닌 것은 확실하다. 매매되는 것은 모두 판매를 위해 생산된 것이어야 한다는 가정은 이 세 가지를 논할 때는 전혀 맞지 않는다. 즉 상품의 경험적 정의에 따른다면 이것은 상품이 아니다. 노동은 생활 그 자체에 동반되는 인간 활동의 다른 이름이며, 그 성질상 판매하기 위해 생산되는 것이 아니라 전혀 다른 이유에서 생산되는 것이며, …… 토지는 자연의 다른 이름으로 인간은 그것을 생산할 수 없다. 마지막으로 현재 유통되는 화폐는 구매력의 상징일 뿐이다. 그것은 결코 생산되는 것이

---

137 한글판 『거대한 전환』, 2009, 길

20

칼 폴라니
Karl Polanyi, 1886~1964

헝가리 출생의 경제학자로 과학철학자인 마이클 폴라니(Michael Polanyi)[138]의 동생이다. 경제인류학의 발전에 크게 공헌했다.

> 아니며, 금융 또는 정부재정의 메커니즘을 통해 나오는 것이다. (제6장)

세계 대공황은 왜 일어난 것일까
― 사회는 자기방어를 한다

칼 폴라니는 1886년에 태어나 헝가리에서 빈으로, 그리고 영국으로 망명했으며 마지막으로 미국으로 이주했다. 그사이 대공황과

---

[138] 1891~1976. 영국의 물리화학자이자 철학자.

파시즘, 두 번의 세계대전을 경험했고, 시장경제의 성립을 연구한 이 책을 뉴욕에서 출판했다.

이 책이 시도한 것은 1929년 대공황이 일으킨 정책과 제도 변화의 분석이다. 그러나 그 해답법이 경제학의 통례, 즉 대공황의 원인을 가격의 경직화와 경제 수요의 부족에서 찾아내고 거기에서 고찰하지는 않았다. 대부분의 경제학자는 경제를 독립적으로 결합된 시스템으로 간주하고 그 안에서 원인을 찾았다. 이에 대해 폴라니는 국외적으로는 금본위제金本位制[139], 국내적으로는 자유시장을 병용하는 시장경제가 지금까지 비시장적인 요소를 제도로써 많이 포함하고 그것으로부터 안정을 얻고 있다고 간주한다. 그 사태를 폴라니는 "시장은 사회에 묻혀 있다"고 표현했다.

그러나 19세기에 들어서 시장경제는 자유롭게 조정되는 것이라는 신념이 확산되어 있었다. 이와 대조적으로 폴라니는 시장의 작용에는 시장에서 사회를 보호하려는 반작용이 동반된다고 했다. 시장의 수요와 공급의 관계와 이에 바탕을 둔 거래가 경제 이외의 영역과 떨어져 있다면 시장만을 관찰하고 분석하면 된다. 그러나 예를 들어, 노동량이 많아 실업이 발생할 때 임금이 내려간다면 노동시장이 균형을 되찾을지 모르지만 임금이 내려가는 것을 반대

---

139 통화의 표준단위가 일정한 무게의 금(金)으로 정해져 있거나 또는 일정량의 금의 가치에 연계되어 있는 화폐제도.

하는 운동이 정치적으로 이용될 수도 있다. 폴라니는 이런 작용과 반작용을 '이중운동'이라고 부르고 그 균형이 크게 무너져서 일어난 것이 대공황이었다고 해석한다. 대공황은 세계경제가 혼란스러워지면서 동시에 밸런스 오브 파워(세력 균형)까지도 무너져 발생한 것이다.

19세기 시스템이 사회의 실체를 파괴한다

폴라니는 경제인류학자로 알려져 있다. 말리노프스키Bronisław Kasper Malinowski[140]가 서태평양의 트로브리안드섬에서 발견한 쿨라 교환에서 볼 수 있듯이 근대 이전에는 사회관계가 물적인 교환을 지배하고 있었다. 고대 그리스 로마 시대에는 자급자족하는 가정이 일반적이었지만 호혜와 수장에 의한 재분배 등도 있었으며 전형적으로는 의미의 교환(커뮤니케이션)을 동반했다. 그러나 근대가 막을 열자 상업주의가 침투해 생산혁명이 일어나고 역전이 일어나 시장 교환이 사회관계를 종속시키게 되었다. 이렇게 경제가 개인의 욕구를 만족시키기 위해서 자동 조절 장치인 것처럼

---

140 1884~1942. 런던대학교 교수로 재직하며 문화인류학에서 역사주의를 비판하고, 기능주의라는 연구 방법을 창시해 사회문화 연구에 새 국면을 열었다.

보이게 된 것이 시장 사회이다.

폴라니는 시장 사회가 확립된 것은 1834년경으로, 리카도의 경제자유화론이 침투한 뒤 스피냄란드 제도법과 개정구빈법의 논쟁을 거쳐 경쟁적인 노동시장이 도입된 것을 이유로 지목했다. 폴라니는 그것을 '19세기 시스템'이라고 부르고 네 개의 서브 시스템에 의해 구성된다고 말했다. '밸런스 오브 파워'는 자유주의국가 사이에 전쟁이 일어나는 것을 피하는 것과 동시에 국내외적으로 정치적인 안정을 가져왔다. 그리고 국제금본위제도, 화폐제도, 국내외 시장의 자기조절제도를 이룩해 엄청난 물질적 번영이 실현되었다.

번영하는 듯이 보였던 19세기 시스템은 사실 악마의 맷돌질이었다. 그것은 인간적이고 사회적인 실체를 파괴한 것이다. 폴라니가 말하는 사회의 실체는 근대 이전에는 쉽게 볼 수 있었지만 시장이 사회를 개인과, 개인이 소유하는 재산에 분해하는 현대의 복잡한 사회에서는 발견하기 힘든 것이 되었다. 사회의 실체는 생산요소, 즉 노동과 토지, 화폐 등에서 이루어지고 있지만 그것도 또한 경쟁적인 시장에서 거래되었다.

그래도 생산요소에는 일반 상품과는 결정적으로 다른 점이 있다. 일반적으로 상품은 판매를 목적으로 생산된다. 그러나 생산요소에 한해서만 판매를 목적으로 생산되지 않는다. 노동은 생활 자체에 동반되는 인간 활동의 별명이다. 사람은 부모의 축복을 받고 이 세상에 나왔으며, 일하기 위해 태어난 것이 아니다. 또한 토지란 주거지이자 풍경이다. 더욱이 화폐, 그중에서도 특히 지폐는 상품으로 발행된 것이 아니다.

이러한 생산요소는 상품인 것처럼 시장에서 거래되고 있지만 원래는 의제상품(의식과 제도)이며 자유판매에는 근본적으로 무리가 있다. 팔기 위해서 만든 상품을 자유롭게 매매하기 위해서는 팔지 못하는 영역이 필요하다. 자유로운 선택을 해야 하는 주체가 자신의 탄생을 선택하지 못하는 것과 같은 이유이다. 이 때문에 영국에서는 1934년 직후부터 노동을 보호하기 위해 사회의 자기방어가 개시되었다. 공장법과 사회입법, 노동운동 등이 그것이다. 더욱이 토지의 판매와 사용이 토지 입법과 토지 과세, 복잡한 도시계획과 건축 기준 관련법에 의해 규제를 받고, 유럽의 아름다운 도시가 이를 통해 전체의 질서를 유지하고 있다. 화폐는 중앙은행 관련법과 정책에 의해 발행이 통제되어 왔다.

시장 사회의 위기는 상품시장에 관한 규제의 완화를 주장하는 것과 같이 단순한 경제적 자유주의에 기인한 것이 아니다. 생산요소는 제도와 관행, 법 아래서 실제로 상품이 아닌데도 상품이 되어 시장과 관련을 맺는다. 자유화가 생산요소와 관계된 제도와 관행, 법의 해체에 영향을 미칠 때 사회의 실체, 즉 사람과 사람, 사람과 자연의 결합이 해체되는 것이다. 노동에 대해서도 자유로운 계약으로 시장화가 진행되면 혈연과 가까운 사람, 동업자 사이의 비계약적 조직이 해체된다. 토지는 혈연과 가까운 사람 등의 인간관계의 기반이기도 한데 그것이 사물화되면 주거를 둘러싼 풍경도 변해버리고 사람들은 토지에 대한 자존심을 잃고 만다.

거대한 전환
― 경제 자유화에 의한 자유 상실에 저항하여

자유는 경제 자유화에 의해 권력의 공백지대에서 확대되는 것처럼 보인다. 하지만 이는 사실 자유의 상실을 일컫는다. 19세기에는 순수한 자유 조절 시장이 존재한다고 생각했으나 이는 유토피아에 지나지 않으며, 시장을 실제로 지탱하는 것은 제도였다. 개인은 선택의 자유를 누리고 있지만 개인이 선택할 수 없는 영역이 엄연히 존재하며, 이런 영역이 사라졌을 때 사람은 불안에 떨게 된다. 여기에서 그 이상의 제도의 해체를 허가하지 않도록 '이중운동'이라 불리는 사회의 자기방어, 즉 거대한 전환이 일어나게 된다. 표제의 거대한 전환이란 경제 자유화로의 반성에서 대공황 후에 발생한 파시즘, 뉴델, 사회주의 등 시장을 제어하는 정책으로의 전환을 말한다. 이 책이 출판될 당시 세계에서는 케인스주의, 브레튼 우즈 체제, 금융규제 등 시장에 대한 제도의 강화가 진행되어 자유 조절 시장에 대한 신뢰가 쉽게 회복되지 못했다.

폴라니는 경제사의 해결에 대해 스미스를 비판하고 있다. 사람이 교환 성향을 가지고 국지적 시장에서 잉여상품이 교환되며, 그것이 이어져 전국 시장이 되고 최종적으로는 원격지와의 무역에 이른다는 견해는 틀리다는 것이다. 이것은 오오츠카 히사오大塚久雄[141]를 비롯한 여러 경제학자들의 근대화론에서도 엿볼 수 있지만, 이런 사관에 의해 경제적 자유주의를 정당화하려는 것도 19세기의 신화에 지나지 않는다. 현실에서는 원격지 거래와 국지적 시장이 선행되고 있지만 그것이 경쟁적이지는 않다. 전국 시장도 자생한 것이 아니라 국가의 주도 아래서 정비되었다고 말하고 있다.

20세기 끝의 10여 년 간 경제 자유화의 태풍이 다시 한번 세계를 석권했다. IMF는 융자의 조건으로 각 나라에 구조조정을 요구했다. 단적으로 말하면 이것이 바로 생산요소의 유동화, 시장화이다. 폴라니의 뜻과 반대로 각국의 경제에 거대한 전환이 일어난 것이다. 고용이 시장을 통해서 이동해야 했고, 토지는 공중까지 고층빌딩으로 활용해야 했다. 이처럼 고용 관행과 토지규제, 금융제도의 철폐를 요구한 신자유주의자들의 구조개혁이야말로 폴라니가 비판한 19세기의 신화였다.

이런 '반 폴라니 운동'의 결과가 한 세기에 한 번 일어날 규모의

---

141 1907~1996. 일본의 경제사 연구자. 유럽의 자본주의 확립기의 연구를 통해 근대의 문제를 고찰하고 오오츠카 사학이란 체계를 구축했다.

금융위기다. 케인스적인 논리로 말하면 생산요소에서 얻을 수 있는 소득의 수준을 시장이 결정한다면 평생 화폐를 어느 정도 벌수 있는지 불확실해지고, 장래를 대비한 화폐 보유가 늘어나 소비와 투자가 수축되고 만다.

세계는 지금 예전에 겪은 금융위기가 다시 재현될 순간을 눈앞에 두고 있다. 이 책이 현대에 통하는 고전이라는 것은 이런 상황을 이해하는 열쇠를 주기 때문이다.

경제학
베스트
30

경제분석의 기초

Foundations of Economic Analysis （1947）

: 비교정학과 집계량에 의한 경제분석

비교정학의 방법은 척도가 지정된 변화에 관한 균형미 지수의 반응을 해명하는 데 있다. 균형방정식의 완전한 수량적 정보를 얻을 수 없는 이상, 우리가 기대할 수 있는 것은 균형방정식의 기울기와 곡률 등의 질적 제약을 정식화하고, 그 결과 본래 우리의 특정한 척도 변화에 대한 반응과 관련된 명확한 질적 제약을 도출할 수 있다. 이 책의 주요 목적은 광범위한 경제문제에 걸쳐 이 방법을 사용할 수 있다는 것을 지적하는 것이다. (제2장)

21

폴 새뮤얼슨
Paul Anthony Samuelson, 1915~2009

미국의 경제학자. 시카고대학교를 졸업한 후 하버드대 대학원에서 슘페터에게 사사했다. MIT 교수를 지냈으며 신고전파 종합의 입장에서 통속적인 케인스상을 보급했다.

신고전파 종합 이론

폴 새뮤얼슨은 현재 대학의 경제학 강의에서 들을 수 있는 미시, 거시분석이라는 분석 방법을 정비하는 데 지대한 공헌을 했다. 경제학설사에서 새뮤얼슨의 이름은 '새뮤얼슨-베르그송의 사회후생함수'[142]와 국제 경제학의 '스톨퍼-새뮤얼슨 정리'[143] 등으로 남

---

142 경제정책의 적부(適否)를 판정함에 있어서 가장 적합한 기준이 되는 사회 전체의 후생과 이에 영향을 주는 여러 요인 사이에 존재하는 함수관계.
143 무역은 생산요소의 가격을 변동시키고 생산요소 간에 소득배분을 변동시키는 경향이 있어 국가 간의 임금 수준이 같아진다는 스톨퍼와 새뮤얼슨이 주장한 이론이다. 따라서 이들은 미국 노동자의 임금 저하를 방지하기 위해서는 보호무역정책이 유리하며 이를 위해서는 보호관세제도가 필요하다고 했다.

을 것이다. 이 이외에도 무수한 논문을 남겼다. 그러나 그의 업적은 개별적으로 명제를 발견하고 증명한 것 이상으로 크다. 그는 우리가 현재 주류파 경제학이라 생각하는 사고법을『경제분석의 기초』란 논문집을 통해 다듬고,『경제학』[144]이라는 교과서로 보급하고 정착시켰다.

새뮤얼슨은 1947년 수학을 이용해 사상을 기술한 연구서『경제분석의 기초』를 출판하고, 다음 해 역사상 가장 많이 팔렸다고 알려진 교과서『경제학』의 초판을 펴냈다.『경제학』은 여러 번 개정되어 간행되었고, 1985년에 나온 12판부터는 예일대학교 경제학 교수 윌리엄 노드하우스William Nordhaus가 공저자로 참여하게 되었으며, 2004년에는 제18판이 나왔다.『경제분석의 기초』에는 수식이 대담하게 도입되어 경제학이 전문화되려면 수학을 꼭 이용해야 한다는 강박관념을 퍼트렸다. 또한『경제학』에는 그래프와 그림을 많이 삽입해서 신고전파의 사고방식을 대중이 보다 쉽게 이해할 수 있도록 설명했다.

보통 경제학자는 개별 분야의 특정 명제에 대한 논문을 쓰고, 교과서는 경제학 기초이론의 전체상에 대해 다룬다.『경제학』은 주류는 신고전파라는 의식 아래 때로는 변화하는 경제의 전체상을 그려왔다. 개별적인 명제는 시장에 대한 이해를 공유하는 사람들

144　한글판『새뮤얼슨의 경제학』, 2012, 유비온

끼리 자료와 논리를 가지고 그것이 맞는지 아닌지를 논증한다. 그러나 전체 시장관은 자료나 논리와 관계없이 믿을 것인가, 믿지 않을 것인가로 의견이 나뉜다. 여기서 '믿는 것'은 교과서가 보급되어 정착된 것이 결정적인 역할을 한다. 그리고 중급 이상으로 수준이 향상되면 『경제분석의 기초』에 압도적으로 사용된 수학에 현혹된다.

새뮤얼슨은 위 두 책에서 신고전파 경제학을 미시경제학, 케인스의 『고용, 이자 및 화폐의 일반이론』을 거시경제학으로 정리했다. 미시경제학은 기업과 소비자, 노동자와 자본가 등 개별적 경제주체의 행동을 최적화하고, 한결같이 이해한다. 그리고 그것을 집계한 수요와 공급은 가격의 조정작용으로 시장에서 균형을 이룬다. 반면 거시경제학은 처음에 집계량이라고 주어진 고용량과 일반물가, 이자율과 생산율, 국민소득, 소비와 투자액 같은 변수 간의 관계를 소비관수와 투자관수, 생산관수, 화폐수요와 공급관수 등으로 정식화하고, 이를 사용해 재화 시장, 자산시장, 노동시장의 균형 상태를 설명하고 있다. 두 경제학은 미시와 거시라는 차이점이 있지만 공통적으로 시장을 균형 상태에 놓고 생각한다. 재화, 자산, 노동시장이 균형을 이룬다고 생각하고, 그것들을 연립해 경제를 파악하는 것이 일반균형분석이다.

즉 새뮤얼슨은 케인스가 『고용, 이자 및 화폐의 일반이론』에서 제시한 집계량판의 일반균형분석의 관점에서 거시경제학을 이해했다. 케인스의 『고용, 이자 및 화폐의 일반이론』을 처음으로 균형론의 틀 안에서 정식화한 것이 힉스의 서평 논문 「케인스와 고전파」였다. 힉스는 '유효수요의 원리'를 재화 시장에서 수요와 공급이 균형을 이루게 하는 이자율과 소유의 관계(IS곡선), '유동성 선호설'을 자산시장이 균형을 이루게 하는 이율과 소득의 관계(LM곡선)로 해석했다.

비교정학이란 어떤 분석 방법인가

그리고 미시·거시경제학의 일반균형분석 방법으로 일관되게 채용한 것이 비교정학[145]이다. 새뮤얼슨은 비교정학을 여러 경제분석에 사용해야 한다고 주장했다.

비교정학이란 수식으로 표현된 수요와 공급의 균형점이 외생변수(파라미터)[146]의 변화에 따라 어떤 식으로 이동할 것인가를 검토하는 분석 방법이다. 외생변수가 변화하면 수요곡선과 공급곡선이 변형되고, 균형점이 이동한다. 그리고 그 궤적을 쫓아 경제 상

---

[145] 어떤 경제 모형에서 여건의 변화로 성립되는 새로운 균형 상태가 변화 이전의 균형 상태와 어떻게 다른가를 비교·분석하는 방법.
[146] 연립방정식으로 표시되는 모델에 있어서 미지수인 변수를 내생변수라 하고, 그 체계 내부에서 결정되지 않는 변수를 외생변수라고 한다. 예를 들면, 일반균형론의 경제모델에서는 가격이 내생변수이며 그 당시 자원의 내용이나 양은 외생변수라 할 수 있다.

황과 정책을 양적으로 분석하는 방법인 것이다. 예를 들어, 공공투자와 정부지출로 IS곡선이 왼쪽 위 방향으로 바뀌면, LM곡선과의 교점인 이자율과 국민소득이 상승한다. 재원을 고려하면 곡선은 더욱 변형되고 교점은 이에 따라 이동한다. 이를 통해 경제정책의 효과를 양적으로 파악할 수 있다.

이 책은 2부로 구성되어 있다. 제1부 제2장에서는 '균형 체계와 비교정학', 제3장에서는 '극대행동의 논리'라는 방법론이 설명되어 있다. 그 뒤로는 제4장 '비용 및 생산이론의 포괄적 재검토', 제5장 '소비자 행동의 순수이론', 제6장 '변환, 결합상품 및 배급'에서 제8장 '후생경제학'까지 미시경제학을 다룬다. 제2부는 제9장 '균형의 안정—비교정학 및 동학', 제10장 '균형의 안정—선형 및 비선형체계', 제11장 '동학논리의 기본점' 등으로 구성되어 있다.

그럼 새뮤얼슨은 케인스 이론을 어떻게 다루고 있는가? 이는 제9장에 $Y = C(i, Y) + I$, $I = F(i, Y)$, $M = L(i, Y)$이라는 단 세 개의 방정식으로 제시된다(C는 소비함수, F는 자본의한계효율함수, L은 유동성 선호함수, i는 이자율, Y는 소득, I는 투자). 요약하면 케인스가 경제에 관해 정치학과 철학 그리고 투기의 실무에 이르기까지 생각을 거듭해 내놓은 성과를 연립방정식에 담은 것이다. 말하자면 케인스는 새뮤얼슨에게 있어 변수의 집계량을 사용한 사람일 뿐이었던 것이다.

그러므로 케인스가 도전한 '비자발적실업은 왜 생기는 것일까?'라는 어려운 문제 또한 어중간한 형태로밖에 생각하고 있지 않다. 새뮤얼슨은 당초 IS-LM 분석이 거시경제분석으로 비자발적실업을 설명하는 것이라고 생각했다. 그리고 재정, 금융정책으로 완전고용이 달성된 후 호황기가 되면 정부가 개입하지 않아도 가격 메커니즘에 의해 자원이 효율적으로 배분된다. 이것을 분석하는 것이 미시경제학이다.

이와 같은 '신고전파 종합'은 비자발적실업이 재정이나 금융정책이 유효하지 않은 상태에서 일어날 수 있는 일이라고만 생각하고, 그것이 발생하는 이유에 대해서는 설명하지 않았다. 그러나 새뮤얼슨이 전제한 것이 균형이론인 이상, 비자발적실업이 생기는 것은 논리적 모순이다. 이 때문에 그는 많은 비판을 받기도 했다.

IS-LM 분석의 결함

IS-LM 분석에서 가격은 일정하게 변화하지 않는 것이라고 전제된다. 불완전고용 상태라도 임금과 가격은 변화하지 않고, 완전고용일 때만 변화한다는 것이다. 그러나 1970년대에는 스태그플레이션[147]이 미국 경제를 덮쳤다. 원래 새뮤얼슨은 미시경제학과 거시경제학을 '개별주체의 선택을 나중에 집계하는가, 집계량의 관계에서 출발하는가'라는 시점의 차이로만 구별했다. 완전고용인가, 아닌가는 경제 상태와는 관계가 없으므로 이를 종합하는 것은 접목에 지나지 않았다. 여기서 새뮤얼슨은『경제학』제2판부터 신고전파 종합을 버리고, 실업과 가격을 한 번에 연구하기 위해 IS-LM 수식에 변수로 물가수준을 더한다. 그리고 노동시장의 수요도 고려해 총수요=총공급 곡선을 도출했다.

　그러나 이 수식에서 비자발적실업이 생기는 것은 임금이 경직적으로 내려가지 않고 노동시장이 불균형을 이룰 때뿐이다. 가격과 임금이 수축하는 경우 재화 시장에서 상품이 과잉 공급되면 물가(P)가 내려가 실질적인 화폐 공급(M/P)은 증가한다. 그리고 금리도 내려가 투자가 늘어나서 재화 시장의 수요가 확대되고 점차적으로 균형을 이루게 된다. 임금 또한 내려가 노동의 초과공급이 해소된다. 이렇게 되면 케인스는 가격과 임금이 경직되기 때문에 비자발적실업이 나타난다고 주장한 것이 된다.

　그러나 케인스를 이렇게 이해하는 것은 확실히 잘못된 방법이다. 신고전파를 대표하는 피구는 노동조합의 저항으로 임금이 경직되는 것을 비자발적실업의 원인이라 생각했다. 그리고 케인스

147　스태그네이션(stagnation)과 인플레이션(inflation)의 합성어로, 거시경제학에서 고물가(인플레이션)와 실직, 경기 후퇴(스태그네이션)가 동시에 나타나는 경우를 뜻한다.

가 『고용, 이자 및 화폐의 일반이론』을 쓴 이유 중 하나가 그것을 비판하기 위해서이기도 하다. 이렇게 되면 케인스는 자신이 비판한 총수요=총공급을 주장한 사람이 된다. 그러나 이와 같이 케인스가 모순된 주장을 했다고 받아들여지는 것도 당연하다. 왜냐하면 새뮤얼슨에게 있어 케인스는 집계량을 근거로 일반균형이론을 만든 사람에 지나지 않기 때문이다. 거시의 역점은 집계량에 있으며, 균형론에서 불균형의 이유는 가격, 임금의 하방 경직성에서 찾을 수밖에 없다. 그러나 케인스는 경제를 집계량으로 보지 않고 균형론이라는 분석 방법 그 자체를 비판했다.

요즘 나오는 거시경제학의 교과서에는 IS-LM 수식이 나오지 않는다. 총수요=총공급이란 공식이 거시경제학의 중심에 있고, 거기다 소비성향에 대해서도 가계가 소득을 저축과 소비에 얼마나 사용하는가, 라는 선택에 따라 결정되는 것이라 설명하고 있다. 이 모두가 개인의 최적화 행동으로 설명하려는 '거시경제학의 미시적 기초 만들기'인 것이다. 여기서는 집계량을 강압적으로 도입하는 것조차 비판하고 있다.

『경제분석의 기초』를 장으로 나눠 말하면, 거시의 연립방정식의 기초를 제1부의 미시경제학으로 만들자는 것이다. 그러나 이 결로는 전체는 부분의 총합이라는 신고전파의 방법론적 개인주의로 이야기를 되돌린 것에 지나지 않는다. 소비성향의 체감을 법칙으로 간주하지 않는 것에서 통화주의를 주장한 프리드먼의 영향을 엿볼 수 있다. 그러나 케인스는 가계가 시간을 두고 소득을 저축과 소비로 나눈다고 하는 합리적인 소비성향을 부정하고, 사회관행과 대중심리에 좌우된다고 간주했다. 그에게 있어서 거시란 소비성향과 자본의한계효율에 나타나는 사람들의 미래에 대한 확신 상태인 사회심리, 즉 주관적인 전체이다.

케인스가 문제로 삼은 것은 불안이 확대되었을 때 화폐수요가 높아져 소비와 설비투자, 자산투자가 원활히 이루어지지 않는 상태였다. 비일상적인 사회심리가 시장을 위험한 상태로 내모는 것이 화폐경제의 특징이며, 이것의 원인은 근본적으로 미래에 무슨 일이 일어나는지 알 수가 없다는 '불확실성'에 있다.

그러나 새뮤얼슨이 대상으로 삼은 것은 일어날 수 있는 상태의 종류와 확률(위험)이 판명된 일상적인 사회심리를 근거로 한 시장의 운행이었다. 대상의 범위를 명확하게 의식하고 케인스를 해석하지 않았다면, 그가 제시한 거시경제학은 일상을 분석하는 도구로써 나름대로 유용성을 지녔을 것이다. 미시든 거시든 여건과 변수가 정연하게 분리된 일반균형분석은 사회심리가 일상적인 상태에 있을 경우 적용할 수 있다. 그러나 여기에는 케인스가 가정한 과도한 비관과 낙관이라는 비일상적인 사회심리는 가정되지 않았다.

새뮤얼슨의 교과서의 죄

소비자 행동을 소비자의 심리 등 관찰할 수 없는 부분에서 도출하는 것이 아니라 가격과 수량과 같이 관찰할 수 있는 부분에서만 도출하는 것을 현시선호revealed preference라고 부른다. 이 이론에 나타난 것처럼, 새뮤얼슨은 관찰할 수 있는 양에서 실용적인 결론을 이끌어내는 방법을 좋아했다. 그는 양으로 나타낼 수 없는 세계의 음영과 개별, 전체의 관계에 대한 해석이나 표현은 처음부터 거부했다.

새뮤얼슨이 대학원생일 때, 미국에서는 실증분석과 제도론이 절정기를 맞았다. 그러나 그가 등장한 이후 수식으로 표현되는 경제학의 모델 분석이 빠르게 퍼져나갔다. 이는 사람들의 생활과 심정을 배려하지 않는 것이며, 경제사상사에 이름을 남긴 많은 학자들의 생각을 부정하는 작업이었다. 그 증거로 새뮤얼슨이 등장한 이후의 경제학 교과서에는 내가 책을 쓰며 소개한 것처럼 많은 경제사상가가 나오지 않게 되었다. 이를 주도한 것이 로빈슨의 형식성과 가치중립성 정의, 새뮤얼슨의 교과서이다.

새뮤얼슨은 1980년대 이후, 모델이 전제하는 인간 행동의 현실성에 자기보다 더 관심이 없는 프리드먼과 로버트 루카스Robert Lucas Jr.[148]에게 신고전파의 주역을 빼앗기게 된다. 이것도 경제사상을 양적으로 관찰할 수 있는 곳에서 봉인하려 했던 그의 입장에서는 어쩔 수 없는 일이었을지 모른다.

---

148   1938~. 미국의 경제학자. 정부의 인위적 경제 개입을 줄여야 한다고 주장한 '합리
적 기대이론' 연구 업적으로 1995년 노벨 경제학상을 받았다.

젊은 날의 신조

My Early Beliefs (1949)

: 부도덕은 정당화될 수 있는가

> 우리는 문명이라는 것이 극소수 사람들의 인격과 의지에 의해 확립되고, 교묘하게 사람을 속이고 교활하게 유지된 규칙과 인습에 의해서만 존속될 수 있는, 의지할 수 없는 외피라는 것을 눈치채지 못했다. (젊은 날의 신조)

선의 정의 불가능성과 자연주의적 오류

역사에 이름을 남긴 경제학자 중에는 경제학서 이외에도 철학과 논리학 책을 출판한 경우가 많다. 그 대표적인 예가 논리학서 『도덕감정론』을 출판한 애덤 스미스이다. 케인스의 경우 초기의 대작

22

존 케인스
John M. Keynes, 1883~1946

킹스칼리지 시절 수학과 철학에 관심을 가졌다. 논리학자 무어의 영향을 받았으며, '블룸즈버리 그룹(Bloomsbury Group)'[149]의 젊은 예술가들과 교류했다. 인도부와 재무부에서 근무했다.

『확률론』이 이에 해당한다. 출판은 좀 늦었지만 이 책을 통해 그의 기본적인 아이디어가 20대 전반에 이미 싹텄다는 것을 알 수 있다. 이 책에서 케인스는 분석철학의 길을 열었다고 여겨지는 철학자 무어의 『윤리학 원리Principia Ethica, 1903』를 비판한다. 사실 케인스는 무어를 마음 깊이 경외하고 있었다. 그러나 무어의 책에는 정말로 납득할 수 없는 것이 딱 하나 있었다. 케인스는 그곳을 수정해 무어가 본래 써야 했던 도덕철학을 완성해야겠다고 생각한 것이다.

　『젊은 날의 신조』는 『확률론』이 출판된 지 17년 뒤인 1938년 케

149　영국의 작가, 철학자, 예술가 집단을 가리키는 명칭.

임브리지대학교의 서클에서 구두로 읽힌 문서이다. 1914년경, 작가 로렌스D. H. Lawrence[150]는 동성애를 일삼고 태도가 불손하다는 이유로 케인스를 미워했고, 심지어 그에게 "죽어버려!"라며 욕설을 퍼부었다. 24년 뒤 그는 이 사건을 회상한다.

케인스는 자신이 속해 있던 예술가 집단 블룸즈버리 그룹과 논쟁의 적수를 비판하는 말투에서 오만함과 엘리트 의식이 묻어 나와 이를 지적받은 적이 많았는데, 사실 이는 그리 단순한 사항은 아니다. 케인스가 태어난 1883년 당시 영국에서는 청교도주의의 재흥이라고 평가받는 복음주의가 유행해 경건함과 예절이 강조되었다. 그러나 아동 노동과 매춘 등 음울한 부분도 존재해 사회는 이중 규범과 위선으로 가득 차 있었다. 스무 살 때 케인스는 이런 위선적이고 세속적인 논리를 거부한다. 그는 모든 젊은이들이 그렇듯 꽤 과격한 행동을 하는데, 이는 예술가들과 교류하며 극한으로 치닫는다. 또한 그는 부도덕한 것을 정당화하고, 그것을 대신할 도덕철학을 무어의 논리학에서 얻을 수 있다고 생각했다.

무어는 『윤리학 원리』에서 '선善'에 대해 "선은 선이라고밖에

---

150 1885~1930. 영국 소설가, 시인 겸 비평가. 『채털리 부인의 사랑(Lady Chatterley's Lover, 1928)』은 그의 성철학(性哲學)을 펼친 작품이며 외설 시비로 오랜 재판을 겪은 후 미국에서는 1959년에, 영국에서는 1960년에야 비로소 완본 출판이 허용되었다. 이 밖에도 많은 중편 및 단편소설, 시집, 여행기, 평론집, 서간집 등이 있다.

말할 수 없고 이는 정의가 아니다"라고 했다. 노란색을 빛의 진동으로 표현한다고 해서 노란색을 알고 있다고는 할 수 없다. 노란색은 직접적인 시각으로 구별되는 무엇이기 때문이다. 이와 같이 도덕에 관한 기본 개념인 '선'도 다른 사실에 빗대어 정의할 수 없다(선의 정의 불가능성). 또한 선은 내재적 가치를 가진 무엇이기는 하지만 그것을 감각기관으로 느낄 수 있는 자연에 빗대는 것도 (자연주의적) 오류이다. 선은 '이익이 있다'든가 '바람직하다' 등의 자연적 기술로는 표현할 수 없다. 선을 쾌락이라는 자연적인 것에서 이끌어내려는 공리주의 또한 자연주의적 오류를 범하고 있다고 했다.

'사회에 유익하다'라든가 '누군가에게 바람직하다'라는 것은 선과는 다르다는 무어의 주장은 케인스를 감격시켰다. 이렇게 말하는 이유는 '사회에 유익하다'를 목표로 하는 정치가의 위선적 행위와 '누군가에게 바람직하다'를 나타내는 경제적 성공은 모두 선, 즉 인생의 궁극적 목적이 아니기 때문이다. 이러한 무어의 지적은 빅토리아 왕조의 신사들에게 부과된 의무에 위선을 느끼고 있던 케인스와 그의 동료들의 마음을 사로잡았다. 케인스가 공리주의에 기초를 둔 피구의 후생경제학을 한 번도 연구하지 않은 이유는 그것을 부인할 근거를 무어에게서 찾았다고 생각했기 때문이다.

『확률론』의 도전과 실패

케인스는 한 부분에 있어 무어가 그리 철저하지 않다는 생각이 들었다. 그 부분은 본래 불가지성을 논거로 도덕과 일반적 규칙의 준수를 설명한 부분이었다. 선을 행하기 위한 수단인 특정 행위가 올바른지 그른지는 직관만으로는 알 수 없으며, 인과적으로 판단할 수밖에 없다. 행위의 바름은 원인과 결과의 관계로만 논증할 수 있다. 하지만 무어는 미래는 알 수 없다는 이유를 들어 행위를 상식적인 도덕률과 일반적 규칙에 불복시킬 것을 주장했다. 이것을 비판하고 수정하려고 한 것이 1921년에 겨우 출판된『확률론』이다.

케인스는 미래에 무슨 일이 일어날지 모른다고 해서 과거에 통용된 일반적 규칙을 존중하라는 것은 빈도설頻度設의 확률관을 전제로 하고 있기 때문이라고 생각했다. 미래에 새로운 종류의 사상이 일어난다면 과거의 체험은 도움이 되지 않는다. 이때 중요한 것은 과거를 어떤 식으로 해석해 미래에 이용하는가이며, 이는 'A라면 B이다'라는 형식으로 추론한다. 케인스는 이렇게 생각하고 본래 개연성이란 명제에서 명제로, 전제에서 결과에 이르는 추론과 관련된 것으로 간주했다. 개연성이란 과거의 경험이 각 명제에 대해 부여하는 것이 아니라 명제와 명제의 관계에 관련된 확실함이라는 것이다.

여기서 케인스는 무어가 선의 정의로 사용한 직관주의를 명제 간의 개연성에도 적용한다. 명제 간에 존재하는 추론의 개연성 또한 직접 지각할 수 있고 그 이상은 분해되지 않는다는 것이다. 개연성이 미래에 대한 과거의 해석이라면 그 추론을 직관할 수 있다. 과거로부터 내려온 관행을 직관도 없이 유지하려는 무어의 행동 논리는 버려야 한다. 보편적인 도덕과 규칙을 무시하는 부도덕의 정당화는 이렇게 철저한 것이었다.

이것은 '과거의 경험에서 새로운 명제를 도출할 수 있는가'라는 문제로 흄에서 밀까지 영국 경험론이 '귀납법'이라 부른 것이다. 이제껏 보았던 백조가 모두 하얗다는 경험에서 '모든 백조는 하얗다'라는 명제를 이끌어내는 것이 귀납법이다. 케인스는『확률론』에서 귀납법의 근거 만들기를 둘러싼 한없는 논쟁에 최종적으로 결론을 내렸다고 자부하고 있었다(이 부록은 요즘 최고로 훌륭한 귀납법의 논문 리스트라고 여겨지고 있다).

그 결과 케인스는 무어와 마찬가지로 도덕에 관한 세상의 상식과 관행을 지킬 필요가 없다고 결론을 내리고 부도덕한 것의 정당성을 직관할 수 있다고 믿었던 것이다. 한편 1926년 수학자 프랭크 램지Frank Plumpton Ramsey[151]가『확률론』을 비판하는「진리와

---

[151] 1903~1930. 영국의 수학자이자 철학자. 화이트헤드와 러셀에 의한 명제함수이론의 수정과 거기에 나타나는 타입이론의 간략화를 주장했다. 또한 비트겐슈타인의 초기 사상의 영향을 받아 토폴로지이론과 설명이론을 발전시켰다.

확률」을 구두로 발표한다. 램지가 갑자기 사망했을 때, 케인스는 추도문에서 "나는 그(램지)가 옳다고 생각한다"고 말했다. 이렇게 『확률론』은 저자인 케인스가 스스로 오류를 인정한 작품이 되고 말았다.

불확실한 세계의 관행적 규칙

이야기를 1938년, 『젊은 날의 신조』로 되돌려보자. 여기서 케인스는 "시간이 흘러 1914년을 되돌아보니 인간의 마음을 보는 우리의 견해는 천박했다. 이런 생각이 피상적이라는 것은 이 오류와 함께 명확해졌다"라며, 로렌스가 종교적인 이유로 그 부도덕함을 혐오한 것에 대해서도 "그것은 조금은 진실될지 모른다"라고 반성하고 있다. 『확률론』에서 철학적으로 부도덕함을 지적한 램지의 비판을 수용하면서 인정하고, 『고용, 이자 및 화폐의 일반이론』의 출판을 통해 잘못되었다고 토로한 것이다. 부도덕했던 젊은 날의 삶의 방식을 고쳐 세상에서 상식이라 일컫는 도덕과 규칙에 따라야 한다는 것을 『고용, 이자 및 화폐의 일반이론』을 쓸 당시 인정하게 되었다는 것이다. 그럼 케인스는 도덕에 대한 자신의 생각을 왜 바꾼 것일까?

　램지는 케인스의 『확률론』에 대해 "확률은 각 명제 간의 객관적

관계와 관련되어 있지 않고 (어떤 의미에서) 확신의 정도와 관련된다"라고 비판했다. 노란색을 정의할 수 없는데도 객관성을 띠고 있는 것에 대해 명제 간의 추론을 똑같이 다룰 수는 없다. 명제 사이의 관계는 직관이 아니라 확신이기 때문이다.

이렇게 램지는 케인스를 비판했고, 케인스는 이를 승인했다. 그러나 케인스가 이를 받아들인 데는 다른 이유도 있다고 생각된다. 케인스는 귀납법의 전제가 사회와 경제에 맞지 않는다고 생각했다. 다양한 현상에서 일반화를 꾀하는 귀납법적 추론은 사상이 같고 다름을 엄밀하게 식별하는 유추와 같은 인식작용이며 케인스는 그것을 직관으로 판단할 수 있다고 생각했다.

우리는 형태와 색이 각양각색인 과일을 모두 '사과'라고 부른다. 물리적인 이유가 같고 다름을 식별하는 것이 아니라 유추에 바탕을 두고 식별한다. 이렇게 인식하려면 두 가지 조건이 필요하다.

첫째, 세계는 시간과 공간을 통해 단순한 성질을 가진 원자로부터 탄생하고, 이를 유한한 개수의 조합으로서 같다고 할 수 있으며 일제적이라는 '원자적 일제성'이다.

둘째, 단순한 성질의 종류 그 자체의 수가 유한하다는 '유한의 다양성'이다.

그러나 전쟁 동안 세계경제는 일제적이라든가 어느 정도 다양하다고 말할 수 없을 정도로 깊은 혼란에 빠져 있었다. 그렇게 불확실한 세계라면 귀납법은 직관으로는 정당화될 수 없다. 같고 다름의 인식을 바탕으로 한 추론의 올바름은 주관적인 신념, 즉 확신으로만 확인할 수 있다. 이때 무어가 말한 것처럼 과거의 관행적 규칙에도 확신을 확고히 한다는 가치가 있을 것이다.

케인스가 마음을 돌린 것은 경제학을 자연과학과 다르다고 생각한 그 자신의 사상 또한 바뀌었기 때문이라고 생각된다. 정수와 변수를 구별할 수 있다며 경제학을 자연과학이라 주장한 새뮤얼슨의 비교정학의 전제에서는 어떤 정수(여건)에 변화가 일어나도 다른 정수는 영향을 받지 않는다. 그러나 투기에 관한 '미인 투표'의 예를 봐도 알겠지만, 어떤 사람이 의사를 결정할 때는 다른 사람의 선택에 의존해 마음을 읽는 중에 서로 영향을 받게 된다. 미인을 평가하는 것은 주관적이므로 이를 안정적으로 공유할 수 있는 건 관습 때문이다. 그러나 유행에 따라 바뀌기도 한다. 관습은 변화하면서도 이를 공유하는 한 사람의 주관을 안정시킨다. 주관적인 확신에 근거해 정수와 변수를 구별할 수밖에 없는 것이다.

케인스는 사회와 경제를 관행적인 규칙과 그것을 개혁하려는 주관과의 틈새에서 일어난다고 설명했다. 이런 정신의 드라마를 읽으면 개혁파와 기성세력의 대립에 따른 분규가 치졸한 소란으로밖에 보이지 않는다. 새로운 것은 옛것에서만 나올 수 있다. 그러나 새로운 것을 배제하는 것만으로 옛것을 지킬 수는 없다.

케인스가 죽은 뒤에 출판된 『젊은 날의 신조』는 인간관계의 근심 걱정을 냉정하게 분석한 상당히 드문 회상기다. 그리고 그의 경제관이 변했음을 보여주는 귀중한 기록이다.

과학의 반혁명

The Counter-Revolution of Science: Studies on the Abuse
of Reason ﹙1952﹚

: 주관적 지식과 자생적 질서

경제활동은 객관적 용어가 아니다. 인간의 목적과 관련
된 용어로만 정의될 수 있다는 것은 말할 필요가 없다. '상
품'이라든가 '경제재', '식료', 혹은 '화폐'는 모두 물리적 용
어가 아니다. 이는 사람이 사물에 대해 갖고 있는 견해를 나
타내는 용어로만 정의될 수 있다. …… 실제로 어떤 특정 상
품의 역사를 보더라도 인간의 지식이 변화함에 따라 같은
물질인 것이 전혀 다른 경제적 카테고리로 표시되는 것은
명확하다. (제1부 제3절)

23

프리드리히 하이에크
Friedrich A. Hayek, 1899~1992

오스트리아 출신의 영국 경제학자로 미제스와 함께 오스트리아학파의 자본이론을 확립했다. 경기 연구소 소장으로 일했으며, 필생의 대작이라 불리는 『법, 입법 그리고 자유(Law, Legislation and Liberty, 1973-79)』[152]를 저술했다.

사회주의 경제계산 논쟁

프리드리히 하이에크는 일생 동안 자신의 사상을 크게 전환했다. 그는 오스트리아학파 제2세대의 기수로서 자본이론을 펼쳤지만, 1940년을 전후로 신고전파에 대한 평가를 완전히 바꾸게 된다. 그 이유는 상당히 명백하다. 그가 사회주의 경제계산 논쟁에서 막다른 골목에 다다랐기 때문이다. 이 논쟁은 1920년대부터 10년 가까이 미제스, 하이에크 같은 자유주의자와 사회주의자들 사이에서 지속되었으며, 주제는 '계획 경제는 논리적으로 가능한

---

152 한글판 『법, 입법 그리고 자유』, 2018, 자유기업원

가?'였다.

하이에크는 당초, 중앙계획경제 당국이 모든 정보를 모을 수 없으므로 수요와 공급의 균형을 맞추는 경제계획은 불가능하다고 논했다. 또한 신고전파 방법론의 기초를 만든 로빈스도 『경제학의 본질과 의의』에서 이 논쟁을 언급하며 "(집행위원회, 즉 중앙계획경제 당국의) 결정은 소비자와 생산자의 가치판단을 기초로 하지 않고 집행위원회 자체의 가치판단을 기초로 해야 한다. …… 생산 조직은 가격 체계를 이끌 자가 없기 때문에 마치 화폐경제와 관련이 없는 가부장적 토지(경제) 조직이 가부장의 가치판단에 의존해야만 하는 것과 마찬가지로 최고 수뇌부의 가치판단에 의존해야만 한다"고 말하며 이것이 미제스가 지적한 것이라고 강조했다.

이와 함께 "사회주의경제란 중앙계획경제 당국이 가격 메커니즘에 의존하지 않고 생산자와 소비자 각 개인의 기술과 욕망에 관한 개별의 정보를 끌어 모아야 함에도 그것이 불가능하기 때문에 자신들의 가치관에 따라 자의적으로 수요와 공급을 결정하고 있다. 이는 반근대적인 일이다"라고 부정하고 있다. 특히 로빈스는 스스로 오스트리아학파의 시장 이해가 자유주의적이고, 또한 발라와 같다며 비판을 담담하게 받아들였다.

그러나 사회주의자인 오스카르 랑게Oscar Richard Lange[153]는 자유주의자의 비판을 통렬하게 반론했다. 그의 주장을 요약하면 다음과 같다.

"발라의 타톤망tatonnement[154]의 조절 과정에서는 경매인이 가격을 상하로 움직일 뿐이다. 구체적인 소비와 욕구에 관한 정보는 모으지 않아도 된다. 그저 각각의 경제주체가 알고 있으면 그만이다. 중앙계획경제 당국은 경매의 역할을 다하면 된다"고 말한다.

이 반론은 다른 사람에게는 몰라도 하이에크에게는 심각한 것이었다. 발라는 원래 사회주의자였으며, 랑게의 반론은 이치에 맞았다. 그러나 이를 긍정하게 되면 오히려 사회주의 계획경제가 가능하다고 인정하는 형상이 되기 때문이었다.

여기서 하이에크는 발라의 시장 모델과 떨어져 별도의 자유시장경제 모델을 제시한다. 이 연구는 「경제학과 지식(1927)」으로 발표되었고, 이후 「사회에 있어서의 지식의 이용(1945)」, 「경쟁의 의미(1946)」 등의 여러 논문에 게재되었다.

하이에크가 제시한 경제 모델의 핵심은 균형의 존재를 전제로 시장을 생각하려는 견해가 무의미하다고 간주한 것에 있다. 발라의 조절 과정도 거래까지 이르지 않는 것을 전제로 공급이 균형을 이루도록 하는 가격과 양을 모색하고, 균형치가 발견된 후에 거래된다. 이에 대해 하이에크는 현실의 시장은 자신이 '무엇을 만

---

153 1904~1965. 폴란드의 경제학자. 화폐효용이라는 개념을 도입해 고전파 체계와 케인스 체계를 일반균형이론의 입장에서 종합했다.
154 발라는 경매 과정을 '모색'이라는 의미를 가진 프랑스어 타톤망이라 불렀다. 즉 경매인이 서로 다른 제품에 대해 여러 가지 다른 가격들을 시험해보고 일반 균형점을 모색해가는 과정이라 할 수 있다.

들어야 하는가', '얼마나 만들어야 하는가'를 알고 있는 사람이 모여 균형치를 발견하고 그 후에 거래하는 곳은 아니라고 말한다. 이렇게 생각하면 사람이 마치 사전에 어떻게 행동해야 할지 알고 있고, 결과적으로 그런 지식을 실제로 실현하고 있는 것이 된다. 이런 순수한 균형분석은 동의반복이며 사회를 설명하는 데는 사용할 수 없다.

현실의 시장에서는 반대로 거래를 하는 동안 시행착오를 거듭하면서 '무엇을 만들까?', '얼마나 만들까?'를 발견해간다. 이런 시행착오와 발견의 과정이야말로 시장인 것이다. 이것은 『자유의 조건』에서 『법, 입법 그리고 자유』까지 이어지는 일관된 사회주의 비판이며 법론이다. 이는 하이에크 주장의 핵심이라 할 수 있다. 하이에크는 이런 시장관을 기본으로 오스트리아학파적인 '주관주의'를 재검토하고, 그것과 대립하는 객관주의야말로 사회주의의 근본 사상이라고 확신하게 된다. 그 성과를 집대성한 것이 바로 이 책이다.

상품의 분류는 주관적이다

하이에크의 시장론에는 세 가지의 논점이 있다.

첫째, 물리적으로 같다고 할 수 있는 특정재의 과도한 수요와 공급은 시장의 질서로 간주하지 않는다. 여기에는 상품의 같고 다름은 객관적이지 않고, 주관(책 첫머리의 인용문으로 말하면 '사람이 사물에 관해 갖고 있는 견해')적으로만 분류된다는 멩거 이후의 주관주의가 관계되어 있다. 이는 언어학에서 페르디낭 소쉬르Ferdinand de Saussure[155]가 '자의성恣意性'이라는 키워드로 설명하려던 것과 같다.

상품의 분류는 시장경제에서 생물학의 분류 등과 관계없이 실제로 자의적으로 행해지고 있다. 어시장에서는 생물학적으로 전혀 관계없는 생선들을 '명태'라고 통칭한다. 이는 누군가가 그런 식으로 분류하는 것이 유익하다고 제안한 뒤 이것이 모방되어 정착되었기 때문일 뿐이다. 우리는 실제로 이런 습관으로 상품을 구별하고 있다.

'사과 시장'을 '귤 시장'과 구별하고 대체재와 보완재의 기능을 찾는다는 신고전파 경제학 교과서의 설명은, 재가 미리 객관적으로 분류되어 있다는 것을 전제하고 있다. 그러나 이는 하이에크의 입장에서 보면 과학주의의 오류이다. 시장의 '사과'는 생물학적으로 분류된 독립적인 단위가 아니며 이를 '과일'로 한데 묶어 '귤'의 대체재로 생각하는 것도 디저트라는 식사문화가 존재하기 때

---

[155] 1857~1913. 스위스의 언어학자로 오늘날 사상계를 풍미하는 구조주의의 선구자로 간주된다. 제네바대학교 교수를 지냈다.

문이다. 객관적으로 공유되거나 학자가 이름을 부여해 시장에서 거래되는 재를 분류할 수는 없다. 이는 당사자 간에 관행적으로 생성되는 의미적이고 실용적인 것이다.

지식의 분할과 발견을 위한 경쟁

둘째, 시장경제가 다루는 지식이란 생물학이 시공을 초월해 보편적이고 객관적으로 분류할 수 없을뿐더러 특정한 때와 장소에 관한 구체성을 띠고 있다. 금눈돔이든 참돔이든 생물학적으로 돔으로 분류되지 않는 생선은 관행적으로 '돔'이란 분류명이 주어지지 않는다. 구체적으로 어떤 생선이 제철을 맞았다거나 일부 바다에서는 대량으로 잡히지만 다른 곳에서는 바람이 거칠어 별로 잡히지 않는다는 사정을 아는 사람들 사이에서 가격이 매겨지고 거래된다. 개개인이 가진 구체적인 지식은 단편적이며 또 다르다. 하이에크는 이를 '지식의 분할'이라고 불렀다.

셋째, 무수한 경제주체가 자신만이 알고 있는 지식을 근거로 여러 가지 모험적인 기획에 관여하고, 그것들 중에서 어느 것이 사회적으로 지지를 얻고 있는지를 이윤으로 나타내는 것이 시장이라는 것이다. 새로운 시도 중 어느 것이 좋은지는 누구도 미리 알 수 없다. 그러나 시장은 평가를 내리고 제공자에게 평가에 따른 이윤을 준다. 그리고 어떤 사람이 이윤을 얻은 것을 알게 되면 다른 사람들은 그 사람을 모방한다. 이렇게 사람들이 모방하는 동안 처음에는 한 사람의 생각일 뿐이던 혁명적인 아이디어가 세상에 펼쳐지게 된다.

'딸기'와 '찹쌀떡'은 예전에 서로 전혀 관계가 없던 재였다. 그러나 '딸기 찹쌀떡'이 인기를 얻게 되자 서로 보완재가 되었다. 이렇게 분류하는 방법이 바뀌고, 이것이 새로운 방법으로 보급된다. 시장은 이런 커뮤니케이션의 장소이며 이윤이 이런 일련의 진행과정을 가동시킨다. 시장은 수요와 공급이 양적으로 일치되도록 조절하는 것보다 어떤 지식이 사회에서 평가를 받을 것인가를 발견하는 장치로서의 역할이 중요하다고 할 수 있다.

'발견을 위한 경쟁'으로 보급되는 지식은 모험이 실험적으로 만들어낸 것이다. 이것이 유용한 이유를 합리적으로 설명할 수는 없지만, 사회에서 유용하다고 인정받는 것은 시장의 평가로 알 수 있다. 여기서 시장의 움직임을 통해 소수가 다수를 설득하는 과정이 중시된다. 시장경제의 자유를 지지하는 하이에크는 민주주의에 대해서 의문을 품고 있는데, 이는 소수를 다수의 의견에 따르게 한다는 다수결이 민주주의의 기본원리이기 때문이다. 그러나 하이에크에 따르면, 세상은 소수가 만들어낸 아이디어가 보급되는 과정을 통해 변화한다. 이를 주도하는 것이 바로 시장이다. 상대가격이 중요하게 생각되는 이유는 단순하게 수요와 공급을 조절하는 모체라서가 아니라 지식의 우열을 구체적으로 나타내기 때문이다.

자생적 질서

마지막으로, 시장에 관한 법과 도덕 같은 규칙은 공유되지만 구체적인 지식이 단편적으로만 보유될 경우 가격과 이윤이라는 신호에 이끌려 복잡한 질서가 자생적으로 생긴다. 이는 일반균형이론의 가정과 같이 모든 지식이 공유될 때 모든 시장이 균형을 이룬다는 단순한 질서가 아니다.

　발라는 '사과'가 무엇인지는 물질적으로 정해져 있어 적정한 가격에 대한 이해가 소비자 사이에서 공유된다고 주장했다. 이에 반해 하이에크는 자의적으로 행해지는 분류와 함께 특정 시간과 장소에서도 같고 다름이 결정되므로 구체적인 의미를 공유하지 않으면 적정한 가격을 판단하기가 어렵다고 말했다. 어느 지역의 돔이 언제가 제철인지, 눈앞의 생선이 신선한지는 요리사나 전문가가 아니면 알 수 없다. 이런 구체적인 지식과 판단은 극히 일부의 사람만 알 수 있어 새로운 상태와 해석이 매일 나오고 가격이 변화한다. 이런 가격의 변화가 전체적인 질서를 만든다.

시장 사회의 자생적 질서라는 이 발상은 '복잡계'와 '자기조직
계' 혹은 니클라스 루만Niklas Luhmann[156]이 사회과학에 응용한
'오토포이에시스autopoiesis(자생)'로도 이어지는 선구적인 업적
이다. 하이에크는 이를 심리학서 『감각적 질서The Sensory Order,
1952』[157]에 마음과 신체에 공유되는 감각적인 질서 만들기가 존재
한다는 사상으로 제시하고 있다.

하이에크의 시장관

종합해보면 하이에크가 1940년대 이후의 시장론에 대해 제시하
려던 것은 환경의 변화에 맞춰 일부 사람이 지식의 재편성을 꾀하
고, 시장이 그것을 판단해 선택하는 것이다. 사람 또한 상품에 대
한 주관적인 분류를 재편성한다. 이런 과정 전체가 시장이라는 것
이다. 무엇이 중요한 상품이며, 무엇을 '돈'이라고 부를 것인지는
시장의 과정 안에서 나중에 나타난다.

　이런 내용을 담고 있는 하이에크의 논문에 대해 신고전파의 미
시경제학과 완전히 다르지 않다고 간주하기도 하지만 이는 하이

156　1927~1998. 법학에서 사회학, 철학으로 학문 영역을 바꿔가며 연구 활동을 했던
독일의 철학자.
157　한글판 『감각적 질서』, 2016, 자유기업센터

에크를 전혀 이해하지 못한 것이라고 할 수 있다. 하이에크가 말하는 '지식의 분해'란 정보의 경제학이 가정하는 것처럼 객관적인 지식 전체를 개인이 보유하고 있다는 뜻은 아니다. 개개인이 단편적이고 주관적인 지식을 갖고 있으며 사전에는 무엇이 상품인지조차 알지 못한다. 거래의 결과를 통해 무엇이 다른 것과 어떤 식으로 관계가 있는 상품인가를 판명하는 것이다. 이렇게 생각하면, 하이에크와 프리드먼의 차이는 확연히 드러난다.

이 책 제1부는 그의 새로운 시장관을 뒷받침하는 과학 방법론을 다루고 있다. 제2부에서는 클로드 생시몽Claude Saint-Simon[158]과 콩트Auguste Comte[159]가 사회주의에 얼마나 큰 영향을 미쳤는가를 검토하고, 제3부에서는 콩트와 헤겔의 관계를 논하고 있다. 그리 많이 인용되는 책은 아니지만 특히 제1부는 그의 시장관이 신고전파와 다른 노선을 걷고 있다는 것을 과학 방법 논리의 형태로 제시했다는 점에서 특히 중요하다.

---

[158] 1760~1826. 프랑스의 사상가이자 경제학자. 계몽주의 사상의 영향을 받으며 자랐고, 로버트 오웬, 샤를 푸리에와 함께 공상적 사회주의자의 한 사람이다.
[159] 1798~1857. 프랑스의 사회학의 창시자. 여러 사회적·역사적 문제에 관해 온갖 추상적 사변을 배제하고, 과학적·수학적 방법에 의해 설명하려고 하였다. 3단계 법칙에서는 인간의 지식의 발전단계 중 최후의 실증적 단계가 참다운 과학적 지식의 단계라고 주장했다.

경제학
베스트
30

풍요로운 사회

The Affluent Society (1958)

: 대량생산과 대량소비사회의 도래

> 욕망을 만족시키기 위한 생산이 욕망을 만든다면, 혹은
> 욕망이 생산과 함께 나타난다면, 욕망의 중요성으로 생산
> 의 중요성을 변호할 수 없다. 생산은 생산 자체가 만들어낸
> 공간을 메우는 것에 지나지 않기 때문이다. (제11장)

빈곤함에서 풍요로움으로

이 책이 등장한 1958년은 재즈 페스티벌의 기원이라 할 수 있는
뉴포트 재즈 축제가 미국에서 열린 해이다. 그때의 광경은 영화
〈여름날의 재즈〉에 기록되어 있다. 한여름 바닷가, 뜨거운 태양 아

존 갤브레이스
John K. Galbraith, 1908~2006

캐나다 출신으로 하버드대학교 교수였다. 케네디 대통령 시절에는 인도 대사를 지냈다. 저서는 인기가 많아 많은 작품을 남겼다. 『미국의 자본주의(American Capitalism: The Concept of Countervailing Power, 1951)』『대공황(The Great Crash, 1929, 1955)』 등이 있다.

래서 파도와 싸우며 요트에서 음악을 듣는 백인 청중들. 흑인들의 고뇌와 자유의 표현이었던 재즈는 투명하고 시원스런 경음악으로 울려 퍼졌다. 이때 미국의 시장경제는 '빈곤'에서 '풍요로움'으로 탈바꿈했다.

리카도는 분배론을 중심으로 경제의 전체상과 그 추세를 설명했다. 자본가가 자본을 축적한다 해도 이윤은 토지대금으로 쓰여 지주를 풍요롭게 할 뿐, 노동자는 겨우 살아갈 수 있을 정도의 생활을 강요당한다. 토머스 칼라일Thomas Carlyle[160]은 이를 '음울한

---

[160] 1795~1881. 영국 비평가 겸 역사가. 대자연은 신의 의복이고 모든 상징·형식·제도는 가공의 존재에 불과하다고 주장하면서 경험론 철학과 공리주의에 도전했다.

과학'이라고 평했다. 리카도는 이런 음울한 상황을 개선할 방안으로 무역을 지목하고 이를 더욱 자유화해야 한다고 주장했다. 그러나 이는 일시적인 방편에 지나지 않았다.

이런 통념을 강하게 비판한 것이 케인스였다. 그는 고전파인 리카도나 신고전파도 시장이 생산된 모든 상품을 소비하도록 자동 조절한다고 말하고는. 공급된 모든 상품이 모두 수요되지 않는 화폐경제의 특징을 연구했다. 갤브레이스 또한 리카도의 음울함은 농업과 공업이 혼재하는 초기 자본주의 단계에 나타나는 것이라며 풍요로운 현대 미국 사회에서는 통념과는 전혀 다른 경제사회상을 그려야 한다고 주장했다.

대기업 지배 체제를 반대하며

빈곤한 사회를 설명한 통념은 경제를 균형적이라 생각했다. 공급은 시장가격에 따라 수요와 균형을 이루며 소비자가 요구하지 않는 수준까지 과잉으로 상품이 생산되는 일은 없다. 민간의 경제활동에서 착취한 조세로 공적인 서비스와 투자에 자금을 공급하며 선거를 통해 적정한 수준을 결정한다. 민간경제의 수요와 민간과 공공서비스의 관계는 전부 균형을 이루게 된다. 이에 대해 풍요로운 사회에 도달한 미국 경제를 관찰한 갤브레이스는 독립한 소기업이 경쟁 상태에 있다는 (신)고전파적인 시장에서 대기업 중심의 과점 상태로 자본주의 경제가 전환된다고 했다. 그리고 대기업 체제가 이 균형을 파괴한 이미지를 설명하고 있다. 갤브레이스는 이렇게 말할 수 있는 근거를 세 가지 들었다.

첫째, 대기업은 가격을 지배하고 상품을 대량으로 생산해 이윤율 저하를 극복했다. 대기업 지배 체제가 되려면 고도의 기술이 필요하기 때문에 교육이 필요하다. 그리고 기업은 거대한 조직을 형성하고 정부에까지 권력을 휘두른다. 또한 의사결정은 개인에 의해서가 아니라 집단으로 이루어진다. 이 '테크노스트럭처 technostructure'[161]에 대해서는 『새로운 산업국가The New Industrial State, 1967』에서 포괄적으로 분석했다. 가격은 시장에서만 결정되지 않으며, 금융정책만으로 정부가 인플레이션을 억제하는 것은 어렵다고 한다.

둘째, 생산 측은 과잉 공급에나 맞는 과잉 욕망을 환기시킨다. (신)고전파의 세계에서 욕망은 시장의 외부에서 형성된다. 그리고

---

[161] 기업의 소유와 경영의 분리가 크게 진전된 결과 기업의 의사결정은 개인인 기업가로부터 경영진이라는 집단으로 옮겨졌다. 회사의 임원진, 간부는 물론이며 전문화한 지식, 재능, 경험을 제공하는 사람들을 모두 포함한 현대 기업의 의사결정 기관을 테크노스트럭처라고한다.

생산 과정과는 독립되어 있으며, 소비자는 이에 따라 소비한다고 생각했다. 케인스는 공급 측이 생산한 만큼 수요가 있다고 예측할 수 없어 생산 조절을 강요당할 수 있다고 시사했다. 그러나 기업이 의존효과[162]에 따라 생산에 맞는 수요를 스스로 생성한다고 했다. 기업이 광고와 선전으로 소비자의 욕망을 창출한다는 것이다. 이처럼 소비(낭비)가 생산 측에 의해 만들어지는 것이라면 소비에 밑바탕이 있다고 해도 높은 생산성이 그대로 정당화될 수는 없다.

셋째, 현대 미국에서는 대기업 체제가 권력을 사용해 조세를 낮게 억제해 사적인 재만이 생산되고 있다. 그러나 대조적으로 교육과 공원 등 환경에서 소득 보장에 이르는 공적인 부분은 상대적으로 빈약해졌다. 즉 사회적 균형이 깨진 것이다. 생산성이 높아진 풍요로운 사회인데도 빈곤은 여전히 사라지지 않았다. 현대의 미국에서 빈곤은 곤란한 문제가 아니라 모욕이다.

이 책은 이런 대기업 지배 체제에 대항하기 위해 재정정책을 사용해 복지국가를 만들 것을 제안한다. 사회적 균형을 복귀시키는

---

162 갤브레이스가 『풍요한 사회』에서 처음 사용한 말로, 그는 현대사회에서 의존효과의 중요성을 강조했다. 의존효과는 제품을 구매하는 소비자의 수요가 소비의 자주적인 욕구에 의한 것이 아니라 생산자의 광고와 선전에 의해 이루어지는 현상을 나타내는 것으로, 생산자의 제품 광고활동으로 인해 소비자의 소비가 늘어나게 되는 경향을 말한다.

것은 사적인 부분의 생산성을 안정시키는 일로, 조세를 걷어 공공
서비스를 확충해야 한다. 또한 소득을 보장하면 사람이 나태해진
다고 비판하고 있지만, 오히려 세상에 물건이 남아돌도록 생산을
해도 사람이 행복해지는 것은 아니라는 사실이 더 큰 문제이다. 최
소한의 소득을 보장하면 사람이 불행해지는 것을 크게 막을 수 있
다. 그러므로 생산 과정과는 별도로 실업보험 등 사회보장을 확충
해야 한다. 이것이 갤브레이스의 주장이다.

대량생산과 대량소비시대의 소비사회론
― 의존효과란 무엇인가

이 책은 '의존효과'의 의존을 지적해 소비사회론의 고전이라는 평
가를 얻고 있다. 그러나 잘 알려져 있지는 않지만 사회학에서는 리
카도가 말한 빈곤과 자유주의적 시장경제론을 비판한 책이라는
평가를 받는다. 한편 경제학에서는 갤브레이스의 의존효과는 무
시하고 단지 과점과 복지를 주장한 사회평론가로 평가하고 있다.
의존효과는 일반적으로 수요와 공급이 불일치하는 케인스의 시
장에서 기능하는 것이므로 소비를 사회현상으로 생각하는 소비
사회론에 대해서만이 아니라 리카도와 신고전파를 비판하는 현
대경제 분석으로 인식하고 다시 읽어야 할 필요가 있다.

베블런은 19세기 말 미국의 도금시대를 '과시적(보여주기 위한) 소비', 즉 유한계급의 과시라고 분석했다. 유한계급은 고가의 선물을 주고받거나 호화스러운 연회를 열어 과시를 경쟁한다고 했다. 이에 대해 갤브레이스는 20세기 중반 지주와 주주라는 유한계급을 대신해 지식인과 학자, 기술자의 집단인 새로운 계급이 사회를 지배하게 되었다고 했다. 시장조사로 소비자의 심리를 분석하고 상품화와 판매 전략에 사용되는 광고 대리점의 마케팅 리서치는 의존효과로 소비자를 조작하는 민간 테크노크라트 technocrat[163]이다.

의존효과는 상당히 유명한 개념인데 본 책은 그 구조를 제대로 설명하지 않고 단지 광고와 선전의 기능이라고만 설명한다. 의존효과는 일방적으로 소비자를 조작할 수 있는 것과 같은 느낌을 줘서 문제시 된다. 의존효과는 광고 주체 간의 경합으로 영향력이 약해지는 것뿐만 아니라, 반대로 선전과 광고가 소비자의 선택 대상이 될 때도 있다. 기업과 소비자는 조작과 피조작이라는 관계라기

---

163 과학적이고 전문적인 지식과 기술을 지녀 사회나 조식의 의사결정에 지대한 영향력을 행사하는 사람을 지칭한다. 정보화시대의 인류는 과학기술이 기초가 되는 시대에 살고 있기 때문에 국가를 경영하는 정책 담당자는 기술적 기초 위에서 판단을 내려야 한다. 테크노크라트는 바로 기술적 기초 위에서 국가정책을 다루는 공무원이라는 부류의 관료다. 과학기술이 중요시되고 기술의 발전 속도가 점점 빨라지는 현대사회에서 뷰로크라트(bureaucrat)를 대신하는 새로운 사회계층으로서 기술혁신과 경제성장을 지휘하는 테크노크라트의 역할이 더욱 증대되고 있다.

보다 문자 그대로 서로 의존하고 있다.

단지 소비자 측의 선택이 유효하게 될 때는 상품의 종류가 비교적 많고 소비자가 모든 상품을 필요로 하지 않을 때, 즉 '다품종 소량생산'인 경우이다. 이처럼 의존효과의 개념으로 기업이 소비자의 욕망을 조작할 수 있을 때 갤브레이스가 염두에 둔 것은 '소품종 대량생산'이었다고 말할 수 있다. 이 책이 분석한 시대는 대량생산과 대량소비의 시대, 즉 중산층이 두터웠던 시대였을 것이다.

케인스의 『고용, 이자 및 화폐의 일반이론』은 공급을 이야기할 때 생산구조가 2차 산업으로 이행되어 재고를 쌓아두는 것이 가능해졌고, 수요에 대해서는 소비가 비교적 안정되는 데 비해 투자는 전문가들의 전망에 따라 불안정해지는 시대 상황을 설명했다. 그러나 이런 가정은 케인스 자신도 인정한 것처럼 대기업의 생산양식과 중산층의 소비양식이 대치하는 특정 시대에나 타당한 것이었다.

대량생산과 대량소비라는 경제 양식에 관해서는 안토니오 그람시Antonio Gramsci[164]가 포디즘fordism[165]에 대해 말했던 것처럼 생산성이 상승하면 한쪽에서는 비용이 체감하고 대량생산이 가

---

164 1891~1937. 이탈리아 공산당 창설자. 변증법적 유물론과 사적 유물론의 통일을 주장했으며 상부구조의 이론을 발전시키고 자본주의가 발달한 시민사회에서 사회혁명이 일어나는 조건인 프롤레타리아트의 지도성의 논리와 그 실천적 기구에 대해 참신한 이론을 전개했다.

능하게 된다. 그러나 다른 한편으로는 임금을 내리지 않고 올려 노동자가 중산층이 되어 대량으로 소비를 하게 된다고 할 수 있다. 소비사회의 경제적인 구조에 대해서는 원래 그것을 시사한 케인스보다 갤브레이스와 규제학파[166]가 더욱 정확하게 파악하고 있다.

'작은 정부'는 불가능하다

신자유주의의 입장에서 보면 관료는 사리를 위해 국민에게 쓸데없는 일을 강요한다. 한편 갤브레이스가 구상한 복지국가는 대기업의 테크노스트럭처에 대항해 필수품을 국가가 제공한다는 점에 가장 중점을 두고 있다. 이런 점에서 갤브레이스의 이론은 맞았다고 할 수 있다.

그러나 대량생산과 대량소비에서 다품종소량생산과 소량 소비

---

165 미국 포드 자동차 회사에서 처음 개발된, 콘베이어 벨트의 도입에 의한 일관 작업 방식. 포디즘적 생산 방식에 있어 부품들의 흐름은 기계(콘베이어, 운반기, 이동조립대)에 의해 이루어진다.

166 막스주의의 경제적 사고에 영향을 받은 한 프랑스 지식집단으로부터 유래했다. 규제학파의 관심은 축적 체제(regime of accumulation)과 규제 양식(model of regulation)으로 이들 간의 관계를 규명하는 것을 목표로 하고 있으나 실제적으로 이 학파에서 이루어진 대부분의 연구는 규제 양식에 초점을 맞추어왔다.

로 시대가 변하면 관료가 무엇이 필수품인가를 결정할 수 없다. 만약 관료가 결정한다고 하면 민간에 무엇이 부족한지 직접 조사하고 분석해야 한다. 그리고 이것이 적합한가는 상품의 의미 체계인 시장에서 평가될 것이다. 이런 갤브레이스의 발상은 잠재 능력에 주목한 아마르티아 센에게 계승된다.

활발한 경쟁을 위해서는 관료가 행정지도를 폐지하거나 증권거래법과 독점금지법 등 하이에크가 말하는 '법의 지배'가 필요하게 된다. 그리고 그것을 공적인 서비스로 감독한다면 어느 정도 큰 정부가 필요하게 된다. 자유로운 시장 사회는 작은 정부로는 달성할 수 없다. 정부의 크기를 무리하게 줄여 규제를 완화하면 오히려 큰 정부가 등장한다.

이는 규제완화가 일으킨 금융위기로 1,300조 원에 달하는 공적 자금을 주입한 미 정부의 예로 알 수 있다. 한마디로 작은 정부를 추구하는 것은 불가능하며 최적의 정부를 찾아야 할 뿐이다. 그리고 갤브레이스는 만약 정부가 최저 소득을 보장하고 필수품을 공급한다면 그 규모가 어느 정도여야 하는지 명확하게 제시하지 않았다. 존 롤스 이후의 정의론은 정의의 기준을 제시해 공적 부분에 대해 더욱 엄밀하게 논하고 있다.

자유헌정론

The Constitution of Liberty (1960)¹⁶⁷

: 자유를 누리기 위한 조건인 '법의 지배'

> 법의 지배는 이미 알려져 있는 규칙의 시설을 빼면 결코
> 정부가 개인을 강제하면 안 된다는 것을 의미하고 있다. 그
> 러므로 법의 지배란 입법부의 권력을 포함해 정부의 여러
> 가지 능력의 한계를 결정하고 있는 것이다. (2 제14장)

하이에크를 아는 사람이 오히려 하이에크를 잘 모른다

하이에크는 경제학자로서 오스트리아학파를 이끌었지만 계획경

---

167   한글판 『자유헌정론』, 2016, 자유기업센터

25

프리드리히 하이에크
Friedrich A. Hayek, 1899~1992

하이에크는 시장제도를 옹호하며 계획경제, 케인스주의, 복지주의를 비판한다. 제2차 세계대전이 끝난 뒤 미국에 정착해 시카고학파의 일원으로 『자유헌정론』을 출판한다. 법사상가이자 심리학자로도 불렸다. 그리고 다시 유럽으로 거주지를 옮겨간다.

제 비판 논쟁에 참여한 후에는 법학, 정치사상, 심리학과 인식론을 펼치며 사회주의를 포괄적으로 비판했다. 그리고 『자유헌정론』을 출판한 이후에는 자유주의를 제도한 지도적 사회사상가로 평가받게 된다. 보통 『법, 입법 그리고 자유』를 하이에크의 대표작이라고 간주하는데, 하이에크는 『법, 입법 그리고 자유』는 어디까지나 이 책 『자유헌정론』을 보완하는 것이라고 밝히고 있다.

베스트셀러 『예종에의 길 The Road to Serfdom, 1944』에서는 사회주의를 비판한 것으로 알려져 현재의 세계화와 구조개혁, 즉 철저한 자본주의를 지향하고 작은 정부를 환영하는 신자유주의자의 대표로 간주될 때가 많다. 그러나 하이에크가 아직까지 살아 있다면 사회주의를 비판했을 때와 마찬가지로 '구조개혁'을 격렬하게 비난했을 것임에 틀림없다.

　그는 사람들에게 오해를 받는 것처럼 시장원리주의자는 아니다. 그가 말하는 자유로운 시장은 어디까지나 '법의 지배' 아래 놓여 있다. 그 법은 나라별로 각기 다른 재판의 역사가 축적되어 표현된다. 세계적으로 균일한 경제운용 규제를 시장에 부과하고 그에 맞춰 각 나라의 법을 개혁하는 일은 하이에크에게는 폐기해야 하는 일이며, 전체주의와 같은 난폭한 행동이다. 이렇게 생각하면 『자유헌정론』은 구조개혁을 가장 강하게 비판한 책이라 할 수 있다. 하이에크를 연구하는 학자가 구조개혁에 반대했다는 말을 듣지 못하는 것은 그들이 하이에크를 연구하고는 있지만 진정으로 그를 알지 못하기 때문이라 해야 하지 않을까?

　하이에크는 근대에 들어서면서 시장 사회가 부흥해 사람이 지금까지 대면해왔던 규모의 커뮤니티에서 탈피해 보다 거대한 사회를 질서로 운영하게 되었다고 말했다. 이것은 시장에서 사람이 시행착오를 거듭하는 동안 '무엇을 만들어야 하는가', '어떻게 만들어야 하는가'를 발견할 수 있었기 때문이다. 따라서 거대한 사회에 복잡한 질서를 생성시키기 위해서는 시장원리를 유지해야만 하며, 이를 위해서는 사람이 시행착오를 거듭하면서 지식을 발견하는 자유가 법으로 보장되어야 한다.

자유로운 사회의 구성 요소

하이에크는 이 책 서두에서 자유란 강제가 없는 상태라고 정의한다. 사람이 전지전능하다면 이처럼 자유를 보장할 필요가 없다. 그러나 그런 사람은 존재하지 않는다. 사람은 무지하며, 이런 무지를 보충하기 위해 시장에 개입해 다른 사람이 가진 지식을 이용해야 한다. 그러기 위해서는 서로 자유로워야 한다. 여기서 이런 자유를 보장하는 자유주의가 필요하게 되며, 자유를 억압하는 전체주의가 비판을 받는 것이다.

하이에크는 전체주의적 경제질서를 '이코노미economy'로, 거대한 근대사회의 자생적인 경제질서를 '카탈락시catallaxy'로 이름 붙였다(『법, 입법 그리고 자유』1). '카탈락시'는 주관주의와 '지식의 분할', '발견을 위한 경쟁'이라는 개념이 특징이며, '이코노미'의 근거는 객관주의에 있다.

행동의 규칙은 관습, 도덕, 법에 있다. 시장에서 사람은 이런 여러 가지 규칙 아래서 시행착오를 거치며 적응한다. 이에 따라 시장에는 질서가 자생한다. 이렇게 시장의 질서가 자생하면 사회와 문화에 더 큰 영향을 미쳐 새로운 행동 규칙을 만든다. 그리고 이런 규칙은 사람과 시장을 질서 있게 만든다. 이 책에서 하이에크는 이런 부분과 전체, 경제와 사회, 문화의 순환적인 조정 과정을 자유문명의 창조력이라고 부르고 있다. 하이에크에게 진화란 자유의 필연적인 요청이다. 이렇게 말하는 이유는 조정 과정의 결과로 무슨 일이 일어날지 사전에 알 수 없으므로 일어날 가능성이 있는 일에 대해 규제하지 않는 자유가 요구되고, 알 수 없는 결과로 진화되는 것을 기대하기 때문이다.

예를 들어, 기업이 개인의 계약으로 성립되고 주주가 의사결정의 주도권을 갖는다는 것은 특정한 시간과 장소에서 시장이 그것을 규칙으로 받아들이고 사회와 문화로 용인하기 때문이다. 고도 성장기부터 1980년대 말에 주식 보합으로 주주가 발언권을 갖지 못하고 경영진과 노동자가 집단으로 기업조직을 구성한 것도 이런 관행과 규칙이 유리하다고 시장에 알려졌기 때문이다. 그리고 그 결과로 안정적인 성장을 실현할 수 있었다. '사회는 누구의 것인가'라는 문제에 대해 학문이 절대적인 대답을 내놓는 것이 아니라 시장과 문화, 사회가 특정한 때와 장소에 대한 대답을 제시하는 것이다.

생산관계라는 규칙이 생산력과 생산관계의 모순으로 진화한다고 생각한 점에서 하이에크와 마르크스는 공통점이 있다고 할 수 있지만, 마르크스에게 있어 아시아적 생산양식에서 근대 부르주아적 생산양식, 그리고 사회주의에 이르는 규칙의 진화는 혁명에 따른 것이다. 그러나 하이에크의 진화는 재판에 따른 판결의 축적으로 점진적이라는 점이 다르다.

하이에크는 『자유헌정론』을 잇는 『법, 입법 그리고 자유』에서 더 많은 개념을 두 가지씩 대립시킨다. 실정법질서thesis/자생적 법질서nomos, 만들어진 질서taxis/자생된 질서cosmos, 원리/편의, 이성/진화, 거짓 개인주의/진정한 개인주의 등이 그것이다. 이들 중 전자는 모두 전체주의의 특징이고, 후자는 하이에크가 이상으로 생각하는 자유로운 사회의 특징이다. 그리고 후자의 핵심이 되는 사상으로 '법의 지배'가 거론된다(이와 대비되는 것은 '인간의 지배'다). 이 책은 법의 지배의 이론적 의의, 사상의 유래 그리고 현실에 응용하는 방법을 논하고 있다.

'법의 지배'란 무엇인가

하이에크는 법의 지배가 관철시키는 '법치국가'의 특징을 세 가지 들고 있다.

첫째, 정부의 권력에 한계를 둔다. 국가의 전체주의화를 막는 데는 입법자에게 제약을 부과해야 하는데, 이때 제약은 법에 따라 생성된다.

둘째, 법이 세상에 알려져 있어야 하며, 확실해야 한다. 여기서 '알려져 있다'라는 것은 재판의 결과를 어느 정도 예상할 수 있어야 한다는 의미다. 그래야만 처벌이 위법행위를 방지하는 대비책이 될 수 있다. 단 이는 모두 미리 기록되어 있지는 않다. 장래에 알 수 없는 사건이 일어날 수 있는 가능성은 항상 존재한다. 그런데도 정당한 법은 재판관이 기존의 법체계에서 판결을 발견해가고, 그것이 예상 외의 것이 아닐 것을 요구한다. 이 때문에 법은 과거의 판례를 통해 장래에 일어날 수 있는 사건을 일정 범위 안에 가두어야 한다. 하이에크는 무수한 재판에서 내려진 판결의 축적으로 형태가 생기는 관습법과 불문헌법, 영미계의 보통법을 이상으로 삼고 있다.

셋째, 법 아래서 모든 사람이 평등하다. 여기서부터 해링턴과 로크, 몽테스키외처럼 권력의 분립이란 개념을 제시하고 있다. 법과 관련시켜 말하면 전체주의란 특정 주체가 자의적으로 법을 정하고, 그것을 특정한 경우에 적용하는 것이다. 하이에크는 이를 방지하기 위해 입법과 정부를 분리해야 한다고 주장했다. 법이 평등하게 적용되면 특정한 경우를 가정해 법을 만들어야 한다는 것이기도 하다.

자유의 적은 무엇인가

하이에크는 사회사상의 역사를, 17세기 영국에서 탄생한 경험주의와 대륙형의 합리주의에서 사회주의에 이르는 두 계통이 대립하는 형상으로 설명하고 있다. 전자의 스미스와 흄, 애덤 퍼거슨 Adam Ferguson[168]은 시민사회가 어떤 현명한 최초의 입법자 혹은 사회계약으로 만들어졌다는(대륙형의) 사상을 시종일관 공격하고 있다. 그리고 경제인과 같은 유명한 허상조차도 본래 영국의 진화론적 전통에 속하는 것은 아니었다(모두 제4장에서 인용함). 신고전파의 제도론에서 제도는 경제인이 합의해서 설계하는 것으로 간주되지만, 하이에크는 이런 후자의 사고법을 자유의 적이라고 비판한다.

"자유로운 사회의 성공은 대부분의 경우 전통에 제약을 받는 사회라는 것이 아마 진실일 것이다"라는 부분에서 자생적인 제도인 관습법과 재판으로 정부의 권력과 함께 개인의 자유에도 제약을 두려는 의도가 보인다. 이렇게 말한 이상, 제도와 관행, 규제 등의 구조를 시장에서 개인이 구사할 수 있는 자유에 개입하는 것으로 생각한다. 그리고 하이에크가 그것의 철폐를 주장하는 구조개혁에 반대하는 것은 자명한 일이다. 그의 주장을 통해 생각하면 구조야말로 진화의 과정을 거쳐 남은 유익한 규칙이다. 그리고 점진적으로 수정되어야 한다지만, 국가가 앞장서서 폐지해야 하는 것은 반혁명이다.

---

168 1723~1816. 영국의 도덕철학자, 사회학자, 역사학자. 사회의 본질과 기원의 탐구를 철학의 중심 과제로 생각했다.

공화주의와 시장경제의 양립

이와 같은 하이에크의 사상은 어떤 위치에 있다고 할 수 있을까? 포콕John Pocock[169]의『마키아벨리주의 시대The Machiavellian Moment: Florentine Political Thought and the Atlantic Republican Tradition, 1975』는 입법과 행정을 분리하고, 행정에 권력을 마음대로 빼앗기지 않는 입장에 서서 본 법의 지배를 공화주의라고 불렀다. 그리고 그것이 16세기 이후 그리스에서 유래해 민주주의를 견제하는 정치사상으로 재평가되었던 것을 확실히 나타내고 있다.

예를 들어, 제임스 해링턴은『오세아나 공화국』에서 청교도혁명에 대한 공화주의의 현대화를 시도했고, 임마누엘 칸트Immanuel Kant는『영구적 평화Perpetual Peace, 1795』에서 민주주의는 어떤 의견이 있을 때 그것에 동의하지 않는 소수를 무시하고 입법자가 생각하는 대로 법을 집행할 수 있는 전제專制를 가져온다며 군주제와 귀족제에 친화성을 가진 공화주의를 장려했다.

이런 흐름을 이어받아 경제사상의 분야에서는 흄과 스미스가 시민에게 덕을 구하는 공화주의와 크게 발전하던 상업주의를 융화시키려고 궁리했다. 법의 지배와 권력의 분립을 설득하는 민주주의를 비판하는 이 책은 공화주의와 시장경제의 양립을 꾀한 흄

---

169 1924~. 영국 출신의 역사가이자 정치학자.

과 스미스의 시도를 이었다고 할 수 있다.

이 책에는 '노력과 소득은 비례하지 않는다', '상속에는 사회적인 의의가 있다', '연금을 소득의 재분배 수단으로 삼지 말라', '노동조합의 가입은 자유의지에 맡기자', '누진세는 모험자를 차별한다' 등 전과는 달리 보다 구체적인 사상을 전하고 있다. 근대 이후의 사상사를 계승하면서 현실적인 문제에 해답을 제시하는 이 책은 지금 읽어도 시대에 뒤처졌다는 느낌이 전혀 들지 않는 충분히 도발적인 경제사상서이다.

자본주의와 자유

Capitalism and Freedom ⟨1962⟩

: 신자유주의 성전

> 법인기업의 이사가 주주를 위해 자신들이 할 수 있는 한
> 이익을 올리는 것 이외의 사회적 책임을 수용하는 것만큼,
> 우리 시장 사회의 기반을 철저하게 무너뜨릴 수 있는 풍조
> 는 없다 해도 과언이 아니다. …… 혹시 실제로 경영자가 주
> 주를 위해 최대의 이윤을 올리는 것 이외의 사회적 책임을
> 진다고 할 경우, 그들은 그것이 무엇인가를 어떻게 알게 될
> 것인가. …… 이처럼 기부는 우리 사회에서 엄청난 부를 소
> 유하고 있는 개인이 해야 하는 일이다. (제6장)

26

밀턴 프리드먼

Milton Friedman, 1912~2006

미국의 경제학자. 시카고학파를 이끌었으며 신자유주의와 통화주의를 세계에 보급했다.

정부 활동의 제한과 정부 권력의 분산

1980년대 이후 세계경제는 신자유주의의 지배 아래에서 운영되었다. 이 책은 그 성전이라 할 수 있다. 물론 복지주의, 케인스주의, 사회주의를 포괄적으로 비판하는 하이에크의 『자유헌정론』과 『법, 입법 그리고 자유』의 깊이 있는 사회사상과 역사적 통찰력에는 전혀 미치지 못한다. 그러나 실제로 큰 정부를 지양한다는 면에서 보면 이 책의 영향력은 거대하다. 이 책이 이렇게 강한 영향력을 얻을 수 있는 이유는 지적인 단순함에 있지 않을까?

밀턴 프리드먼이 설명한 자유주의 사상사는 정말 단순하다. 프리드먼에 따르면 자유주의는 18세기 후반 스미스 시대에 시작되었다. 봉건시대의 길드와 같이 권위로 직업을 분배하던 관행이 이 때부터 흔들리기 시작했기 때문이다. 19세기에 이르러서는 대의제 아래에서 국가 권한이 축소되고 자유방임과 자유무역을 축으로 시민의 자유를 보호하게 되었다. 자유주의가 그 성격을 완전히 바꿔 시장의 개인적 자유를 제한하게 된 것은 1930년대이다. 사람들은 대공황을 겪은 뒤 자본주의가 불안정한 것이라고 인식하게 되었다. 이에 미국 대통령 루스벨트는 재정정책으로 경기회복에 대한 대책을 마련하고 복지에도 정부의 간섭이 필요하다고 인식하여 뉴딜정책을 단행했다.

이 책이 등장하기 바로 전인 1950년대에는 소설 『아틀라스Atlas Shrugged, 1957』로 유명해진 아인 랜드Ayn Rand 같은 자유지상주의자가 등장했다. 그들은 부유층이 박해를 받는 세상을 묘사해 작은 정부로 회귀할 것을 촉구했다. 그러나 이런 시도도 베트남전쟁이라는 수렁에 빠져 꽃을 피우지 못했다. 이 책은 이렇게 자유지상주의자가 수난을 당하던 시대에 출판되었다.

기조가 되는 키워드도 책 앞의 2장에서 볼 수 있을 만큼 극히 소박하다. '개인만으로 성립되는 국가', '다양성의 허용', '타인에게 피해를 주지 않는 한도 내에서 개인의 자유를 누릴 것'이 주요 키워드이다. 그러나 이런 정치적 개념에는 추가적인 가치관이 있기 마련이다. 즉 이 책의 진정한 키워드는 오히려 이를 실현하기 위한 정부 활동의 제한과 정부 권력의 분산이라 할 수 있다. 프리드먼은 이 두 가지 방침을 『소비의 경제이론-소비함수A Theory of the Consumption Function, 1957』와 『미국의 통화사A Monetary History of the United States, 1963』라는 실증분석에서 도출했다. 이 책의 문장은 지극히 평범하지만 학계의 높은 평가를 받았다. 그리고 이런 평가를 바탕으로 정책을 제언했다는 점이 가장 큰 업적이라 할 수 있다.

거시 관리정책은 무의미하다
— 케인스 경제학 비판

신고전파 경제학자인 프리드먼의 특징은 발라의 일반균형이론과 그것을 거시경제학에 응용한 새뮤얼슨의 '케인스 경제학'을 부정하고 실용성이 높은 마셜 이론을 재현하려 했던 점이다. 그러나 먀셜의 경제학이라고 해도 수확체증이 특징인 경제생물학이 아니라 어디까지나 공학적인 부분균형분석이라는 점을 말해두고 싶다.

프리드먼의 실용성 중시는 『경제학의 실증적 방법론The Methodology of Positive Economics, 1953』이 제기한 방법론에서도 알 수 있다. 과학이란 가설을 제안하는 것과 이때부터 시작되는 연계 그리고 사실(예측)에 따른 검증을 반복하는 작업이다. 그러나 프리드먼에 따르면 경제학이 과학적이려면 사실과 가치관을 구별한 다음 가정이 현실적인가를 밝히는 것보다 이론에서 도출한 예측의 정확성을 더욱 중시해야 한다. 이렇게 검증(예측)을 중시하는 입장에서 보면 발라에 이끌려 형식론에 집착한 존 힉스의 서수원리에 따른 수리경제학은 연계의 과정을 너무 고집하는 것으로 보인다. 이보다는 현실과의 접점을 잃지 않는 마셜의『경제학 원리』가 훨씬 과학적이라 생각된다. 이에 더해 새뮤얼슨이 신고전파 종합이론을 통해 재해석한 케인스의 경제학 또한 철저하게 비판한다.

당시의 거시경제학은 케인스 경제학의 근간이 경제가 발전하는 것과 함께 소비성향이 저하되는 점에 있다고 생각했다. 케인스 형의 소비관수(C=A+cYd, C=소비, A=기초소비, c=한계소비성향, Yd = 가처분소득)로는 경제가 발전해 가처분소득이 늘어나면 평균소비성향(C/Yd)이 내려가고 만다. 이런 상황에서 민간투자가 줄어들면 경기가 악화되므로, 총수요의 부족은 적자 정부에 바탕을 둔 공공투자로 보충해야만 한다.

소비성향의 체감이야말로 자본주의가 불안정해지는 원인이며 적자재정과 상속세의 과세 강화, 소득세의 누진과세 등 특별한 세금을 걷는 논거로 간주되고 있었다. 이에 대해『소비의 경제이론』에서 소득은 항상소득과 일시소득으로 분리되는데 소비는 항상소득으로 정해지고, 경기는 일시소득에 좌우된다. 즉 경제발전의 결과로 소비는 줄어들지 않으며, 고소득자와 유산에 세금을 부과하는 것은 무의미하다고 주장한 것이다.

더욱이 『미국의 통화사』에서는 대공황을 1929년의 주가 폭락과 연관 짓지 말자고 주장하고 있다. 프리드먼에 따르면, 주가는 6개월 만에 2년 전의 수준으로 돌아갔고 머니서플라이money supply[170]는 31∼32년 만에 31퍼센트 축소되었다. 적절하지 못한 금융정책으로 머니서플라이가 줄어든 것이 대공황이 일어난 직접적인 원인이었다고 주장했다. 그러나 루스벨트는 공개 시장에 통화가 부족한 1937∼38년, 중앙은행이 금융시장에서 증권을 사들여 통화의 유통을 원활히 해야 할 때 예금준비율을 배로 올려 경기를 더욱 악화시키고 만다.

프리드먼이 이렇게 주장하는 배경에는 불황일 때 머니서플라이가 증가하면 경기가 호전된다고 독자적으로 수정한 화폐수량설이 있다. 화폐가 경기에 미치는 영향은 정말 크다. 이 때문에 통화 제도에 대해 극히 일부분의 사람이 강력한 권한을 가지면 잘못된 판단을 내려 불황이 심각해진다. 한편 뉴딜정책에서 알 수 있듯 재정 적자에 따른 공공투자의 승수효과는 거의 기대할 수 없다. 이런 비판은 머니서플라이의 정의를 새롭게 검토한 뒤에 과거 100년에 걸친 상세한 금융 자료를 전부 검토해야 도출할 수 있었다. 그리

---

[170] 중앙은행과 시중 금융기관에서 민간에게 통화를 공급하는 일. 물가 및 경기 동향과 밀접한 관계를 가지며, 금융정책 면에서 중시된다.

고 이는 일부에서 강한 지지를 얻게 된다.

　이와 같은 연구 성과를 통해 프리드먼은 경제 내부에서 반복해서 발생하는 경기순환은 존재하지 않으며, 경기는 외부에서 무작위로 충격을 받고 이에 시장이 적응하기 위해 생기는 변동에 지나지 않는다고 생각하게 된다. 갤브레이스는 『풍요로운 사회』에서 공적 부분이 축소되고 민간 부분이 확대된다고 주장했는데 프리드먼은 이를 자료에 근거가 없다며 무시하고 있다. 프리드먼이 갖고 있던 자료에서 계속해서 확대되기만 했던 것은 공공 부분이었다.

통화주의 시대

이 책은 시장의 절대적인 신뢰를 배경으로 정부가 시장에 간섭하는 것을 일관적으로 비판하고 있다. 제2장의 끝에는 농산물 사재기, 수입관세, 수출제한, 출산 규제, 월세 규제, 공용 유료도로 등 철폐해야 할 정부 간섭 항목 열네 가지가 열거되어 있다. 반대로 정부가 해야 할 일로는 화폐 공급의 증가율을 성장률에 맞춰 이를 규칙으로 만들고 자의적인 조작을 배재하는 'k% 규칙'(당시에는 소수 의견이었다), 변동상장제, 의무교육의 수업료를 부모에게 나눠주고 이를 선택한 학교에 지불해 수업을 받게 하는 교육 바우처 제도, 의료도 포함된 직업면허제의 폐지 등 당시의 상식으로는 상상도 할 수 없는 시장주의 정책을 제시하고 있다.

책 앞에 꼽은 것은 기업은 주주 개인의 것이라는 상징적인 문장이다. 이와 같은 시장주의에 근거한 분석은 각 장에 화폐의 관리/국제금융과 무역제도/재정정책/교육/차별/독점과 노동조합과 사회적 책임/직업면허/소득분배/사회복지/빈곤 등으로 전개되고 있다.

이는 상당히 과격해서 그대로 채용된 정책은 많지 않지만, 정치가와 관료는 국가가 쓸데없는 지출을 하도록 강요하는 존재로 간주했다. 그리고 균형예산을 짜는 것보다 먼저 정부지출을 억제해야 한다고 제언했다. 이 방침은 1980년대부터 세계의 기조가 된 신자유주의의 기둥으로 각 나라에서 실현되었다. 학계에서도 거시경제학은 화폐수량설에 바탕을 두어야 한다는 프리드먼의 주장이 대부분 승인되었다. 이로써 새뮤얼슨의 신고전파 종합은 와해되었고, 케인스 경제학도 임금이 강직적인 단기이론이라며 축소 해석되었다. 20세기의 마지막 15년간의 경제학은 프리드먼의 지배하에 있었다고 해도 과언이 아니다.

거짓 개인주의

이 책은 세상의 평가가 갈수록 높아지고 있다. 그럼 우리는 이를 어떻게 평가해야 할까? 일본 정부의 경우를 보면 사회보험청은 연금을 제대로 운용하지 못하고 있고, 예산을 마구 잡아먹는 도로를 쓸데없이 계속 만들고 있다. 이를 보면 관료와 정치가는 국민의 욕망과는 다르게 세금을 사용하고 있다는 이 책의 주장에 절로 고개가 끄덕여진다. 하지만 이것만으로 시장을 살리는 것과 작은 정부가 같다고는 할 수 없다.

한 가지 예를 들어 보면, 증권시장을 건전하게 운영한다 해도 증권법을 다스릴 사람이 반드시 필요하기 때문이다. 시장을 투명하게 유지하려면 규칙을 감독해야 한다. 그러므로 어느 정도는 큰 정부가 필요하다. 이런 상황을 피하고 싶다면 일벌백계로 일부의 위법행위자만을 체포하는 수밖에 없다. 그러나 이것으로는 프리드먼이 강조한 '법 아래에서 평등'을 실현할 수 없다.

통화 당국이 머니서플라이를 인위적으로 축소한 것이 경기 후퇴의 원인이라는 해석에도 문제가 있다. 원래 통화 당국이 조작할 수 있는 것은 현금통화와 중앙은행 당좌예금 잔액의 합계인 '머니터리 베이스monetary base'뿐이다. 그리고 정의에 따라서 정기예금과 증권까지도 포함된 머니서플라이는 국민이 자유의사로 증감시키는 것으로 당국이 관리할 수 있는 것은 아니다. 불황기에는 자금요청이 감소하고 은행에서 대출하는 경우도 줄어들기 때문에 머니서플라이가 축소된다. 이렇게 생각하면 머니서플라이가 축소된 것은 대공황의 결과에 지나지 않는다. 그러나 이와 반대로 이를 원인으로 생각하는 프리드먼파에서 보면 민간이 자유의사로 선택한 '유동성의 덫'마저도 중앙은행의 음모라는 생각이 든다.

그리고 하이에크의 자료 집계에 대한 비판을 들 수 있다. 통계자료를 집계할 수는 있지만 그것을 하나의 변수로 생각하여 다른 집계량과 법칙적인 관계에 있다고 가정하고 그것에서 예측하는 것은 불가능하다는 것이다. 하이에크의 주장은 거시의 경제지표로 머니서플라이에 주목하게 된 후부터 의미를 가진다.

원래 가설을 세워 예측을 하고 검증(반증)한다. 변수의 이동을 자의적이며 주관적일 수밖에 없다고 생각한 하이에크에게 이러한 과학의 형식은 경제학에는 사용할 수 없는 방법이었다. 이처럼 단순화된 인과관계는 사후에만 회고될 수 있다. 결국 이 책이 주장한 신자유주의는 하이에크의 관점에서는 거짓 개인주의로 위장된 자유주의가 된다.

단절의 시대

The Age of Discontimuity (1969) [171]

: 포스트모던 경제의 막을 열어라

> 예측은 추세를 연장해야만 가능하다. 계획을 세우고 수량화할 수 있는 것은 이미 일어난 일뿐이다. 이처럼 추세는 중요하지만 다가올 내일의 현실 중 하나에 지나지 않는다. 그리고 양적인 예측은 중요하지 않다. 중요한 것은 오늘과는 다른 측면과 그 의미다. (머리말에서)

---

[171] 한글판 『단절의 시대』, 2003, 한국경제신문사

27

피터 드러커
Peter F. Drucker, 1909~2005

오스트리아 출생. 현대 경영학의 시조이며, 스스로를 사회생태학자라고 불렀다. 저서로는 『산업인의 미래(The Future of Industrial Man, 1942)』 『새로운 사회(The New Society, 1949)』 『경영의 실제(The Practice of Management, 1954)』 등이 있다.

포스트 대량생산과 대량소비사회

리카도는 19세기 전반 노동자가 겨우 생존할 수 있는 수준의 생활을 하는 시대를 설명했다. 마셜은 중소기업의 활력으로 발전한 19세기 후반을 되돌아보았으며, 갤브레이스는 1960년대 대기업의 대량생산과 중산층의 대량소비를 그려냈다. 그리고 이에 이어 지각변동과 함께 선진국에서 다음 시대가 모습을 드러내기 시작한 것을 1969년에 지적한 사람이 피터 드러커이다. 드러커는 이 책에서 신기술을 통한 기업의 탄생, 세계화, 다원화, 지식사회의 네 가지 방면에서 단절이 일어날 것이라 예언했다.

『법인의 개념Concept of the Corporation, 1946』과 『경영의 실제

The Practice of Management, 1954』[172]에서 매니지먼트(자본 및 작업 노동으로부터 분리되어 자립화한 관리 기능) 연구라는 새로운 분야를 개척했던 석학이 돌연 미래사회를 예측하는 책을 썼으니 독자들은 자신들의 눈을 의심했을 것이다. 컴퓨터가 존재하지 않고 인터넷 같은 건 상상조차 하지 못했던 시대에 일어난 일인 만큼 독자들이 놀라는 것도 당연한 일이다. 거기다 실제로 앞서 말한 네 가지 현상은 1990년대부터 현대 경제사회의 특징으로 손꼽히게 된다. 이것을 20년 전에 예측하다니 실로 놀라운 일이 아닐 수 없다.

그러나 드러커는 이 책이 미래를 예측한 책은 아니라고 한다. 미래를 예측하는 것이란 과거의 추세에서 양적 연장을 추측하는 것이다. 그러나 그가 지향한 것은 '사회 근저에 일어나는 변화와 이미 일어난 단절'(1983년판 서문)을 질적으로 이해하는 것이었다. "지금부터의 시대는 말하자면 지금까지의 추세와는 다르다는 것을 제시하는 것이다"라고 했다. 그가 사회생태학자, 관찰자를 자칭한 것도 과거에 집착하지 않고 현대문명의 미세한 변화에 주목했기 때문이다. 경제학에서는 여건(예를 들어 금리)을 조작해 '경기를 얼마나 호전시킬 수 있을 것인가'라는 실효성 있는 제언이 요구된다. 그것이 가능한 것은 과거의 추세가 이어져 다른 여건이 안정되

---

172   한글판『경영의 실제』, 2006, 한국경제신문사

어 있는 경우이다. 드러커가 경제학과 대치시킨 것은 변동과 단절의 시대에는 그런 이론이 도움이 되지 않았다는 사실을 보여준다.

사회적 메커니즘인 매니지먼트

그러나 드러커가 1960년대 말에 우연히 이런 발견을 했을까? 꼭 그렇지만은 않다는 생각이 든다. 그가 창시한 '매니지먼트'라는 사고법에는 단절을 기대하는 것과 같은 구절을 볼 수 있다. 원서 신판의 서문에 그는 이렇게 적었다.

"사실 내가 1940년대에 매니지먼트 연구에 착수한 것은 비즈니스에 관심이 있어서가 아니다. …… 그러나 나는 제2차 세계대전을 경험한 뒤에 자유로운 사회를 실현하려면 매니지먼트가 필요하다고 확신하게 되었다."

그럼 자유로운 사회를 실현하는 데 반드시 필요한 사회적 메커니즘인 매니지먼트란 무엇인가?

드러커에 따르면, 기업이란 첫째, 고객을 위해 성과를 내야 하는 것이고, 둘째, 사람을 고용하고 교육해 생산에 도움이 되도록 권한과 책임을 규정하는 기구이며, 셋째, 사회와 커뮤니티에 뿌리를 두고 공익을 담당해야 하는 기관이다(『경영의 실제』). 이 말만 들으면 보통 우리가 생각하는 기업 이익의 최대화를 꾀한다는 이미지와 전혀 다를 바 없어 보인다. 그러나 경영환경에 적응하고 합리적인 선택을 해 이익을 최대화하는 것은 제약 안에서 수동적이고 적응적으로만 이루어진다. 그러나 매니지먼트는 변화, 즉 단절을 계획하고 기업활동의 자유를 제약하는 것들을 제거하려고 한다. 이처럼 경제를 만들어내는 것이 기업의 매니지먼트라는 것이다.

혁신과 마케팅

드러커는 기업에는 두 가지 기본적 기능이 있다고 했다.

첫 번째는 단순히 자원을 배분하는 것이 아니라, 부를 생성시키는 혁신이다. 기업이 일으키는 혁신 탓에 경제는 끊임없이 불연속 상태에 있고, 이 때문에 발전할 수 있는 것이다. 경제사상사를 되돌아보면 이 표현에서 기업의 핵심에 혁신이 있다는 것을 발견한 슘페터의 『경제발전의 이론』이 연상될 것이다. 그러나 드러커의 사상은 좀 더 깊이 발전했다.

두 번째로 마케팅이 중요하다고 했다. 마케팅이란 구체적으로 시장조사와 시장분석을 말하지만, 이는 공장에서 생산한 상품을 판매하는 일은 아니다. 슘페터는 암묵적으로 생산에 역점을 두고, 혁신을 통해 신상품이 발매되거나 가격이 내려가면 소비자는 반드시 구입한다고 표현했다. 여기서 등장하는 소비자란 수동적인 존재이다. 그러나 현재는 대량생산과 대량소비의 시기를 지나 소비자가 적극적으로 상품을 선택하게 되었다. 필요 없는 상품은 아무리 싸다 해도 구입하지 않는 시대가 도래한 것이다. 이런 다품종 소량생산의 시대에서 마케팅이란 시장이 필요로 하는 것을 생산하는 것이다. 그리고 소비자의 기호를 파악해 고객을 만들어내는 것이다.

이는 기업과 소비자가 모두 객관적으로 상품의 성질을 이해한다는 신고전파와는 다른 점이다. 상품의 핵심은 물건으로 가치가 있는가가 아니라 이미지이며, 이는 문화와 사회의 영향 아래에서 기업과 소비자 사이에 생성된다. 이런 견해는 베블런부터 갤브레이스, 보드리야르로 이어지는 소비사회론과 시장은 지식을 발견하는 기구이므로 계획경제가 불가능하다고 말한 하이에크와 통한다고 할 수 있다. 그는 기업을 새롭게 지식을 창조하고, 그것이 소비자에게 받아들여지도록 수정을 가미해 제공하는 기구로 생각한 것이다. 지식사회의 도래는 매니지먼트가 만들어낸 자유로운 사회의 연장선상에서 예언한 것이다.

기업가, 세계화, 다원화, 지식

이 책은 네 부분으로 나뉘어져 있고, 각 부분이 사회의 단절을 설명하고 있다.

제1부는 「기업가의 시대」이다. 이 책을 집필할 때까지 50년 간 세계경제는 농업과 철망업이라는 제1차 세계대전 전에 확립된 산업을 축으로 움직였다. 세계대전이 끝난 다음에는 그 산업들이 개발도상국에서 이루어졌고, 선진국에서는 양자역학과 기호논리학 등 새로운 기술로 정보산업, 해양개발, 소재산업, 거대 도시 등과 관련된 사업이 전개되었다. 이로 인해 기업은 기존 지식의 전문 틀을 넘어 사업을 구상했고, 혁신을 단행하기 위해 팀 형태의 개발 부분을 독립적으로 조직했다. 이를 위해서는 인재를 자유롭게 교환할 필요가 있으며, 영국과 미국형 지식별(도제제적) 조합을 해체하고, 중소기업이 성장할 수 있도록 대기업의 내부유보內部留保[173] 또한 억제되어야 한다.

제2부는 「세계화의 시대」이다. 재화뿐만이 아니라 생산요소도 국경을 넘어 이동하게 되지만 이것만으로는 국제경제학의 틀 안에 있다고 할 수 있다. 드러커는 여기에 "영화, 라디오, 텔레비전과 같은 미디어로 지각知覺이 하나가 된다"고 덧붙였다. 정보권이 긴밀화되면서 세계화가 일어난다는 것이다. 기업은 세계 각지에서

---

[173] 당기이익금 중에서 세금, 배당금, 임원상여 등 사외로 유출된 금액을 제외한 나머지를 축적한 것. 대차대조표상에는 자본란에 기재되며, 구체적으로는 법정준비금인 이익준비금, 잉여금 등을 말한다. 이 내부유보와 자본금, 자본준비금의 합계를 자기자금이라 하며, 총자산 중에서 차지하는 비율이 높을수록 회사의 안전성이 높다고 할 수 있다. 또 이밖에 각종 특별충당금까지를 포함한 것을 넓은 의미의 내부유보라 한다.

정보를 모아 각지에서 자본 투하를 실시한다. 이에 따라 세계 통화가 창출되고, 세계에서 활동할 수 있는 기업가와 인재를 육성하는 정책이 필요해진다. 여기서 흥미로운 점은 이런 이야기가 나오면 영국과 미국을 따라 하는 지식인은 반드시 일본이 내향적이어서 세계화가 늦어지고 있다고 비판한다. 그러나 드러커에 따르면, 세계화와 더불어 경제발전을 이룩한 우등생은 고도성장기의 일본이며 오히려 영국과 미국이 열등생이다.

제3부의 「다원화 시대」에서는 조직이 다양해지면서 권력이 분산된다고 설명했다. 록펠러 시대에 무척이나 거대하다고 생각되던 규모의 기업은 현재 무수히 많다. 그러나 갤브레이스가 『새로운 산업국가』에서 설명한 것처럼 기업 이외에 유력한 조직이 없다는 듯한 단순화에는 무리가 따른다. 그 이유는 많은 조직이 의존관계이기 때문이다. 현대사회에서는 기업이 병원과 학교를 경영하거나 반대로 기업이 학교와 병원에 업무를 일부 위탁한다는 예를 심심치 않게 볼 수 있게 되었다. 정부도 '중재인' 혹은 '리더'라고 할 수 있으며, 결코 중앙권력은 아니다.

제4부는 「지식의 시대」이다. 드러커가 말하는 지식이란 지식인과 전문가가 가진 지식, 즉 책에 있는 것과는 달리 실제로 사용하기 위한 것이다. 이렇게 보면 이 책이 말하는 지식노동자는 1900년 당시 지식인과 전문가로 인식되던 사람이 아니라 숙련된 노동자의 후계자이다. 그러나 이전의 경제에서 철밍업은 지식이 아니

라 기능을 기반으로 했다. 이 때문에 하나의 목적을 위해 필요한 도구의 사용법만 체득하면 되었다. 그러나 기업 안에서의 학습을 체계화한 프레드릭 테일러Frederick W. Taylor[174]의 『과학적 관리법 The Principles of Scientific Management, 1911』[175]이 등장한 이후, 미숙련 노동자도 숙련된 노동자와 같은 일을 할 수 있게 되었고, 생산성이 100배로 늘어나 임금격차가 줄었다. 지식이 기반이 되면 항상 새로운 것을 배우고 예전에 배운 것을 버려야만 한다. 프로그래머, 시스템 엔지니어, 간호사, 영양사, 의료기사, 사회 노동자와 같은 지식노동자는 학습으로 자신의 기술을 다양하게 갱신해야 한다.

드러커가 중시한 지식은 매니지먼트에 도움이 될 만한 응용적인 것이다. 따라서 대학과 같은 교육기관도 전문 분야로 분할되어 있다면 이에 대응할 수 없다. 여기서부터 좀 더 세밀한 전문 분야를 연구하고 학위를 취득할 것을 중시하는 것보다 응용 분야별로 학문을 재편해야 한다는 판단이 나온다.

---

174 1856~1915. 미국의 경영학자. 과학적 관리법(테일러 시스템)을 창안하여 공장개혁과 경영합리화에 큰 공적을 남겼다.
175 한글판 『프레드릭 테일러 과학적 관리법』, 2010, 21세기북스

변화를 위한 전통

이 책은 한마디로 경제학에 포스트모던 시대가 도래했음을 알린 책이다. 모던 시대에는 물건인 상품이 생산되고 유통되었다. 노동자는 겨우 생존할 수 있는 수준에서만 생활할 수 있다고 생각한 리카도의 시대도, 생산가격 인하로 소비자가 욕구를 만족시킬 수 있게 된 마셜의 시대도, 대량생산과 대량소비를 이루어낸 포디즘의 시대도 물건을 중심으로 경제가 운영된다고 생각했다.

그러나 포스트모던 시대에는 물건만이 아니라 정보와 상징, 지식이 경제의 중심에 자리 잡는다. 상품에서 물건의 중요성을 개개인이 느낄 수 있다면 개인을 단위로 경제가 구성된다고 생각해도 별 문제가 없다. 그러나 정보와 상징과 지식은 개인에게 귀속되는 것이 아니라 사람과 사람 간에 공유되었을 때 의미를 가진다. 이처럼 사람과 사람 사이, 집단과 사회, 국가와 국제사회를 주체로 삼는 경제학은 아직 확실한 형태를 지니고 있지 않다.

여기서는 물건이 생산되어 이윤이 발생하는 것이 아니라 지식의 변혁으로 이윤이 생긴다고 말하고 있다. 그러나 드러커는 변혁은 기존 사회와 전통을 파괴하기 위한 것만이어서는 안 된다고 말한다. 기업은 사회와 전통으로 지탱되기 때문이다. 변화를 위한 전통이야말로 중요하다는 것이다. 이를 보면 드러커가 존경한 사상가가 보수주의의 아버지 에드먼드 버크Edmund Burke[176]였다는 것도 수긍이 간다. 이렇게 우익이 아닌 그가 베트남 반전운동과 학생 운동을 누구보다도 심각하게 받아들였다는 사실이 재밌다. 보수의 입장에서 이런 사회현상을 반전운동과 냉전의 파생물로 여기며 냉소적으로 비판하는 것이 아니라 문명과 학교제도의 흔들림으로 보다 깊게 받아들인 것이다. 관찰자의 재미를 느낀 걸까?

이 책의 예언은 현재에도 살아 있다. 1993년 속편 『자본주의 이후의 사회The Post-Capitalist Society, 1993』[177]에서는 21세기를 전망한 그 후의 관찰이 자세히 적혀 있다.

---

176 1729~1797. 영국의 정치가이자 정치사상가. 조지 3세의 독재 경향과 아메리카 식민지에 대한 과세에 반대했고, 당시 벵골 총독 헤이스팅스를 탄핵했다. 웅변가로서 정의와 자유를 고취했으며 영국 보수주의의 대표적 이론가로 명성을 떨쳤다.
177 한글판 『자본주의 이후의 사회』, 2003, 한국경제신문사

경제학
베스트
30

소비의 사회

La Société de Consummation ⟨1970⟩¹⁷⁸

: 차이화의 끝에

　　재와 구별되는 기호인 물건을 유통, 구매, 판매, 취득하는
것은 오늘날 우리의 언어활동이자 코드이다. 이에 따라 사
회 전체가 서로 전달하고 이야기하고 있다. 그것이 소비의
구조이며 그 언어이다. 개인적 욕구와 향수享受는 이 언어
와 비교하면 음성언어적 효과일 뿐이다. (제2부)

178　한글판 『소비의 사회』, 1992, 문예출판사

28

장 보드리야르
Jean Baudrillard, 1929~2007

프랑스 출생으로 파리대학교 낭테르교 교수. 사회기호론을 마르크스의 가치론에 대응해 현대 소비 사회를 분석했다. 포스트모던의 대표적인 사상가로 일컬어진다.

소비사회론의 변환

요즘 정월에 차례를 지내는 가정이 급속하게 줄어든 반면 상업 이 벤트로 모습을 바꾼 크리스마스 파티와 선물은 중요한 행사로 등 극했다. 자본주의는 소비에 얽힌 전통과 문화의 리듬에도 급격한 변화를 강요했다. 이 책은 소비활동이 문화와 깊은 관련을 가진다 는 종래의 소비론을 뛰어넘어 문화가 경제에 따라 변화되는 과정 까지 접목시켰다. 이런 점에서 이 책은 소비사회론에 하나의 획기 적인 사상을 부여했다고 할 수 있다.

신고전파는 소비를 공리주의적인 인간이 물건의 사용가치를 추 구해 행하는 행동으로 간주하고 있다. 베블런은 이에 이의를 제기하고, 소비란 재의 소유자가 사회적 지위를 과시하려는 인류학적 현상이라고 주장했다. 그러나 소비를 사회적 지위를 나타내기 위한 과시의 경쟁으로 파악하는 베블런의 '과시적 소비론'에 대해서도 많은 비판이 집중되고 있다. 그중에서도 중요한 것이 베블런의 설 또한 공리주의를 완전히 탈피하지 못했다는 것이다.

베블런은 소비가 구매되는 물건의 사용가치로만 환원되지는 않는다고 주장하면서도 소비를 유한계급이 문명사회의 전 단계에서 강요하는 과시의 경쟁이라는 다른 목적에 종속시켰다. 이로 인해 과시적 소비는 신고전파 경제학에 있어서도 가격의 상승으로 만족하는 수준이 올라가는 효과라는 형식적인 이해로 받아들여지고 있다. 이를 통해 베블런에게서 공리주의의 잔해를 엿볼 수 있다.

매리 더글러스Mary Douglas[179]는 이에 대해 소비 개념을 '효용'의 차원에서 보다 철저하게 '문화'의 차원으로 전환시킬 필요가 있다고 주장했다. 사람은 육체적·정신적 욕구를 만족시키거나 과시하기 위해서만 소비를 하지는 않는다. 개개인이 행하는 소비의 의미는 어디까지나 그것을 통해 이루어지는 문화의 문맥에 의존한다. 소비는 문화의 영역을 표출하기 위한 장치인 것이다. 잘 소비하는 것은 어떤 문화에서는 시원스럽고 당당한 선행이라고 인

179　1921~2007. 영국의 인류학자로, 인간 문화와 상징주의에 관한 저작으로 유명하다.

정되지만, 다른 문화에서는 쓸데없이 돈을 쓰는 경솔한 악행이라고 불리기도 한다. 이 때문에 개개인의 상품의 소비가 아니라, 소비의 흐름이 전체적으로 만들어내는 의미를 해석해야 한다고 주장한다. 이런 주장은 롤랑 바르트Roland Barthes[180]에 의해 더욱 발전되었다.

바르트의 기호론과 커뮤니케이션인 소비

바르트는 의복 등이 갖는 상징적인 의미는 언어와 비슷하다고 했다. 소쉬르는 '개'라는 언어가 '고양이'를 뜻하지 않는 이유를 설명하는 열쇠를 '차이'라고 했다. 'ㄱㅐ'는 여러 가지 음질과 높이로 발음되지만 다양한 발음을 지닌 이 단어가 일률적으로 'ㄱㅐ'로 이해되는 것은, 'ㄱㅗㅇㅑㅇㅇㅣ'나 'ㅇㅜㅓㄴㅅㅜㅇㅇㅣ'와의 발음 차이가 확실히 파악될 때뿐이라고 말한다. 한편으로 실재하는 동물에서도 객관적인 구별은 존재하지 않는다. 음성과 문자라는 생물적 측면에서 차이가 인식되는 것에 따라 네 다리를 지닌 동물들을 서로 구별할 수 있고, 이에 따라 언어의 의미가 생기는 것이다. 더욱이 개와 고양이, 원숭이는 동물이라는 동종의 범주에

---

[180] 1915~1980. 프랑스의 구조주의 철학자이자 비평가.

속해 있고, 그 안에서 차이를 지니고 있어 범례 관계에 있다고 말한다.

그러나 언어의 의미는 이것만으로는 확정되지 않는다. '개'에게 '권력의'라는 별도의 단어가 추가되면 이는 더 이상 동물을 의미하지 않기 때문이다. 어떤 단어의 의미는 다른 단어와의 결합, 더 나아가 문장의 흐름에서 의미를 확정한다. 이런 언어의 결합이 '연사連辭'이다.

바르트는 이와 같은 현상을 재의 선택과 관련지어서 말할 수 있다고 한다. 예를 들어, 셔츠와 바지를 생각해보자. 셔츠는 와이셔츠/폴로셔츠/티셔츠 중에서 선택되고, 바지는 반바지/슬랙스/청바지에서 선택된다. 그리고 구두/스니커즈/샌들 중에서 선택된 것과 조합된다. 이와 같이 옷을 입을 때도 선택과 결합이 이루어진다. 상품의 체계는 상품에 관한 범례와 연사의 형태에 따라 구성된다.

이 책에서 보드리야르는 바르트와 같은 소비기호론에 사회적인 논리를 덧붙인다. 이 책에서 소비란 상품을 의미 체계로 인식하는 것이고, 그 소비를 통해 자신을 사회 안에서 정립하기 위한 무언의 커뮤니케이션이라고 생각하는 것이다.

이런 인간관은 개인에게는 확고한 욕망과 상품을 선호하는 체계가 있으며, 이는 모순되지 않게 선택한 합리성을 함께 갖고 있다고 간주하는 신고전파 특유의 '근대적 자아'의 관념을 정면으로 부정한다. 사람은 다른 사람(혹은 사회)이 만든 상품의 의미 체계에 따라 소비하는 것으로 무언의 메시지를 교환하는 사회적 동물이다. 사람은 자신 안에 있는 표현 욕구에 따라 옷을 입는다. 신고전파가 암묵적으로 '진정한 자신'이 존재한다고 생각하는 것에 대해 보드리야르는 그런 '자아'는 망상에 지나지 않으며, 사람은 사회가 미리 준비한 코드에 맞춰 개성을 표현하는 것뿐이라고 반박했다.

현대사회를 움직이는 차이화로서의 소비

보드리야르가 시사한 소비의 사회적 논리에는 두 가지 방향이 있다.

첫째, 분류와 사회적 차이화의 과정이다. 물건은 바르트가 말한 코드적 의미상의 차이뿐만 아니라 히에라르키hierarchie[181]의 평가에 있어서도 질서가 잡혀 있다. 티셔츠·청바지·스니커즈가 육체노동자가 일할 때 입는 옷이라고 하면, 와이셔츠·슬랙스·가죽 구두는 화이트컬러의 복장이다. 상호에 히에라르키의 서열이 상징되어 있는 것이다. 고도 성장기의 일본에 빗대어 말하면 '풍요로

---

181 성직자의 세속적인 지배 제도. 로마 교황이 모든 세속적 권력을 장악하고, 국가는 교회가 승인하는 범위 안에서만 독립권을 행사한다는 로마 가톨릭의 교의와 제도를 이른다.

워진다'의 의미는 히에라르키의 계단을 올라가는 것이었다. 신상품이라도 그 자체의 기능을 원한다기보다 생활 전체의 수준을 올리는 것, 즉 풍요로움이란 관념을 향유하기 위해 구입한다. 그리고 히에라르키의 정점에는 주일 미군과 텔레비전 드라마가 보여준 미국적 생활이 있다. 그 영향으로 일본에서는 1950년대 후반에 세 가지 신의 기구(흑백 텔레비전·세탁기·냉장고), 1960년대 전반에 3C(컬러 텔레비전·자동차·에어컨)가 가정에 침투했다. 세 가지 신의 기구보다 3C가 더 높은 히에라르키에 해당하는 연사였다.

그러나 생활의 수준을 높이는 풍요로움의 추구는 1970년대 중반에 들어 정지한다. 이상으로 삼는 미국적인 소비생활에 물리적으로 가능한 만큼은 뒤쫓아간 셈이다. 하지만 텔레비전과 에어컨, 자동차를 소유해도 좁은 도로와 긴 출근 시간은 해소되지 않았다. 이 책이 일본에 소개된 것은 이와 같은 의식이 확대된 때였다.

생활수준이 높아지지 않아도 얼마든지 변화를 즐길 수 있다. 같은 연사에 속하는 상품이어도 티셔츠·청바지·스니커즈라는 계열에서 티셔츠의 디자인과 색의 조합을 바꿀 수 있다. 1980년대 일본에서는 기업이 공급한 제품의 다양화, 즉 다품종소량생산이 전개되었다. 마치 이런 상황을 설명하는 것처럼 보드리야르는 첫 방향으로 경제사회의 진전과 함께 소비자 자신의 개성마저도 소비의 대상이 된다고 말했다. 지금까지 쓰던 것과 다른 화장품을 사용할 때 소비되는 것은 화장품만이 아니다. 그것을 사용하는 조금 다른 자신이라는 이미지, 즉 개성적인 자신 또한 소비되는 것이다.

소비는 상품을 사용해 자연적인 욕구를 충족시키는 과정이 아니라, 사람이 사람과의 차이를 경쟁하는 것으로 변하고 있다. 개인이 내적인 욕망을 충족시키는 행위가 아니라, 개개인이 상호의 차이를 꾀하는 사회적 활동인 것이다. 풍족해지기 위해서, 또한 개성을 표현하기 위해서 사람은 차이를 소비한다. 슘페터는 차이가 생기면 이윤도 자동으로 뒤따른다고 보았다. 그러나 차이는 소비되었을 때 처음으로 차이로서 승인되고 이윤을 낳는다. 결국 사람이 서로 차이화를 꾀한다는 사회적 소비야말로 현대사회를 움직이는 것이다.

시뮬레이션의 세계

누구나 이러한 사회적 논리를 생각할 수 있다. 그러나 보드리야르는 여기서 멈추지 않는다. 그가 최종적으로 그리려 한 것은 상품이 단순하게 기호적인 의미를 갖는다는 것이 아니라, 기업의 이윤 추구 활동을 통해서 물건의 리듬이 사람의 생활 리듬에서 멀어지게 되는 모습이었다. 그는 기호인 상품의 소비를 말하면서 욕망이 인위적으로 조작된다는 갤브레이스의 의존효과에도 비판을 가하고 있다. 욕망이 조작된다면 그 원형인 자연적인 욕망이 존재할 것이다. 그렇다면 인위적인 조작을 끊어버리면 자연으로 회귀할 것이다. 그러나 기호에는 자연과 인위, 오리지널과 모조품의 구별이 없다.

자본주의의 논리에 있어서 차이화는 무한으로 전개되지 않는다. 특히 동일한 물건이 대량생산되면 오리지널과 모조품이라는 기호적 차이는 사라지고 균질적인 세계가 전개된다. 예술작품을 만들고 나서 대량으로 모조품을 만들고 만다. 여기에서 행락지의 토산물과 같은 전형적인 '키치kitsch(저속한 모방예술)'와 치지도 않으면서 풍요로움의 기호로 구입한 피아노와 같이, 기능이 없이 분위기만을 나타내는 재인 '가젯gadget(간단한 기계장치)'이 생긴다. 이런 상품이 매력적으로 보이게 하는 광고가 나오며, 이런 광고를 통해 상품을 구입하는 것이 현대라는 것이다.

'차이화의 욕구'는 마지막 정착지에 따른 현실과의 조합 관계를 해소하고 상징과 효용의 차원에서 의미를 지니지 않게 된다. 이는 시뮬레이션의 세계라고 할 수 있다. 상징의 체계인 문화와 신체적 자연과 관련된 효용이 바탕이 되는 소비는 결국에는 문화와 자연을 멀어지게 한다.

보드리야르는 이 책에서 신체와 마르고 싶다는 욕구, 섹스와 쇼윈도, 한가함과 폭력, 피로 등 여러 현상을 논했고,『상징교환과 죽음Symbolic Exchange and Death, 1976』,『시뮬라크르와 시뮬라시옹 Simulacra and Simulation, 1981』등에서 오리지널과 모조품, 자연과 인위의 구별이 소실된 극점을 설명하려 했다. 이는 거품경제로 들떠 있던 일본인의 자화상이나 다름없었다. 그러나 그가 생산, 혁명, 역사가 모두 끝났다고 예고한 직후 돌연 냉전이 막을 내린다. 냉전 후, 세계는 그의 가정과는 달리 민족 간의 원리주의적인 분쟁에 휘말리게 되었다. 원리주의는 상징의 체계인 문화의 부흥을 꾀하고, 경제사회의 전역을 구속하려고 하는 운동으로, 포스트모던적인 방향으로 소비를 고발하는 것이기도 했다.

그는 여기서 '훤히 비치는 악'이란 개념을 내놓았다. 그러나 원래 우리의 사회는 인위와 자연의 어느 것에 대해, 혹은 그것들에서 떨어져 존속할 수 있는 것이 아니라 인위를 자연으로 삼는 관습을 둥지로 삼는 것이 아니었던가? 되돌아보면 흄은 세계의 합리적인 기초와 확실한 '나'를 인상의 묶음으로 해체한 뒤, 암묵의 이해로 관습이 사회와 개인에게 질서를 부여한다고 간주했다. 경제사상사는 이를 기점으로 하여 재확인되어야 하지 않을까?

정의론

A Theory of Justice (1971) [182]

: 복지주의의 논리적 근거를 찾아

'제1원리' ①개개인은 모두가 유사한 자유체계와 양립할 수 있는 동등한 기본적 자유의 가장 광범위한 전체체계에 대하여 동등한 권리를 갖는다. (평등한 자유원리)

②는 타인들이 갖게 될 보다 큰 선을 위하여 소수의 자유를 뺏는 것이 정당화될 수 없다고 본다. 다수가 누릴 보다 큰 이득을 위해서 소수에게 희생을 강요해도 좋다는 것을 정의는 용납할 수 없다. 그러므로 정의로운 사회에서는 평등한 시민적 자유란 이미 보장된 것으로 간주되며, 따라서 정의에 의해 보장된 권리들은 어떠한 정치적 거래나 사회

---

182 한글판『정의론』, 2003, 이학사

29

존 롤스
John Rawls, 1921~2002

미국 출생. 하버드대학교 교수를 지냈다. 정의론을 정치철학의 중심적인 주제로 부활시켰다.

적 이득의 계산에도 좌우되지 않는다. (평등한 자유원리)

　'제2원리'　사회적·경제적 불평등은 다음 두 가지 조건을 충족시켜야만 한다. 첫째는 사회적·경제적 불평등이 기회의 공정한 평등이라는 조건 아래에서, 전원에게 열려 있는 직무와 지위에 동반하는 것, 즉 '기회의 공정한 평등'. 둘째는 사회적·경제적 불평등이 사회 안에서 가장 불리한 상황에 놓여 있는 구성원에게 최대의 이익이 되는 것. (각차원리)

　…… 제1원리는 제2원리에 우선한다. 또한 제2원리 중, 기회의 공정한 평등은 각차원리에 우선한다.

가치 상대주의를 뛰어넘는다

— 민주제도와 정치사상의 복권

초기(19세기 말) 신고전파 경제학에서는 효용의 기초 개념이 사용 되었다. 개인 간의 효용을 비교할 수 있다고 생각하여 소득의 재분 배를 주장하는 복지주의의 세력이 커졌다. 후에 사회 전체에 퍼져 있던, 개인을 위해 사회 전체의 효용을 우선하는 제러미 벤담의 공 리주의를 부정한 사람이 존 롤스이다. 그는 효용의 기수성을 서수 성으로 대체하고 개인 간의 비교도 부정했을 뿐더러 경제학을 복 지주의에서 자유주의로 전환하는 운동을 주도했다.

그 이후 경제학은 사회개혁의 방침을 타인의 효용 수준을 낮추 지 않는 한도 내에서 다른 사람의 효용 수준을 개선하는 것으로 바뀌게 되었다. 그리고 그것이 전부 실행된 파레토 최적 상태를 이 상으로 생각하게 된다. 이것은 다른 사람의 효용 수준을 침해하지 않고 누군가의 상태를 개선한다, 즉 쓸데없는 것을 없애는 효율성 만이 공유할 가치가 있다고 생각하는 입장으로, 그 이상 소득분배 를 변경하는 것은 논리적으로 판단했을 때 경제학의 범위에서 배 제된다. 그리고 무수한 파레토 최적분배 상태 중 어느 것을 최적이 라 생각하고 이득을 세금으로 재분배하는가는 개인 간의 대립을 초래할 수 있으므로 정치학에 맡긴다.

그러나 케네스 애로Kenneth J. Arrow[183]는 『사회적 선택과 개인적 평가』에서 그와 같이 대립적인 상태에서 행해지는 정치적 판단은 신고전파 경제학과 같이 합리적인 개인을 전제하는 한, 민주주의적 투표로 이끌어낼 수 없다는 것을 논증했다. 여러 선택지가 있고 각각의 사람이 모두 다른 것을 선호한다(개인주의). 전원이 선택지 a보다 b를 선택할 때만 사회적으로 의사가 결정된다(전원일치). 선택지 a와 b의 순위는 각 개인의 선호도에 따라 결정되며, 다른 선택지 c, d, e의 선호도에 좌우되지 않는다(관계가 없는 선택 대상에서 독립됨). 특정한 사람의 선호도가 다른 사람의 선호도보다 중시되지 않는다(독재자 부정). 이 네 가지 조건(민주제) 아래서 의사결정의 규칙은 존재하지 않는다는 것이다. 이렇게 민주정치에 대한 '불가능성 정리'가 수학적으로 증명되었다.

그러나 이것은 어디까지나 신고전파적인 인간관을 전제로 한 것이다. 민주주의에서는 토론을 통해 사람들의 의견을 어느 정도 정리하고 합의를 도출하는 것 정도만 기대할 뿐이다. 그렇다면 사상적으로는 어떻게 논리화되고 정당화되는 것일까? 롤스의 『정의론』은 정치학이 필요 없다고 주장하는 애로의 주관주의와 가치상호주의를 넘어 민주제도와 정치사상의 복권을 주장했다. 그리

---

183 1921~. 미국의 경제학자. 이론경제학과 후생경제학에 관한 독창적인 연구로 1972년 노벨 경제학상을 수상하였다. 저서 『사회적 선택과 개인적 평가(Social Choice and Individual Values, 1951)』에서 민주주의적인 결정에 내재하는 모순을 제시한 '투표의 역리'라는 문제를 처음 밝혀 주목을 끌었다.

고 이는 반향을 일으켰다.

정의의 두 원리

『정의론』은 두 가지 원리를 주장한다.

'제1원리'는 시민에게는 다른 사람의 자유를 침해하지 않는 범위 내의 자유(시민권)가 평등하게 주어져야 한다는 것이다. 사람은 투표권과 공직에 취임할 수 있는 권리, 언론과 집회의 자유, 양심과 이상과 종교의 자유, 심리적이고 육체적인 압박에서 벗어날 자유, 개인 재산을 보유할 자유, 직업 선택과 이동의 자유 등 기본적인 자유를 권리로 가진다.

이를 전제로 한 '제2원리'는 자유를 근거로 활동한 결과로 생긴, 그 이외의 기본 선(재)에 대한 불평등이 어디까지 용인되는가를 가정한다. 모든 사람에게 좋은 직무와 지위를 얻을 수 있는 기회가 균등하게 주어진다면, 불평등은 환경이 가장 좋지 못한 사람에게 이익이 된다고 기대되는 한에서 용인된다. 불평등이 동기를 부여하고 생산성을 높이는 것은 인정하지만, 그것이 동시에 가장 불리한 사람에게 최대의 이익을 주는 것이어야 한다는 의미이다.

이 두 원리에 따르면 기회의 평등뿐만 아니라 결과에 대해서도 기본적 자유의 내셔널미니멈national minimum[184]이 요구된다. 사회정의에 대해 다수를 위한 선의 최대화를 지향하는 공리주의라고 생각하면 소수의 권리와 개인의 자유는 침해되고 만다. 롤스는 공리주의를 채택하지 않고 정의를 정식화했다.

롤스는 당초 사회 구성원이 자신의 출신 계층과 신분 및 어떠한 사회적 결정이 자신에게 유리하고 불리한지를 모르는 '무지의 베일'이라는 가설을 세웠다. 제3자 입장에서 서로 무관심 혹은 합리적인 '원초 상태'에 있을 때, 사람들은 모두 이 두 원리를 선택한다고 생각한 것이다. 기본적인 권리를 인정하고 기회가 균등하게 주어진 상태에서 자신에게 재능과 유산이 있는지 없는지를 모른다면, 누구나 (소득, 자산, 환경의 최저 수준을 최대화하려고 하는) 맥시민 maximin 원칙에 따라 최저 소득의 최대화를 합리적으로 선택하리라는 것이다. 이는 자신이 우위에 서 있다는 것을 알고 있는 사람이 차이를 긍정하고, 열등하다는 것을 알고 있는 사람이 평등을 주장한다는 대립을 방지하는 장치이다.

그러나 이러한 시도는 합리적인 선택과 맥시민 원칙이라는 신

---

184 국민생활 환경 기준. 한 나라 전체 국민의 생활복지상 필수불가결한 최저 수준을 나타내는 지표. '최소한도의 국민생활수준' 또는 '국민적 표준'으로 번역된다. 단적으로 말하면 1국의 경제규모, 1인당 국민소득에 비춰보아 영양, 주거, 생활환경 등이 '최저' 또는 '표준'으로서 어느 정도가 되어야 하는가를 숫자로 표시하는 것이다. 현재 생활수준이 어느 위치에 있고, 그것이 국민이 기대하는 희망적인 수준에 어느 정도의 격차를 갖고 있으며, 그것을 매우기 위해 어떠한 정책이 취해져야 할 것인가 하는 것이 내셔널미니멈의 목적이다.

고전파적 형태로 이루어진 면도 있어 격한 비판을 받았다. 롤스는 이 책에서 정의의 두 원리를 맥시민 원칙으로 정당화했다. 이에 대해 경제학적으로 위험 회피적 개인이란 치우침이 없다면 정당화될 수 없다는 반론을 받았다. 또한 자유주의자인 로버트 노직은 자유와 권리를 보장하는 제1원리는 이해했지만, 재분배를 지지하는 제2원리는 부정했다. 이에 더해 공산주의자인 마이클 샌델Michael J. Sandel[185]은 개인의 자유로 이어지는 권리보다도 공동체로 살아가는 역사와 가치의 부하성이 각인된 사람이 품는 '선'을 중시해야 한다고 말했으며, 아마르티아 센은 분배된 기본재에 충분히 반응할 수 없는 상황이야말로 개선해야 한다며 잠재 능력을 중시했다. 롤스는 칭송을 받으면서도 이에 못지않게 비판의 중심에 서기도 했다.

이에 롤스는 1980년대부터 자신의 논증 방법을 재고하고 『정치적 자유주의Political Liberalism, 1993』, 『만민법The Law of Peoples, 1999』[186] 등을 저술했다. 그리고 『정의론』을 더욱 보충해 『공정으로서의 정의Justice as Fairness, 2001』[187]로 다시 펴냈다.

---

185 1953~. 미국의 정치철학자. 오늘날 대표적인 공동체주의자, 공화주의자이며 자유주의에 대한 비판가로 유명하다. 현재 하버드대학교 교수로 재임 중이다.

186 한글판 『만민법』, 2017, 동명사

187 한글판 『공정으로서의 정의 : 재서술』, 2016, 이학사

『정의론』의 수정
— '보편적 기초 만들기'에서 '겹쳐지는 동의'로

『공정으로서의 정의』에서는 신고전파적 정의론과는 다른 논리로 수정된 이론을 정당화했다. 그중 하나는 원초 상태부터 정의의 두 원리까지 이끌어낸 합의를 연역적 추론을 통해 기초를 다듬는 것이 아니라, 시민이 가진 도덕적 능력으로 이끌어내려는 칸트적 정당화 방법이었다. 둘째는 도덕적 능력으로 합의가 이루어졌다고 해도 판단이 흔들리는 경우, 다른 여러 정치적 정의와 관련된 구상과 비교해야 한다는 반성적 균형의 방법이다.

이는 보편적인 원리로 기초를 만든다는 1971년판 『정의론』의 시도 자체를 버리는 일대 전환이었다. 그 결과 정의의 두 원리는 사회계약에 따라 보편타당성이 증명되는 것이 아니라, 특정한 역사적 맥락에서 제기된 가설로 생각되었다. 정의의 원리는 사회계약으로 수용되는 것이 아니라, 자유로운 언론의 완만한 연대라는 미국 공공문화의 전통으로 계승된다는 것이다.

여기서 롤스가 대상으로 삼은 '사회'의 레벨은 세 가지다.

첫째, 가치관과 포괄적인 학설이 공유되며 참여와 퇴출이 가능한 지역적 공동체와 결사이다. 둘째, 정의의 두 원리가 기본 구조로 타당성을 띠는 국가이다. 그리고 마지막으로 '여러 국민의 법', 즉 국제법으로 규제되는 세계적인 국제사회이다. 국가는 닫힌 사회로 사람은 탄생과 사망을 통해 참여하고 퇴출되지만, 개인의 의사에 따라 자유롭게 출입할 수는 없다. 그러나 민주주의 국가는 온당한 다원성과 접해 있어 중세사회와 같은 유일한 선(그리스도교의 교의)이 공유되지 않는다. 유일하게 가치가 공유되는 것은 지역 결사였지만 출입이 자유로웠다.

『공정으로서의 정의』의 국가를 규제하는 정의의 두 원리는, 제1원리 및 기회의 공정과 각차의 원리로 각기 다른 옹호론이 준비되어 있다. 제1원리와 기회의 공정은 맥시민 원칙으로 증명되지만 이후의 다른 정치적 정의 구상(자유주의, 자연법, 공리주의 등)과 비교되어 정당성이 검토된다(제1비교). 제1원리는 무지의 베일 아래서 사람이 다른 어떤 가치관(선의 구상)을 갖고 있는지, 다른 사람이 악의와 질투, 위험 회피 등 어떤 심리 상태인지를 알 수 없다. 그래도 공정한 정의가 우위에 있다고 생각하고, 평등한 자유를 선택하는 것은 그것으로 서로를 신뢰할 수 있고, 서로 물러날 수 없는 대립을 피할 수 있다는 근본적 이익이 확보되기 때문이다.

다음으로 롤스가 말하는 '각차'는 인생의 '전 생애에 걸친 전망'과 관련된 것이었다. 사람들은 누구나 사회계층과 천부적인 재능, 교육 기회와 운이라는 기회가 평등(공정)할 것을 바란다. 기회 공정의 예로 최하위의 팀에 신인과 계약할 수 있는 우선권이 주어지는 메이저리그의 '드래프트'가 있다. 이는 장기적으로 기회의 평등을 확보하는 규칙이며 상속법이 이에 해당한다.

　한편 각차의 원리 채택에도 호혜성이 작용한다. 이 단계에서는 무지의 베일이 벗겨져, 제1원리와 기회를 공정하게 채택한 후 사회가 어떤 상태가 되는지 사람들이 이미 알고 있다. 여기서는 맥시민 원칙이 적용되지 않는다. 여러 포괄적인 학설이 지역에 공존할 때 서로 다른 설인데도 완만히 겹쳐지는 부분이 있어, 그것이 현실적으로 지지를 받는다. 그리고 안정성을 확보할 수 있는가를 기준으로 각차의 원리와 다른 정치적 정의가 비교된다(제2비교).

　종교 전쟁 이후 미국과 유럽의 전통으로, 관용의 원리가 어느 온건한 종파에도 필요한 것으로 인정받아 겹쳐지는 동의가 되었다. '겹쳐지는 동의'란 역사적인 경험으로 자유로운 사회가 공유하는데 이르게 된 해법이므로 각차와 평등이 맞서는 공정함이 이러한 이해로 지지된다.

하이에크와 롤스

롤스가 자신의 표현을 수정한 바로 그때 미국에서는 신자유주의가 대두되었다. 이 흐름으로 보면 롤스는 하이에크와 대립한 것처럼 보인다. 그러나 하이에크는 롤스의 정의론에 대해 호의적인 평가를 내렸다.

"내가 안타깝고 혼란스럽게 생각하는 점은, 이와 관련해 그가 사회적 정의라는 용어를 채용하고 있다는 것이다. …… 세세한 항목까지 확정된 시스템이라든가 원하는 사물을 분배적 정의로 이뤄내려고 선택한 일은 '원리적으로 잘못되었으므로 버려야 한다. 어쨌든 이는 명확한 대답을 낼 수 없다'는 것을 인정하는 저자라면, 나는 어떤 논쟁점도 가지지 않는다."(『법, 입법 그리고 자유 2』중「사회정의의 현상」)

하이에크에 따르면, 개인이 알고 있는 것은 자신의 주변에 관한 구체적이며 단편적인 사실로, 누구라도 사회 전체와 규칙을 설계할 수 없다. 이것이 롤스가 말하는 '무지의 베일'이다. 개인이 할 수 있는 것은 역사적으로 발전해온 규칙에 따르면서 자신이 아는 정보를 사용해 활동하는 것뿐이다. 하이에크는 이러한 믿음을 바탕으로 역사적으로 진화해온 규칙 아래서 개인이 자유롭게 행동한다면 사회에 질서가 자생된다고 주장했다.

이렇게 롤스의 생각을 이해하는 것을 보면, 개인에 따른 합리적인 계약이라는 논법을 거부하는 하이에크답지 않다고 생각할지 모른다. 하지만 정의론의 수정 후 롤스의 표현인 '겹쳐지는 동의'가 시간의 시험을 거쳐 공유된다는 것처럼 같은 느낌이 드는 부분이 많다. 이렇게 보면 롤스가 주장한 정의론과 하이에크의 가르침을 지키는 한도 내의 자유주의는 그다지 차이가 없다. 오히려 정의론의 결정적인 변화는 1980년대 신자유주의의 대두를 거쳐 사회주의가 붕괴한 후 1990년대에 이르러 자유주의와 자유주의자적인 시장원리주의가 단절된 것 때문에 일어난 것이다.

불평등의 재검토

Inequality Reexamined (1973) [188]

: 잠재 능력 접근에 따른 공<small>公</small>의 재발견

    뉴욕시 할렘가에서 사람이 마흔 살 넘게 살 수 있는 가능성은 방글라데시보다 낮다. 이것은 할렘가 사람들의 소득이 방글라데시인의 평균소득보다 낮기 때문이 아니다. 이 현상은 보건 서비스 문제, 보장되지 않는 의료, 도시범죄의 만연 등 할렘가에 사는 사람의 기초적인 잠재 능력에 영향을 미치고 있는 그 이외의 요인과 깊은 관련이 있다. (제7장)

---

188   한글판 『불평등의 재검토』, 2008, 한울아카데미

아마르티아 센
Amartya Sen, 1933~

인도의 경제학자. 사회선택이론을 전공했으며 케임브리지와 하버드대학교에서 교수를 역임했다. 아홉 살 때 벵골의 기아 재앙을 경험했다. 기아 문제에 대한 실존분석 연구를 통해 기아와 빈곤 문제에 초점을 맞춘 경제학의 틀을 확립했다.

자유의 평등

빈곤과 복지는 무엇을 기준으로 용인되는가? 신고전파는 이런 물음을 정치학과 논리학의 문제로 여기고 경제학에서는 생각하지 않아도 된다고 주장할 것이다. 그러나 개발도상국의 발전이 문제로 떠오르면 경제학자도 마냥 눈을 돌릴 수만은 없다. 후생경제학에서 출발한 인도 출신의 아마르티아 센에게 종래의 경제분석은 개발도상국의 문제를 분석하기에는 비현실적인 것으로 보였다. 그뿐만 아니라 신고전파보다 적극적으로 분배의 정의를 논한 롤스의 정의론으로도 불충분했다.

센의 눈에 비친 인도에는 선진국에서는 할 수 있는 일을 소득이 있어도 할 수 없는 사람이 많았기 때문이다. 소득이 있는데도 그것을 적절하게 활용하지 못하는 것이야말로 가난한 사람의 슬픔이 아닐까? 복지주의가 목표로 삼는 최저 소득의 보장을 실현하는 것만으로는 개발도상국 사람들을 빈곤에서 구출할 수 없다. 자유주의가 주장하는 기회의 균등도 마찬가지다. 이런 직관이 센에게 독자적인 경제 논리학을 구축하도록 했다. 그는 책을 여러 권 출판했는데, 그중 그의 사상 전체를 망라하면서도 비교적 쉽게 이해할 수 있도록 쓴 것이 바로 이 책이다.

보통 복지주의와 자유주의는 평등과 자유 중 하나를 중시한다. 그러나 센은 그렇지 않다고 단언한다. 여러 입장으로 규범을 논하지만, 쟁점은 평등인가 평등이 아닌가가 아니다. '소득평등주의'는 소득의 평등을 바라고 '후생평등주의'는 후생 수준의 평등을, '고전적 공리주의'는 개인(총)효용의 사회적인 최대화(개인의 한계효용의 균등=평등)를, '자유주의자'는 모든 재분배를 거부하고 여러 권리와 자유가 평등하게 주어지는 것만을 주장했다. 즉 모든 사람을 평등주의자라고 말할 수 있다. 평등인가 불평등인가가 아니다. 소득, 부, 행복, 자유, 기회, 권리, 수요의 충족, 기본재 등 어느 것을 평등의 초점으로 삼는가, 다른 것의 불평등을 얼마나 정당화하는가로 입장이 나뉘었던 것이다.

센은 평등을 검토할 때 초점을 맞춰야 하는 변수를 성과와 성과를 달성하기 위한 자유로 나눴다. 성과에는 성과에 대한 쾌락으로 나타나는 효용, 소득과 소비로 나타나는 풍요로움, 생활수준의 지표로 나타나는 생활의 질 등이 있다.

　정치사상에 속하는 정의론이 가장 먼저 비판의 화살을 돌린 것이, 자유를 사회 전체의 성과 달성을 위한 수단으로만 취급한 공리주의자의 입장이었다. 롤스가 '기본재', 로널드 드워킨Ronald Dworkin[189]이 '자원'의 평등에 주목한 것은 성과의 평등보다도 그것을 사용하거나 소비하는 자유의 평등이야말로 정치의 과제라고 생각했기 때문이다. 센도 그들의 의견에 어느 정도 동의했다. 오랜 시간 빈곤함을 경험한 사람은 작은 소득에도 행복을 느낄 수 있게 되지만, 효용만을 따져보면 가난한 사람이 행복하다고 간주되어 지금의 환경을 개선할 필요가 없다고 생각될 수 있다는 것이 센의 의견이었다.

잠재 능력 접근

센은 소득(보다 넓은 기본재)과 자원의 평등, 즉 기회의 균등만으로는 충분하지 않다고 말했다. 여기서 얻은 자유도 센의 관점에서는 실질적으로 평등을 보호한다고 할 수 없다. 기본재와 자원을 자

189　1931~. 미국의 법학자.

유롭게 사용해 성과를 올리는 변환 능력에는 개인차가 있기 때문이다.

소득을 금전으로 재분배했다 해도 알코올 중독자는 그 금전을 모두 알코올을 소비하는 데 사용한다. 소득 수준이 좋아져도 쓸데없이 돈을 쓰면 개발도상국민의 생활은 향상되지 않는다. 기본재를 평등하게 갖고 있어도 그것을 받을 자유는 불평등할 수 있다. 식재를 공급해도 간이 나쁜 사람은 생활을 개선할 수 없다. 이런 경우 건강이라는 잠재 능력의 결여가 그 사람이 빈곤한 진짜 이유이다. 빈곤한 사람들은 대부분 고령, 장애, 병과 같은 이유 때문에 기본재를 받아도 이동하는 것, 건강하게 생활하는 것, 지역 활동에 참가하는 것과 같은 자유로 변환시키지 못한다.

여기서 센은 자유 자체를 측정하기 위해 잠재 능력을 주목했다. 인간의 생활은 '적절한 영양을 얻고 있는가', '건강한가', '행복한가', '사회생활에 참여하고 있는가' 등 여러 기능으로 구성되어 있다. 기능이란 제약이 사라졌을 때 개인이 선택할 본질이다. 그리고 잠재 능력이란 사람이 할 수 있을 것 같은 기능 조합의 전체, 즉 진정한 선택지인 것이다. 사람 생활의 질, 즉 복지는 인간이 정말로 할 수 있는 행동의 폭을 나타내는 잠재 능력을 측정해 그것으로 평가를 받는다.

센의 '복지 능력 접근'은 복지수준을 적절하게 평가할 수 있는 기능을 정하는 것으로 시작된다. 빈곤이란 저소득이 아니라 어떤 제약 때문에 잠재 능력이 모자라게 된 상태인 것이다.

이것은 무엇을 의미하는가? 롤스와 드워킨의 복지주의적 자유주의는 당사자가 어떻게 할 수 없는 기회의 불평등, 즉 전체의 공리를 위해 개인에게 부자유를 강요하는 권력과 사회계급, 집안, 소득의 빈부 등을 제거하려 한다. 이것이 정의의 실현이라는 것이다. 그러나 사람마다 선에 대한 생각이 주관적이기 때문에 개인이 어떤 선택을 하든 그 책임은 스스로가 감당한다. 그리고 자신만의 기준으로 다른 사람의 행동을 평가하는 것은 개인의 자유를 침해하는 것이라 생각했다. 이에 대해 센은 복지주의에서의 자유주의가 간섭하지 않았던 선의 실체를 검토해야만 자유가 실현되고 있는지를 단언할 수 있다고 주장했다.

시장을 지지하는 '공'의 창출

잠재 능력 접근이 자유주의의 근간을 흔든다는 것에 주의를 촉구하고 싶다. 복지주의든 자유주의든 공통적으로 선의 주관주의와 상대주의를 선택하며, 자유는 '나'와 관련된 개념이라고 간주되고 있다. 그러나 기회의 불평등이 사라진다고 해서 개인이 반드시 자유를 얻을 수 있다고는 할 수 없다. 여기서 센이 정책적으로 구상한 것이 기본재와 자원을 가지고 내가 잠재 능력을 빌휘할 수 있는 '공'을 창출하는 것이다. 이것이 분배의 공정이 개인의 자유와 효용에 따른 규범으로서가 아니라 시장을 건전하게 만들기 위한 조건이라고 주장하는 입장의 의견이다.

사람이 시장에서 금전을 거래하고 활동하기 이전에, 참가하기 위해 필요한 조건이 있다. 항상 결핍 상태인 사람에게 기초교육과 초보적인 의료, 안정된 고용과 같은 사회적이고 경제적인 요인은 사람이 용기와 자유를 가지고 세계에 직면하는 기회를 준다. 그리고 그것이 가장 중요한 역할이다. 이것은 시장에 참가하기 위한 조건을 지적하는 것이다.

센의 이러한 주장은 발전론에 바탕을 두고 있지만 선진국에도 적용된다. 앞에서 인용한 센의 문장에도 복지정책이 존재하는 선진국에도 잠재 능력이 모자란 사람이 존재한다. 의무교육으로 읽고 쓰고 계산하는 것이 중시되고, 그 이상의 지식을 얻기 위해 도서관에서 책을 봐야 하는 것은, 시장에서 신지식의 발견이라는 잠재 능력을 발휘하고 이득을 얻기 위한 선행조건이기 때문이다. 이는 공공재라기보다 시장에서 자유롭게 활동하기 위한 필요조건이다.

집에 돌아와도 "잘 다녀왔니?" 하고 반갑게 맞아주는 사람이 없는 아이가, 모르는 문제가 있어 공부하기 싫다고 한들 노력이 부족하다고 말할 수 있을까? 개인의 존재를 전면적으로 받아들이고 스스로 활동할 의욕을 북돋워주는 것, 그리고 그들의 지혜를 받아들여주는 가정과 학교, 지역과 친구와 같은 인간관계 또한 개개인이 자유롭게 활동하기 위한 조건이다. 의료와 약제의 효능과 안전성을 소비자가 스스로 판정할 수는 없으므로 공공기관에서 이를 보증할 필요가 있다. 이와 같은 인간관계와 기초교육과 초보적인 의료는 일종의 사회자본인 동시에 국민이 잠재 능력을 발휘하기 위한 조건이기도 하다.

센이 인도의 빈곤에서 찾아낸 것은 단순한 사회복지가 아니다. 그는 시장이 제대로 기능하기 위한 공적 영역의 필요성을 발견했다. 이것은 특히 자유주의자가 주장하는 작은 정부의 모순을 지적하고 있다.

이 책에 실린 경제학 베스트 30권의

저자의 생몰년生沒年

- 존 로크 영국 ———————————————— 1632~1704
- 데이비드 흄 영국 ———————————————— 1711~1776
- 제임스 데넘 스튜어트 스코틀랜드 ————————— 1712~1790
- 애덤 스미스 영국 ———————————————— 1723~1790
- 데이비드 리카도 영국 —————————————— 1772~1823
- 프리드리히 리스트 독일 ————————————— 1789~1846
- 존 스튜어트 밀 영국 —————————————— 1806~1873
- 카를 마르크스 독일 —————————————— 1818~1883
- 레옹 발라 프랑스 ——————————————— 1834~1910
- 카를 멩거 오스트리아 —————————————— 1840~1921
- 앨프레드 마셜 영국 —————————————— 1842~1924
- 소스타인 베블런 미국 ————————————— 1857~1929
- 베르너 좀바르트 독일 ————————————— 1863~1941
- 존 케인스 영국 ———————————————— 1883~1946
- 조지프 슘페터 오스트리아 ———————————— 1883~1950

- 프랭크 나이트 미국 —————————————— 1885~1972
- 칼 폴라니 헝가리 —————————————— 1886~1964
- 아돌프 벌 미국 —————————————— 1895~1971
- 가디너 민즈 미국 —————————————— 1896~1988
- 라이오넬 로빈스 영국 —————————————— 1898~1984
- 프리드리히 하이에크 오스트리아 —————————————— 1899~1992
- 존 갤브레이스 미국 —————————————— 1908~2006
- 피터 드러커 미국 —————————————— 1909~2005
- 밀턴 프리드먼 미국 —————————————— 1912~2006
- 폴 새뮤얼슨 미국 —————————————— 1915~2009
- 존 롤스 미국 —————————————— 1921~2002
- 장 보드리야르 프랑스 —————————————— 1929~2007
- 아마르티아 센 인도 —————————————— 1933~

반드시 읽어야 할
경제학 베스트 30

1판 1쇄 발행 2023년 6월 20일

지은이 마츠바라 류이치로 **옮긴이** 조미량
발행인 조상현
마케팅 조정빈 **편집** 정지현 **디자인** 페이퍼컷 장상호

발행처 더디퍼런스
등록번호 제2018-000177호
주소 경기도 고양시 덕양구 큰골길 33-170(오금동)
문의 02-712-7927 **팩스** 02-6974-1237
이메일 thedibooks@naver.com **홈페이지** www.thedifference.co.kr

ISBN 979-11-6125-404-3 03320